인류의 위대한 고전에서 끌어올린 삶의 정수

채현욱 편저

성경의
교훈과
채근담

KB193021

삶의 지혜를 얻고 싶은가?
외로움을 이길 용기가 필요한가?
관계로부터 상처를 극복하고 싶은가?
자존감을 갖고 싶은가?
삶의 품격을 갖고 싶은가?
모든 것이 합력하여 선을 이루도록 하고 싶은가?
평범함이 주는 큰 행복을 아시는가?

이 책에 답이 있다!

북랩 book Lab

"어떤 한마디는 평생의 못이 되고
어떤 한마디는 평생의 지팡이가 된다."

머리말

마음눈의 시각 교정, 그리고 신과 함께

"세월은 빠르다.
풍선 마음 어린 시절 엊그제 같은데
질풍노도 청춘 시절 간단 말도 없이 가고
서리 내린 머리 보니 과연 쏜 화살이네."

사회가 발전적으로 급변하고 있다. 누구나 다 느끼듯 모든 학문과 각 지식은 전 세계 전 계층 구석구석 공유되고 인공지능도 삶의 구석구석 스며들고 있는 시대이다. 그러나 아무리 최첨단 의·과학이 발달하고 보편화돼도 그 산물이 결코 따라오지 못하는 것은 만물의 영장인 인간의 사람됨(인성)[1]이다. 사람됨의 근원은 진리이다. 그것이 생기(生氣)이다.

나의 행복은 첨단 의·과학에서 찾을 수 있는 것이 아니라 '내 마음의 평화와 안정된 생각'에서 나온다. 그런 건강한 나의 정서가 자존감을 키우고 행복한 가정을 이루게 하고 복된 사회를 만든다.

결국 중요한 것은 건강한 나의 정서(마음의 평화와 안정된 생각)이며 이를 위해 필요한 것은 인성 교육이다. 나아가서 넓게 본다면 창조주=진리=자연=신의 모양과 형상을 닮아가는 교육이다.

---

1) 성경 창세기에 보면 만물을 창조하신 하나님은 만물을 다스릴 '만물의 영장'으로 하나님 생기를 불어넣어 하나님과 천사들의 모양과 형상을 닮은 아담을 창조하셨다.(창1:26, 창2:7). 아담은 히브리어이며 번역하면 '사람'이다 [다음백과]

수기치인[2]의 기본인 인성 교육의 중요성은 아무리 강조해도 지나침이 없다. 건강한 정서, 즉 내 마음의 평화와 안정된 생각은 나의 한계 영역을 지혜로 넓혀 나가는 것 그리고 다양한 감정들의 조정과 선택에 달려 있다고 본다. 폐일언하고,

"삶의 지혜를 얻고 싶은가?

외로움을 이길 용기가 필요한가?

관계로부터 상처를 극복하고 싶은가?

자존감을 갖고 싶은가?

삶의 품격을 갖고 싶은가?

모든 것이 합력하여 선을 이루도록 하고 싶은가?

평범함이 주는 큰 행복을 아시는가?

성경과 채근담을 읽으시라."

- 과천에서

---

2) **수기치인(修己治人)**
먼저 스스로 수양한 이후에야 세상을 다스릴 수 있다는 뜻이며, 군자의 두 가지 기본 과업이다. 수기는 내적인 즉 자신의 인격적 완성을 위해, 반면에 치인은 외적인 즉 세상을 다스리는(대하는) 일을 의미한다.
사서삼경 중 하나인 '대학'에 나오는 '수신제가 연후에 치국평천하'에서 '修身'이 수기에 관련된 내용이라면, '齊家 治國平天下'는 治人에 관련된 내용이다. '수신'은 심신 수양을 뜻한다. 자기 자신을 관조하여 수양, 절제, 극기하고서야 비로소 '제가 치국 평천하' 즉 세상을 올바로 치리할 수 있다는 의미이다.

해 제

'채근담'이란

■ 채근[3]이란

우리 주변 뒷산이나 들판 어디서나 채취할 수 있는 소박한 나물 뿌리를 캐낸다는 뜻으로, '평범함의 위대함' 즉 채근(菜根)하여 먹고 살아가는 소박한 마음이 있다면 무엇이든 할 수 있으며, 그런 감투나 재리를 탐하지 않는 소위 '채근스러운' 마음의 풍요로움을 비유한 것으로, 이런 이야기들을 담은 책을 '채근담'이라 표현한 것이다.

■ 구성 및 내용

구성은 359개의 대구형 단문으로 구성되어 있으며, 전집(前集, 상권) 225개, 후집(後集, 하권) 134개로 나누어져 있다. 전집은 주로 벼슬하기 전과 후, 더불어 사는 사회에서의 마음가짐과 사람들과 사귀고 직무를 처리하며 임기응변하는 처세를 언급하였고, 후집은 분량이 전집보다 적으며 일부 반복된 정서의 메시지가 있다. 은퇴한 이후 산림 속에 거하며 사는 한거(閑居)의 즐거움에 대해 말하고 있으며 향후 이어서 소개할 예정이다.

'채근담'은 두 가지가 전해져 오고 있다. 명나라 때 홍자성의 만력본(萬曆本)이 있고, 청나라 때 홍응명이 지은 건륭본(乾隆本), 이 두 가지인데 오늘날 두 인물이 동일인임이 밝혀졌다. 즉 '응명'은 본명이고, '자성'

---

3) '채근'은 송(宋)나라의 학자 왕신민(汪信民)이 "인상능교채근즉백사가성人能咬菜根卽百事可成"이라고 한 데서 유래된 말.

은 자호(自號)이다. 본 책은 홍자성 본의 원문을 인용한다.

원문은 주제별 묶음이 아니나 본 책에서는 내용을 소 주제별로 분류하고 그룹화하여 다양한 각도로 볼 수 있도록 하였으며, 일부 문장은 내용에 따라 중복돼 소개되기도 한다.

■ 사상 배경

사상적으로는 유교가 중심이며, 불교와 도교도 가미된, 요컨대 동양적 인간학을 말한 것이다. 인생을 관조하는 자세에 대한 지혜가 담겨 있기 때문에 초고령 사회에 진입한 오늘날, 각박한 '홀로 중심(개인 중심)'의 21세기를 살아가는 현대인에게 자존감을 갖게 해주고 주변을 긍정적으로 바라보는 시각을 갖게 해주며 중요한 인생 지침서가 되고 있다.

특히 선행 실천이 요구되는 오늘날의 지식인과 신앙인에게는 더욱 선한 진리의 말씀을 담을 만한 그릇으로 본인을 다듬기 위하여 필요한 메시지를 담고 있다.

■ 채근담 저자 홍자성

중국 명나라 말기 신종 때의 선비이다(1573-1619). 본명은 응명이고, 자(字)는 자성(自誠)이며 호는 환초(還初)이다.

홍자성에 대해서는 그의 성품답게 어떤 기록도 남아 있지 않아, 그의 출생과 삶에 대해서는 알려진 바가 없지만 홍자성이 친구인 우공겸에게 서문을 부탁했다는 기록으로 보아 우공겸과 비슷한 시기로 추정한다. 우공겸(于孔兼)은 명(明)나라의 유학자로 1580년에 진사가 된 인물이다.

채근담은 환초도인(還初道人) 홍자성(洪自誠)의 어록(語錄)을 모아 만든 책으로, 인생의 온갖 고생을 맛본 체험에서 우러난 주옥같은 지언(至言) 모음이라고 볼 수 있다.

군자답게 덕스러운 인성을 갖춰 나가는 삶. 요즘 말로 쿨하고 간소한 삶 속에 진정한 인생이 있음을 알려주는 잠언집이다. 그러면 본 책의 구성과 주제별 묶음의 기준에 대해 설명한다.

■ <u>성경을 통해 본 채근담</u>

틈틈이 한 것이지만 직접 창작하는 책과는 달리 기존 고전을 소 주제별로 분류 및 편집, 재해석하고 성경에 맞는 구절을 연결하는 작업이라 예상보다 많은 시간이 소요되었다. 박학다식하며 노련한 선학님들은 얼마 안 걸릴 내용이지만 부족한 실력으로 하다 보니 그리 된 것 같다. 학문적이고 현학적인 표현이 고고하며 멋지게 보일 수는 있어도 그보다는 현대인 정서를 가진 일반 독자들 입장에서 쉽게 이해하며 공감하는 것이 더 중요하다는 나름대로의 이유에 위안을 삼고자 한다.

따지고 보면 이 세상 누구나 다 신앙인이다. 나 자신을 믿든, 다른 뭔가를 우러러 믿든, 각자 나름대로 신봉하는 신앙의 경전이나 정리된 사상 또는 고착화된 의식구조를 기준으로 삼아 살아가는 것이다.

채근담과 함께 택한 성경은 다른 도서와 달리 장장 1600년에 걸쳐 신의 지시를 받아 많은 대필자(약 40여 명의 記者)들이 기록한 신의 글이다. 공식이고, 진리이며 삶의 지혜뿐만이 아니라 하늘의 생각이 기록된 스터디 베스트셀러이다. 6천 년간 흐르는 하나의 맥, 내용은 역사적인 기술과 예언적인 내용도 있지만 본 책에서는 교훈적인 내용을 연결한다.

상세한 설명이나 해설을 상세히 덧붙일까도 생각하였으나 상세 설명 자체는 오히려 사족이 될 듯하다.

그 이유는 첫째

채근담과 관련하여 발췌한 성경 구절은 교훈에 해당하는 내용이다. 대체로 난해한 문장도 아니며 충분히 누구나 읽어서 이해될 수 있는 내용이다. 고로 설명보다는 관련 성경 구절 성구를 설명으로 대신하고 그중 난해하거나 모호한 부분만 참고로 언급하기로 한다.

문어체가 아닌 구어체로 이면의 뜻을 살리고. 기록 당시의 정서와 언어, 문자를 현대 정서와 감정에 맞게 의역하여 정리하였다.

또 둘째 이유는

독자마다 처한 환경과 입장 그리고 성품 및 생각은 각각 다르다. 그러므로 본 내용을 독자 스스로 조명하고 그 의미는 각자 스스로 주관적으로 해석하고 이해하며 나름의 시각으로 교훈 삼는 것도 좋다고 생각한다.

(이런 이유로 '채근담'의 출판 책자들도 책마다 번역자들에 따라 각기 다른 시각에서 해설하는 부분이 많다)

진리는 결국 통하는 것이다. 정상으로 가는 길은 다양하지만, 하늘을 보고 오르다 보면 정상에서 만나지 않겠는가. 설혹 낭떠러지 절벽이 가로막아도 의지가 있다면 결국은 정상에 오를 수 있도록 베아트리체를 만나게 되리라.

동양의 인문학 고전과 전 세계 구석구석 전파된 신의 글인 바이블과 만남. 비록 성경의 일부 구절을 발췌하여 채근담과 함께 소개되는 것이지만 책을 접하는 독자의 생각과 삶이 이들로 인해 좀 더 지혜롭고 각자의 인성이 아름다운 인격체로 정립되는 데 도움이 되리라 믿는다.

하나님의 근본 바라심은 모든 이들을 아우르는 아름다운 성품의 제사장(지도자)이 되는 것이다. 채근담을 비롯한 동양 고전과 각종 경전은 인간의 글이고 성경은 신의 글이다. 홍자성의 글 내용을 성경을 통해 조명하며 결론 지어 준다는 것은 그에게도 무한한 영광이리라. 영성의 말씀을 연결함으로 인해 더욱 채근담이 빛나게 되리라.

성경과 채근담을 읽은 모든 분이 신의 성품에 참여하고 많은 이들에게 귀감이 되는 성품과 혀를 가지시기를 기원하며….

> (벧후1:4) 이로써 그 보배롭고 지극히 큰 약속을 우리에게 주사 이 약속으로 말미암아 너희로 정욕을 인하여 세상에서 썩어질 것을 피하여 신의 성품에 참여하는 자가 되게 하려 하셨으니
>
> (잠20:7) 완전히 행하는 자가 의인이라 그 후손에게 복이 있느니라
>
> (마5:8) 마음이 청결한 자는 복이 있나니 저희가 하나님을 볼 것임이요

■ 마음눈의 시각 교정, 그리고 신과 함께

척박한 환경을 만난다 해도 환경에 처한 '사람'에 따라
어떤 이는 힘들어하고
어떤 이는 마지못해 견디어 나가고
어떤 이는 도전정신을 가지고 극복을 하며
성장의 자양분으로 만든다.

편안한 환경이라도

어떤 이는 굴곡을 예상하여 대비하고

어떤 이는 즐기는 것으로 만족하며 안주한다.

우리는 각자 환경과 사물을 바라보는 눈이 있고 그 상황을 평가, 해석하는 눈(심안)도 있다. 문제는 그 심안(心眼)이다.

나이 들어가면서 우리는 원하든 원치 않든 다양한 성품의 많은 사람을 만나게 되고 다양한 희로애락의 상황을 접한다. 그렇게 맺는 '대상'에 대한 우리의 평가는 각기 주관적이다. 어떤 이는 촛불처럼 심약하여 조그만 바람도 과대평가하여 흔들리고 어떤 이는 횃불처럼 내공이 쌓여 웬만한 어려움도 안정되고 차분한 마음으로 대처한다.

우리는 이제 이런 나의 주관적 평가인 '심안(마음눈)의 시각'을 교정해야 한다. 대상을 객관적으로 제대로 볼 수 있도록 시력을 교정하고, 대상과의 관계의 긍정적 미래를 조명하는 심안도 있어야 한다. 마음고생을 하게 한 '대상'의 정체도 볼 줄 알아야 한다.

가까운 것만 잘 보는 근시안,

현실 회피하며 먼 곳만 바라보는 원시안,

온통 굴곡으로 왜곡해 보는 난시안….

다 교정하자.

'시각 교정'(심안)은 올바른 인성이 바탕이 되어야 가능하다.

이런 마음 자세로 견지하고 나아간다면, 아름다운 '수기치인'의 '수신제가 치국평천하'를 할 수 있는 역량이 주어질 것이다.

신이 만든 최고의 걸작인 우리 인간들.

우주 시대, 초고령 시대를 살아가는 인간은 이제 창조주인 '신과 함께' 신의 성품으로 변화하며 신의 멘탈을 지니고 살아가야 하지 않겠는가!

차 례

❖ 제1부 시각 교정 ❖

❖ 제2부 신과 함께 ❖

[일러두기]

- 본 책은 한문에 익숙하지 않은 독자라도 친근하게 읽고 이해할 수 있도록 의역, 설명하며 관련 성구와 함께 배열하였다.

- 원문의 정신을 최대한 살리도록 하였으며, 난해한 부분 등도 현대인의 정서에 맞는 언어로 의역하여 간략한 설명을 추가하였다.

- 원문은 주제별이 아닌 나열식 순번이나 본 책은 내용을 소 주제별로 분류 및 그룹핑하여 독자분이 좀 더 쉽게 그 정서를 마음에 새길 수 있도록 하였다.

- 많은 경전 중 성경을 선택한 이유는 지구촌에 보편화돼 있는 경전이고, 또한 많은 기록자와 오랜 기록 시기, 그리고 신의 글이란 점에 주목하여 취한 것이며 성경 내용 중 교훈적인 내용을 주로 발췌, 비교한 것이다.

- 본 책에 자주 나오는 단어인 '군자'에 대해 본 책에서의 정의는 '우리가 지향하는 인격을 가진 자'로, 그리고 '성경 속의 군자상'은 '올바른 지식과 어진 성품을 바탕으로 행함을 실천하는 신앙인'으로 이해하기로 한다.(사전적 의미는 '행실이 점잖고 어질며 덕과 학식이 높은 사람'.)

- 본 책의 어느 한 문장이라도 하나의 훌륭한 강의나 교훈 설교의 소재가 되리라 믿는다.

제1부
시각 교정

(신32:2)
나의 교훈은 내리는 비요 나의 말은 맺히는 이슬이요
연한 풀 위에 가는 비요 채소 위에 단비로다.

1. 의로운 외로움(孤)

1-1. 영원히 처량한 자 되지 말고 일시 외로움을 택하라

도
덕
을

지키며 사는 자의 외롭고 쓸쓸함은 한때지만

권세에 아부하며 의지하는 자는 만고에 처량하다.

깨달은 자는 눈앞의 재물과 지위를 초월하여

진리를 생각하며

자신이 죽은 이후의 평판도 생각하나니

차라리 한때의 외로움을 택할지언정

영원히 처량함을 당하지 말자.

棲守道德者 寂幕一時 依阿權勢者 凄凉萬古 達人.
서수도덕자 적막일시 의아권세자 처량만고 달인.
觀物外之物 思身後之 身寧受一時之寂寞 毋取萬古之凄凉.
관물외지물 사신후지 신영수일시지적막 무취만고지처량.

- 도덕(道德): 인간이 지켜야 할 도리나 바람직한 행동 규범.
- 물외지물(物外之物): 사물 밖의 사물, 앞의 물(物)은 보이는 사물, 뒤의 물은
  참 모습, 진리.
- 신후지신(身後之身): 죽은 뒤의 나의 모습. 앞의 신은 죽기 전의 육체, 뒤의 신
  은 죽은 뒤의 영혼이나 나의 평판을 의미.

세상 살다 보면 늘 교과서처럼 원리원칙과 정의를 위해서만 살기는 물론 쉽지는 않다. 그러다 보니 불의와 타협을 않고 도덕적 삶을 추구하는 사람이 자주 겪는 것은 '외로움'이다. 결국 잦은 외로움에도 익숙해지며 살아가지만 '세월의 도마' 위에 올려 놓으면 그것은 일시적이다. 그의 행실은 결국 귀감이 되며, 본인과 후손들의 영광이 된다. 하지만 부귀권세에 의지하며 욕심을 위해 살아가는 자는 긴 세월 손가락질을 당하게 되니 처량하기 그지없다. 일제 강점기의 애국자와 매국노가 좋은 예이다. 본문의 권면대로 올바른 길(道)이라 판단되면 꿋꿋이 걸어가자. 마치 큰 적금을 예치한 뿌듯한 심정으로 묵묵히 길게 바라보며 나아가자. 감정은 생각하기 나름이다. '외롭다고 생각'하기에 외로운 것일 뿐.

(롬 8:18) 생각건대 현재의 고난은 장차 우리에게 나타날 영광과 족히 비교할 수 없도다.

(잠12:19) 진실한 입술은 영원히 보존되거니와 거짓 혀는 눈 깜짝일 동안만 있을 뿐이니라.

(고후 4:18) 우리가 주목하는 것은 보이는 것이 아니요 보이지 않는 것이니 보이는 것은 잠깐이요 보이지 않는 것은 영원함이라.

1-2. 아부 위해 뜻을 굽히기보다 미움받음이 차라리 낫다

뜻
을

굽혀 남을 기쁘게 하는 것은

자신의 몸가짐을 바르게 하여

사람들의 미움을 받으니만 못하다.

선행한 것도 없는데 남들의 칭찬을 받는 것은

아무 잘못도 없는데

사람들의 미움을 받느니만 못하다.

曲意而使人喜 不若直躬而使人忌 無善而致人譽 不若無惡而致人毀.
곡의이사인희 불약직궁이사인기 무선이치인예 불약무악이치인훼.

-곡의(曲意): 뜻을 굽혀 아부한다. 반대말은 직궁(直躬=지조를 지켜 행실을 바르게 한다).
*초나라의의 궁(躬)이라는 자는 양을 훔친 아버지를 고발할만큼 솔직해서 그
 를 직궁(直躬)이라 부름.

본문은 남을 위해 자기 뜻을 굽혀 하는 <u>아첨</u>과 선행 없이 칭찬 받는 <u>위선</u>에 대한 메시지이다. 살다 보면 어느 정도 친교를 위해 비위를 맞춰주는 융통성은 필요하나 자기 뜻에 반하면서까지 할 바에는 차라리 미움받더라도 바른 몸가짐이 낫다는 것이다.

즉 나뭇가지는 흔들며 숙일 수는 있어도 나무뿌리를 뽑을 필요는 없는 것이다.

또한 근거 없는 칭찬보다는 죄 없이 받는 애매한 고난이 차라리 낫다. 군자는 실제보다 명성이 지나친 것을 수치로 여긴다. 공의공도를 뿌리내리는 올곧은 채근담의 정신이 녹아 있는 듯하다.

(잠29:27) 불의한 자는 의인에게 미움을 받고
정직한 자는 악인에게 미움을 받느니라.

(벧전2:19-20) 애매히 고난을 받아도 하나님을 생각함으로 슬픔을 참으면 이는 아름다우나 *죄가 있어 매를 맞고 참으면 무슨 칭찬이 있으리요 오직 선을 행함으로 고난을 받고 참으면 이는 하나님 앞에 아름다우니라.

2. 수양

2-1. 업적을 쌓거나 행복을 누리기 어려운 사람

성
격
이

조급한 사람은 타는 불길과 같아

보는 것마다 태워 버린다.

인색한 사람은 차가운 얼음과 같아

닥치는 대로 얼려 죽인다.

꽉 막힌 고집 센 사람은 고인 물이나 썩은 나무토막 같아

생기가 없다.

이런 사람들은 업적을 쌓거나 행복을 누리기가 어렵다.

燥性者 火熾 遇物則焚 寡恩者 氷淸 逢物必殺.
조성자 화치 우물즉분 과은자 빙청 봉물필살.
凝滯固執者 如死水腐木 生機已絶 俱難建功業而延福祉.
응체고집자 여사수부목 생기이절 구난건공업이연복지.

- 조성자(燥性者): 성격이 조급한 사람.
- 과은자(寡恩者): 은덕 베푸는 일에 인색한 사람.
- 응체고집자(凝滯固執者): 마음이 꽉 막히고 고집이 센 자.
- 공업(功業): 업적을 쌓는 일.

성품이 그 사람의 운명을 좌우한다. 그래서 좋은 성품을 갖도록 열심히 수양하고 노력해야 한다. 채근담에서는 업적을 쌓거나, 행복을 얻기 어려운 사람을 세 가지로 분류해 놓았다. 조급하고, 인정 없고, 융통성 없는 사람이다. 그 반대로 행복을 불러들이고 업적을 쌓는 사람은 침착하고, 인정 많으며, 융통성 풍부한 자이다. 즉 차분하며 온유하고 너그러운 자이다.

(잠14:29) 노하기를 더디 하는 자는 크게 명철하여도 마음이 조급한 자는 어리석음을 나타내느니라.

(잠19:6) 너그러운 사람에게는 은혜를 구하는 자가 많고 선물 주기를 좋아하는 자에게는 사람마다 친구가 되느니라.

(잠20:21) 처음에 속히 잡은 산업은 마침내 복이 되지 아니 하느니라.

(마5:5) 온유한 자는 복이 있나니 저희가 땅을 기업으로 받을 것임이요.

2-2. 내가 잘났다고 남의 단점 들추지 마라

한
쪽

말만 듣다가 간사한 사람에게 속지 말고
내 역량만 믿고 객기 부리지 말자.
내가 잘났다고 남의 단점 들추어내지 말고
내가 부족하다고 남의 능력 시기하지 말자.

毋偏信而爲奸所欺 毋自任而爲氣所使.
무편신이위간소기 무자임이위기소사.
毋以己之長而形人之短 毋因己之拙而忌人之能.
무이기지장이형인지단 무인기지졸이기인지능.

- 毋: 말 무.
- 이기지장(以己之長)형인지단(形人之短): 나의 장점으로 남의 단점 드러냄.
- 객기(客氣): 쓸데없이 부리는 혈기나 용기.

어느 사람과 부득이 언쟁하게 될 때 금기 사항은 상대방의 사적인 비밀(은밀한 일) 발설이다. 상대 입장에서 역린에 해당하는 사항은 건드려서 좋은 것 하나도 없다.

또한 감정 조절 못 하고 광분하며 극단적인 언어 표현으로 상처를 주는 혀. 우리 주변에도 그런 객기 부리는 자들을 어렵지 않게 본다. 반면에 차분하며 겸손한 성품도 많다. 그런 자들은 세월과 더불어 연륜과 내공을 쌓아 나가는 자들이다.

(잠18:12) 사람의 마음의 교만은 멸망의 선봉
이요 겸손은 존귀의 앞잡이니라.

(잠25:9-10) 너는 이웃과 다투거든 변론만 하고 남의 은밀한
일을 누설하지 말라 *듣는 자가 너를 꾸짖을 터이요 또 수욕
이 네게서 떠나지 아니할까 두려우니라.

2-3. 남을 원망하는 것은 모든 악의 근원이 된다

스
스
로

반성하는 자는

부딪치는 일마다 약이 되지만

남을 원망하는 자는

생각하는 것마다 해치는 창과 칼이 된다.

전자는 모든 선의 길을 열고

후자는 모든 악의 근원을 파헤치니

결국 마음 태도에 따라

하늘과 땅 차이가 되는 것이다.

反己者 觸事皆成藥石 尤人者 動念卽是戈矛.
반기자 촉사개성약석 우인자 동념즉시과모.
一以闢衆善之路 一以濬諸惡之源 相去소壤矣.
일이벽중선지로 일이준제악지원 상거소양의.

- 반기자(反己者): 스스로를 반성하는 사람.
- 촉사(觸事): 부딪치는 일.
- 우인자(尤人者): 남을 원망하는 사람.
- 제악지원(諸惡之源): 모든(諸) 악의 근원(之源).

똑같은 일이라도 대하는 태도에 따라 선과 악으로 갈라지는 원인을 말해준다. 반성하는 마음 자세는 일마다 약이 되어 선의 길로, 원망하는 마음 자세는 일마다 해치는 무기가 되어 악의 길로 간다. 행복은 결국은 환경이 아닌 마음 태도에 따른 것이다. 마음과 생각도 습관이 된다. 늘 자신을 돌아보고 착한 마음에 좋은 생각의 길을 만들어 놓도록 하자.

(잠4:23) 무릇 지킬만한 것보다 더욱 네 마음을 지키라 생명의 근원이 이에서 남이니라.

(잠29:1) 자주 책망을 받으면서도 목이 곧은 사람은 갑자기 패망을 당하고 피하지 못하리라.

(약5:9) 형제들아 서로 원망하지 말라 그리하여야 심판을 면하리라 보라 심판자가 문 밖에 서 계시니라.

(살전5:16~18) 항상 기뻐하라 *쉬지 말고 기도하라 *범사에 감사하라 이는 그리스도 예수 안에서 너희를 향하신 하나님의 뜻이니라.

2-4. 배움은 끼니마다 먹어야 하는 마음의 양식이다

도
는

모든 이들의 것이니

누구나 이끌어 행하도록 하고

배움은 매일 먹는 밥과 같으니

만사에 성실히 깨우치자.

道是一種公衆物事 當隨人而接引 學是一個尋常家飯 當隨事而警惕.
도시일종공중물사 당수인이접인 학시일개심상가반 당수사이경척.

-심상가반(尋常家飯): 평소에 집에서 날마다 먹는 밥.

-당수사이(當隨事而): 마땅히 일마다.

-경척(警惕): (배움을 게을리함을) 경계해야 한다.

'배움과 행함'은 수레가 굴러가기 위해 있어야 하는 수레의 양 바퀴와도 같은 것이다. 지식이 없어 목적지도 모르고 방향 없이 행하는 것이나 아는 것은 많은데 행하지 않는 것이나 다 비정상이다. 수레 바퀴의 한쪽이 없다면 제대로 굴러가지 못하는 것처럼 늘 끼니 먹듯이 수시로 배워 깨닫고, 배운 대로 그에 맞게 행하며 살아가는 것이 모든 지식인, 종교인(신앙인)의 참다운 모습 아닐까 생각해 본다.

(시1:1-2) 복 있는 사람은 악인의 꾀를 좇지 아니하며 죄인의 길에 서지 아니하며 오만한 자의 자리에 앉지 아니하고 *오직 여호와의 율법을 즐거워하여 그 율법을 주야로 묵상하는 자로다.

(잠3:27) 네 손이 선을 베풀 힘이 있거든 마땅히 받을 자에게 베풀기를 아끼지 말며.

(호6:6) 나는 인애를 원하고 제사를 원치 아니하며 번제보다 하나님을 아는 것을 원하노라.

(약1:22) 너희는 도를 행하는 자가 되고 듣기만 하여 자신을 속이는 자가 되지 말라.

2-5. 남의 과오는 용서하되 자신의 과오는 용서하지 말자

남
의

과오는 마땅히 용서해야 하지만

내 자신의 과오를 용서해선 안 된다.

나의 괴로움은 마땅히 참아야 하지만

다른 사람의 괴로움을 참아서는 안 된다.

人之過誤 宜恕 而在己則不可恕 己之困辱 當忍 而在人則不可忍.
인지과오 의서 이재기칙불가서 기지곤욕 당인 이재인칙불가인.

-인지과오(人之過誤): 다른 사람의 잘못이나 허물.
-불가서(不可恕): 용서해서는(恕) 안 된다.

'외유내강'과 '측은지심'의 실천 지침과도 같다. 성경에도 내 죄를 용서받을 조건은 남을 용서해주는 것이고, 남에게 용서를 해주려거든 일흔 번에 일곱 번씩이라도 용서해주라고 한다. 즉 제한 없이 용서해주고 사랑하라는 것이다.

(눅11:4) 우리가 우리에게 죄지은 모든 사람을 용서하오니 우리 죄도 사하여 주옵시고 우리를 시험에 들게 하지 마옵소서 하라.

(마6:14-15) 너희가 사람의 과실을 용서하면 너희 천부께서도 너희 과실을 용서하시려니와 *너희가 사람의 과실을 용서하지 아니하면 너희 아버지께서도 너희 과실을 용서하지 아니하시리라.

2-6. 쉽게 이룬 수양은 수양이 아니다

수
양
은

마땅히 쇠를 백 번 단련하듯 하자.

손쉽게 이룬 것은 참 수양이 아니다.

일을 추진할 때는 무거운 쇠뇌(돌활)를 당기듯 신중히 하자.

가볍게 경솔히 쏘는 것은 큰 공을 이룰수 없다.

磨礪者 當如百煉之金 急就者 非邃養 施爲者 宜似千鈞之弩 輕發者 無宏功.
마려자 당여백련지금 급취자 비수양 시위자 의사천균지노 경발자 무굉공.

- -비수양(非邃養): 깊은 수양을 이룰 수 없다.(邃: 깊을 수)
- -천균지노(千鈞之弩): 천균(삼만 근)의 활. 혼신의 힘을 다함.
- -노(弩): 쇠뇌 노. 화살이나 돌을 연달아 쏠 수 있는 장치.
- -경발자(輕發者): 가벼이 쏨. 경솔하게 시작함. 가볍게 행위를 하다.
- -무굉공(無宏功): 큰(커다란) 공을 이룰 수 없다.

좋은 쇠를 만들기 위해서는 연마를 꾸준히 해야 하듯, 큰 인물 (군자)이 되기 위해서도 수양을 꾸준히 해야 하며 시련이나 어려움도 능히 건디고 이겨야 한다. 아울러 사업이나 계획을 실행할 때에는 작은 일이라도 신중하게 해야 한다. 경솔히 덤벼들면 작은 공은커녕 손해도 볼 수 있기 때문이다.

(욥23:10) 나의 가는 길을 오직 그가 아시나니 그가 나를 단련 하신 후에는 내가 정금같이 나오리라.

(롬5:4) 인내는 연단을, 연단은 소망을 이루는 줄 앎이로다.

(히5:14) 단단한 식물은 장성한 자의 것이니 저희는 지각을 사용하므로 연단을 받아 선악을 분변하는 자들이니라.

(시119:71) 고난당한 것이 내게 유익이라 이로 인하여 내가 주의 율례를 배우게 되었나이다.

2-7. 처음이 어렵다고 꺼리지 마라

뜻
대
로

되지 않는다고 근심하지 말며
일이 잘된다고 기뻐하지 말자.
오래 편안하기를 믿지 말며
처음이 어렵다고 꺼리지 말자.

毋憂拂意 毋喜快心 毋恃久安 毋憚初難.
무우불의 무희쾌심 무시구안 무탄초난.

-무시구안(毋恃久安): 오랫동안 편안함에 의지하지 말라.(毋: 말 무)

좋은 일, 궂은일은 늘 예고하고 오는 것은 아니다. 그러니 넓은 안목을 갖고 늘 대비하고 있는 것이 좋다. 보이는 것이 다가 아니며 안 보인다고 없는 것이 아니다. 통찰력이란 나무와 함께 숲을 보는 지혜다. 이런 정신으로 실행 계획을 잡았다면 머뭇 말고 바로 시작해도 된다.

(전1:9-10) 이미 있던 것이 후에 다시 있겠고 이미 한 일을 후에 다시 할지라 해 아래는 새 것이 없나니

10. 무엇을 가리켜 이르기를 보라 이것이 새 것이라 할 것이 있으랴 우리 오래전 세대에도 이미 있었느니라.

(히10:36) 너희에게 인내가 필요함은 너희가 하나님의 뜻을 행한 후에 약속을 받기 위함이라.

3. 겸손

3-1. 그대의 마음은 보이되 재주는 감춰라 _{참고 = 심장약허4)}

군
자
의

마음은 푸른 하늘과 밝은 태양 같아

어느 누구라도 다 알 수 있게 하고

군자의 재주는 깊이 감추인 옥돌과 진주처럼

남들이 쉽게 알지 못하게 하라.

君子之心事 天靑日白 不可使人不知 君子之才華 玉韞珠藏 不可使人易知.
군자지심사 천청일백 불가사인부지 군자지재화 옥온주장 불가사인이지.

---

4) 심장약허(深藏若虛) - 사기 -'심장약허'란 똑똑한 상인은 물건을 깊이 감추어 두고 남에게는 절
대로 보이지 않듯 훌륭한 인격과 학식을 가진 이는 자신을 숨기고 자랑하지 않음을 말함.『공자
가 노자를 찾아와서 예(禮)에 관하여 가르침을 청하자 노자는 이렇게 말했다. "당신이 말하는
성현(聖賢)의 예(禮)를 말한 사람의 뼈는 이미 썩어버리고, 오직 남아 있는 것은 그들의 말뿐이
오. 하물며 군자들도 좋은 때를 만나면 마차를 타고 벼슬을 하지만, 그 때를 만나지 못하면 바
람에 흔들리는 풀처럼 그렇게 멈추고 마는 것이오. 내가 듣기에, '장사를 잘하는 사람은 물건을
깊숙하게 감추어 언뜻 보면 아무것도 없는 것처럼 보이듯, 군자는 고상한 품덕을 갖추고 있지만
겉으로는 어리석은 듯 보인다(良賈深藏若虛, 君子盛德, 容貌若愚)'라고 하였소. 그대의 교만과
욕심, 그리고 일부러 꾸며대는 그 태도와 부질없는 야망을 버리도록 하시오. 그것들은 그대 자
신에게 아무런 도움이 되지 못할 것이오. 내 그대에게 말하려고 하는 것은 오직 이것뿐이오." 때
로는 능력이든 지위든 감추며 나서지 않고 조용히 물러나는 것이 오히려 내 인생에 도움이 된
다며 공자에게 따끔한 일침을 가한 노자의 말이다.』

'군자'란 학식이 높고 행실이 어진 사람을 말하며 본 책에서는 '우리가 지향하는 인격을 갖춘 자'로 이해하자. 마음은 하늘처럼 거짓 없어 숨길 이유가 없으나 재능은 있다 해도 감추어야 보석이지 나타낸다면 자랑거리로 전락되지 않겠는가.

(잠27:2) 타인으로 너를 칭찬하게 하고 네 입으로는 말며 외인으로 너를 칭찬하게 하고 네 입술로는 말지니라.

(잠12:23) 슬기로운 자는 지식을 감추어 두어도 미련한 자의 마음은 미련한 것을 전파하느니라.

(마13:44) 천국은 마치 밭에 감추인 보화와 같으니 사람이 이를 발견한 후 숨겨 두고 기뻐하여 돌아가서 자기의 소유를 다 팔아 그 밭을 샀느니라.

(고전3:18) 아무도 자기를 속이지 말라 너희 중에 누구든지 이 세상에서 지혜 있는 줄로 생각하거든 미련한 자가 되어라 그리하여야 지혜로운 자가 되리라.

3-2. 공로를 세울수록 겸손하라(겸손을 덕으로)

온
세
상
이

떠들썩할 만큼 큰 공로를 세웠다 해도

스스로 그 일을 자랑한다면 아무런 가치가 없을 것이며

하늘에 이를 만큼 큰 죄를 지었더라도

진심으로 뉘우친다면 용서받을 수 있을 것이다.

蓋世功勞 當不得一箇矜字 彌天罪過 當不得一箇悔字.
개세공로 당부득일개긍자 미천죄과 당부득일개회자.

-긍자(矜字): 자랑하다, 뽐내다.
-미천(彌天): 하늘을 가득 채우다.(彌: 두루미, '널리, 오래'의 뜻)

(잠27:2) 타인으로 너를 칭찬하게 하고 네 입으로는 말며 외인으로 너를 칭찬하게 하고 네 입술로는 말지니라.

(롬12:16) 서로 마음을 같이하며 높은 데 마음을 두지 말고 도리어 낮은 데 처하며 스스로 지혜 있는 체 말라.

(눅17:3) 너희는 스스로 조심하라 만일 네 형제가 죄를 범하거든 경계하고 회개하거든 용서하라.

(고전10:12) 그런즉 선 줄로 생각하는 자는 넘어질까 조심하라.

3-3. 부귀는 베풀고 총명은 감추어라

부
귀
한

집안은 마땅히 너그럽고 후덕해야 하건만

오히려 몰인정하다면 그 부귀는 천박한 부귀이니

어찌 능히 부귀를 지켜 나갈수 있겠는가?

총명한 사람은 마땅히 그 재주를 숨기고 감추어야 하는데

도리어 드러내어 자랑한다면 그 총명은 어리석은 총명이니

어찌 실패하지 않겠는가?

富貴家 宜寬厚 而反忌刻 是富貴而貧賤其行矣 如何能享.
부귀가 의관후 이반기각 시부귀이빈천기행의 여하능향.
聰明人 宜斂藏 而反炫耀 是聰明而愚其病矣 如何不敗.
총명인 의렴장 이반현요 시총명이우기병의 여하불패.

-의관후(宜寬厚): 마땅히 너그럽고 후해야 한다.(宜: 마땅할 의)
-기각(忌刻): 남의 재주를 시기하여 가혹하게 대함. 몰인정.
-여하불패(如何不敗): 어찌 (일에) 실패하지 않겠는가.

이 세상에 혼자 힘으로 부유하게 된 사람은 없다. 자수성가라 해도 많은 사람이 도와서 된 것이다. 감사하는 마음으로 고개 숙이며 어려운 자를 돕고 베풀며 사는 것은 그래서 당연하다. 하나님 아들임에도 마구간에서 나시고 제자들의 발을 씻으며 본을 보이신 예수님, 낮아지고 또 낮아지라는 그의 교훈은 결국 낮아지는 자의 받을 영광을 알려 주신 것이다. 내가 발전하려면 겸손해야 한다. 낮아지면 남의 것을 잘 받아들이고 많은 것을 배우게 되지만 아무리 뛰어난 사람이라도 겸손하지 않으면 남의 말을 듣지 않으므로 결국 낮아진다. 결국 시간이 지나면 마음을 높이 올려놓은 사람은 낮아져도 낮은 사람은 높아지게 된다.

(잠12:23) 슬기로운 자는 지식을 감추어 두어도 미련한 자의 마음은 미련한 것을 전파하느니라.

(눅19:11) 무릇 자기를 높이는 자는 낮아지고 자기를 낮추는 자는 높아지리라.

(엡 4:32) 서로 인자하게 하며 불쌍히 여기며 서로 용서하기를 하나님이 그리스도 안에서 너희를 용서하심과 같이 하라.

(약 1:10) 부한 형제는 자기의 낮아짐을 자랑할지니 이는 풀의 꽃과 같이 지나감이라.

3-4. 좀 모자라는 곳이 안전하다

기
기[5)

는 가득 차면 엎질러지고

박만[6)]은 텅 비어져야 온전하다.

그러므로 군자는 차라리 무위 경지에 살지언정

유위 경지에 살지 않는다.

차라리 모자라는 곳에 머물지언정

가득 찬 곳에 머물지 않는다.

敧器 以滿覆 撲滿 以空全 故君子寧居無 不居有 寧處缺 不處完.
기기 이만복 박만 이공전 고군자녕거무 불거유 영처결 불처완.

-이공전(以空全): 비어야 안전하다.
-무위(無爲), 유위(有爲): 물욕이 없음, 물욕이 있음.

---

5) 기기(敧器): 속이 비면 기울어지고 가득 차면 전복되며 물을 반쯤 넣으면 바로 서 있는 그릇. 고
대 중국 주나라에서 군주가 올바로 처신하도록 경계하기 위하여 사용하는 그릇.
6) 박만(撲滿): 벙어리 질그릇(=저금통). 돈 넣는 구멍만 있어서 돈이 가득 차면 저금통을 깨뜨려
돈을 꺼냄. 고로 저금통이 온전하려면 비어 있어야 한다.

최고점에 오르면 결국 내려온다. 높은 위치에 있으면 적이 많은 법. 시간 갈수록 시기, 모함은 더 많아지고 결국 날개도 없는 추락 위험에 빠진다. 그래서 타깃이 되지 말고 모자란 듯하며 한 발 뒤로 물러서서 배경으로 있을 것을 채근담은 권한다. 권세나 명예의 추탐을 맛보면 빠져나오기 힘든 것은 국회나 정치판에서 잘 보게 된다. 고로 높은 자리 연연하거나 높이만 오르려 하지 말고, 또 부득이 그리 됐다 하더라도 적절할 때 물러날 줄도 아는 것이 현명하다. 즉 유좌지기(宥坐之器)의 교훈[7]을 잊지 말자.

(눅 14:11) 무릇 자기를 높이는 자는 낮아지고 자기를 낮추는 자는 높아지리라.

(잠30:8-9) 곧 허탄과 거짓말을 내게서 멀리 하옵시며 나로 가난하게도 마옵시고 부하게도 마옵시고 오직 필요한 양식으로 내게 먹이시옵소서 *혹 내가 배불러서 하나님을 모른다 여호와가 누구냐 할까 하오며 혹 내가 가난하여 도적질하고 내 하나님의 이름을 욕되게 할까 두려워함이니이다.

---

7) **유좌지기(宥坐之器)의 교훈**
   주나라 환공의 사당 안에는 특이하게 생긴 의기(儀器, 의례용 기구)가 있었다. 그것은 자유로이 기울어질 수 있도록 그릇을 매달아 놓은 기구였다. 공자가 사당을 지키는 이에게 물었다. "이것은 무엇 하는 그릇입니까?" 그러자 사당지기가 이렇게 대답했다. "늘 곁에 두고 보는 그릇(宥坐之器)입니다." 그 말에 공자는 고개를 끄덕이며 이렇게 말했다. "나도 들은 적이 있거니와 유좌지기는 속이 비거나 차면 기울고 엎어지지만, 적당하게 물이 차면 바로 곧게 서 있다고 했지요." 공자의 말대로 '유좌지기'는 늘 곁에 두고 보는 그릇이라는 말로 이를 마음 깊이 간직하여 자신의 마음을 가득 채우지도 말고 비우지도 말고 적당한 선에서 조정하라는 교훈이다

3-5. 자랑하지 않으면 허물도 없다

아
름
다
운

것이 있으면

반드시 추함이 있어 상대를 이루니

내 스스로 아름다운 것을 자랑하지 않는다면

누가 나를 추하다 하겠는가.

깨끗한 것이 있으면

반드시 더러운 것이 있으니

나 자신이 깨끗함을 드러내지 않는다면

누가 나를 더럽다 하겠는가.

有妍 必有醜爲之對 我不誇妍 誰能醜我. 有潔 必有汚爲之仇 我不好潔 誰能汚我.
유연 필유추위지대 아불과연 수능추아. 유결 필유오위지구 아불호결 수능오아.

-아불과연(我不誇妍): 내가 (나의) 아름다움을 자랑하지 않는다.
-아불호결(我不好潔): 나 자신이 깨끗함을 드러내지 않는다.

자신을 돋보이려고 안달이 난 사람들을 많이 본다. 잘난 척하면 그때부터 잘난 것이 아니고 적이 생긴다. 굳이 시기, 질투, 모함의 표적이 돼야겠는가? 이 세상의 피조물들은 상대적이다. 아름다움은 덜 추한 것이고 추한 것은 덜 아름답다는 것이다. 자신이 아름답다 자랑하는 것은 오히려 추한 것을 보임이고 스스로 깨끗하다고 자랑하는 것 또한 깨끗지 못함의 일면 아니랴. 또한 주관적이기도 하다. 멀리서 볼 때는 밉고 추해 보여도 실제 사귀다 보면 좋은 사람들이 많다. 고로 스스로 자신을 낮추어 말한다 해서 실제로 그리 보는 자가 없을 것이다. 입보다는 그의 행실과 흐르는 시간이 말해주니까….

(눅14:11) 무릇 자기를 높이는 자는 낮아지고 자기를 낮추는 자는 높아지리라.

(잠29:23) 사람이 교만하면 낮아지게 되겠고 마음이 겸손하면 영예를 얻으리라.

(잠27:2) 타인으로 너를 칭찬하게 하고 네 입으로는 말며 외인으로 너를 칭찬하게 하고 네 입술로는 말지니라.

3-6. 드러내지 않음으로 자신을 보호하라

뛰
어
난

재주가 있어도 서툰 졸렬함에 감추고,

지혜를 감추어도 명철함을 잃지말고,

청렴하여도 혼탁함 속에 몸을 맡기고,

굽힘으로써 몸을 펴는 것 등은

험난한 세상 건너는 배이며

자기를 보호해 줄 세 개의 굴과 같다.

藏巧於拙 用晦而明 寓濟于濁 以屈爲伸 眞涉世之一壺 藏身之三窟也.
장교어졸 용회이명 우제우탁 이굴위신 진섭세지일호 장신지삼굴야.

-屈: 굽을 굴, 물러나다, 굽다.
-伸: 펼 신, 펴다, 나아가다.
-교토삼굴: 토끼가 위급 시 피할 수 있는 안전장치 굴.
　　　　똑똑한 토끼는 세 개의 굴을 가지고 있듯, 준비된 사람은
　　　　언제든지 위기에서 벗어날 대안을 가지고 있다. - 사기(史記) -

본인의 능력이나 재주를 드러내지 않는 것, 본인보다 허술한 사람과도 잘 어울리는 것, 한걸음 물러서서 나아갈 발판을 삼는 것 등 그것이 마음을 비우는 것이다. 비우는 마음이 자신을 보호하며 천수를 누리게 해준다.[8]

(잠12:23) 슬기로운 자는 지식을 감추어 두어도 미련한 자의 마음은 미련한 것을 전파하느니라.

(잠13:7) 스스로 부한 체하여도 아무것도 없는 자가 있고 스스로 가난한 체하여도 재물이 많은 자가 있느니라.

---

8) **마음을 비워야 천수를 누린다 '묵자(墨子)'**
다섯 개의 송곳이 있다면 이들 중 가장 뾰족한 것이 반드시 무디어질 것이며 다섯 개의 칼이 있다면 이들 중 가장 날카로운 것이 반드시 먼저 닳을 것이다. 맛있는 샘물이 먼저 마르고 쭉 뻗은 나무가 먼저 잘리며 신령스러운 거북이 먼저 불에 지져지고 신령스러운 뱀이 먼저 햇빛에 말려진다. 비간이 죽음을 당한 것은 그가 용감했기 때문이며 서시가 물에 빠져 죽은 것은 그가 아름답기 때문이며 오기가 몸을 망친 것은 그가 일을 잘했기 때문이다. 그러므로 "너무 성하면 지키기 어렵다"라고 한 것이다. 뛰어난 목수가 길을 가다 큰 상수리나무를 보았으나 그냥 지나쳤다. 그 상수리나무는 수천 마리의 소를 가릴 정도로 컸고 굵기는 백 아름이나 되었다. 배를 만들어도 수십 척을 만들 수 있을 정도였다
목수의 수제자가 의아해서 물었다. "이처럼 훌륭한 재목을 보고도 거들떠보지도 않고 가시는 까닭이 무엇입니까?" 묵자는 답했다. "그 나무는 쓸모가 없다. 배를 만들면 가라앉고 널을 짜면 곧 썩으며 문을 만들면 진이 흐르고 기둥을 만들면 좀이 생긴다. 그래서 아무 소용도 없는 나무라 저토록 장수할 수 있을 거야." 결국 그 큰 상수리나무는 인간에게 쓸모없음을 쓸모로 삼아서 천수를 누린 것이다. 인간에게 쓸모 있는 능력들을 겉으로 드러내지 않고 무용으로 안에 감추어 두는 것, 도와주거나 일을 해도 과시하거나 티 내려 하는 마음을 갖지 않는 것, 그것이 진정 마음을 비우는 것이다. 그릇은 내부가 비어 있기 때문에 음식을 담아 쓸 수 있고, 방은 벽으로 둘러 쳐진 중앙이 비어 있음으로 해서 기거할 수 있다. 이와 마찬가지로 걸음을 걸을 때도 우리가 밟지 않는 곳에 땅이 있기 때문에 안심하고 걸을 수 있는 것이다. 만약 우리가 밟고 지나갈 자리에만 땅이 있다고 한다면 어지럽고 두려워 한 걸음도 떼어 놓지 못할 것이다. 모든 것에는 정작 쓰이는 것보다 쓰이지 않는 것이 있어 진정 쓰임을 다하는 것이 많다. 그래서 정말 마음을 비운다면 그릇처럼 텅 비어 있어야 한다. 행여 자신이 그릇을 만드는 흙이라도, 굽는 불이라도 되고자 한다면 그것은 마음을 비운 것이 아니다. 그렇게 완전히 마음을 비워야만 쓰임이 있고 자신도 천수를 누릴 수 있을 것이다

3-7. 드러내지 않는 선은 그 공이 더 크다

악

은

숨어 있기를 싫어하고

선은 드러내기를 싫어한다.

그러므로 드러난 악은 재앙이 덜하나

숨어 있는 악은 재앙이 크며

드러난 선은 공이 작으나

숨어 있는 선은 그 공이 더 크다.

惡忌陰 善忌陽 故惡之顯者禍淺 而隱者禍深 善之顯者功小 而隱者功大.
악기음 선기양 고악지현자화천 이은자화심 선지현자공소 이은자공대.

-악(惡)기음(忌陰): 악한 일은 그늘에 있기를 싫어함. 조만간 드러난다는 뜻.
-선(善)기양(忌陽): 선한 일은 드러나기를 싫어함. 자랑하지 않는다는 뜻.
-선지현자(善之顯者): 선을 드러내는 자.
-이은자(而隱者): 그러나 숨기는 자(=선지은자善之隱者).

본인의 행위가 악한 일일수록 남들에게 숨기기에 급급하다. 그러나 악행은 드러내지도록 하는 묘한 습성이 있어서 그 추한 향기는 결국 다 퍼지게 된다. 고로 악행의 마무리 매듭은 빠를수록 좋다.

선행은 그 행위가 잘 드러나지 않지만, 시간이 갈수록 '고마움 통장' 잔액이 이자 늘듯이 불어 나간다. 고로 남에게 베푼 선은 잊어버리고 악행은 속히 매듭짓자는 메시지다.

(잠3:27) 네 손이 선을 베풀 힘이 있거든 마땅히 받을 자에게 베풀기를 아끼지 말며.

(잠27:2) 타인으로 너를 칭찬하게 하고 네 입으로는 말며 외인으로 너를 칭찬하게 하고 네 입술로는 말지니라.

(눅12:2) 감추인 것이 드러나지 않을 것이 없고 숨은 것이 알려지지 않을 것이 없나니.

3-8. 가진 것을 깨닫지 못하거나, 가진 것을 자랑하지 마라

옛
사
람

이르기를

"자기 집에 무진장한 재물 있음을 모르고

남의 집 문 앞에서 거지 흉내 낸다"라고 하였다.

또 이르기를,

"벼락부자가 된 가난뱅이야,

어느 집 부엌인들 불 때면 연기 안 나랴."라고 했다.

전자는 자신이 가진 것을 모름에 대하여 경계한 것이고,

후자는 자신의 가진 것을 자랑함에 대하여 경계한 말이다.

학문함에 수양의 계명으로 삼자.

前人云 "拋却自家無盡藏 沿門持鉢效貧兒" 又云 "暴富貧兒休說夢 誰家竈裡火無烟"
전인운 "포각자가무진장 연문지발효빈아" 우운 "폭부빈아휴설몽 수가조리화무연"
一箴自昧所有 一箴自誇所有 可爲學問切戒.
일잠자미소유 일잠자과소유 가위학문절계.

-전인운(前人云): 옛사람이 말하길.
-연문(沿門): 이집 저집 남의 집 대문을 기웃거림.
-지발효(持鉢效): 밥그릇을 가지고 (동냥질)을 흉내 낸다.
-폭부빈아(暴富貧兒): 벼락부자가 된 가난뱅이. 졸부.
-자매(自昧): 스스로 깨닫지 못하는 것.

어떤 이는 남들에게는 없거나 적게 가진 것을 본인이 넉넉히 소유하고 있음에도 정작 본인은 자신에게 있음을 모르고 자기 비하하며 구걸하듯 지낸다. 또 어떤 이는 남들보다 가진 것이 많다 하여 과시하려 애쓴다. 그러나 누구든지 자랑을 하자면 자랑할 게 다 있기 마련이다.

그러므로 이 두 가지 즉 자매함과 자랑함은 어리석은 짓이니 경계하라는 메시지이다.

(고전3:21) 그런즉 누구든지 사람을 자랑하지 말라 만물이 다 너희 것임이라.

(약1:9-10) 낮은 형제는 자기의 높음을 자랑하고 *부한 형제는 자기의 낮아짐을 자랑할지니 이는 풀의 꽃과 같이 지나감이라.

4. 신중할 것들

4-1. 사소한 한 가지라도 깊이 경계하라

**한
가
지**

생각으로 하늘의 계율을 범할 수 있고,

한 마디 말로 천지의 조화를 깨뜨릴 수 있으며,

한 가지 일로 자손의 불행을 빚는 수가 있나니,

깊이 경계해야 할 일이다.

有一念而犯鬼神之禁,　一言而傷天地之和,　一事而釀子孫之禍,　最宜切戒.
유일념이범귀신지금,　일언이상천지지화,　일사이양자손지화,　최의절계.

-최의절계(最宜切戒): 모두(일념, 일언, 일사)를 마땅히 간절하게 경계하라.

한순간의 잘못으로 일을 망치고 패가망신을 당하는 경우도 있다. 잘못된 한순간의 생각, 신중하지 못해 저지른 일, 말 한 마디, 행동 하나하나에 늘 신중해야 한다. 큰 댐 무너짐도 작은 구멍에서 시작되듯.[9]

(욥15:6) 너를 정죄한 것은 내가 아니요 네 입이라 네 입술이 너를 쳐서 증거하느니라.

(벧전3:10) 그러므로 생명을 사랑하고 좋은 날 보기를 원하는 자는 혀를 금하여 악한 말을 그치며 그 입술로 궤휼을 말하지 말고.

---

9) **필작어세(必作於細) - 도덕경 63장 -**
무너지는 둑도 작은 구멍에서 시작되고 천 리 길도 한 걸음부터 시작된다. 죽을병도 몸의 작은 상처나 조짐의 신호로 시작되고 큰 복도 작은 성실함에서 시작된다. 우리는 눈에 띄는 것만 신경 쓰고 일이 터진 다음에나 그 이유를 찾는 등, 작은 일은 소홀히 할 때가 있는데 모든 생사화복의 시작은 작은 데서 출발함을 잊지 않는 것이 좋겠다. 도덕경에 나오는 필작어세(必作於細)는 '세상의 모든 큰일은 사소한 것에서 시작된다'는 뜻이고, 한비자에도 '천길 높은 둑은 개미나 땅강아지 구멍으로 인해 무너지고, 백 척 높이의 으리으리한 집은 아궁이 틈에서 나온 조그만 불씨 때문에 타 버린다'고 한 말 역시 사소한 것이 큰일로 이어진다는 것이다. 지혜로운 사람은 어려운 환경이라도 조그만 불씨에서 큰 희망을 보고, 몸의 이상으로 쓰러지는 것도 조그만 이상 징후로 발단이 된다는 것을 잊지 않는 사람이다. 큰 것만 보려 하는 습관은 문제 인식과 처방을 어렵게 하는 것 같다. 성공도 과욕으로 급하게 앞서려는 것이 아닌, 현재의 환경에서 한 걸음씩 중단 없는 정진을 하는 것, 독수리의 눈으로 보되 황소걸음처럼 묵묵히 걷는 것. 조그만 것도 무시하지 않고 성실하게 대하는 자세. 그리고 시냇물을 보고 대양이 존재함을 믿는 것. 그래서 내 지금의 사소한 것처럼 보이는 일도 꾸준히 하면 결국 큰일로 이어진다는 희망과 신념. 이 세상을 살아가는 지혜이다.

4-2. 즉흥적 생각으로 하는 일은 곧 멈추게 된다

즉

흥

적

생각으로 시작하는 일은

시작하자마자 멈추게 되니

그 어찌 물러설 줄 모르는 수레바퀴같이 지속되리오.

감정적 인식으로 깨닫는 것은

깨달으면 곧 혼미하게 되니

어찌 밝은 지혜의 등불이 될 수 있으랴.

憑意興作爲者 隨作則隨止豈是不退之輪. 從情識解悟者 有悟則有迷 終非常明之燈
빙의흥작위자 수작칙수지기시불퇴지륜. 종정식해오자 유오칙유미 종비상명지등.

- 불퇴지륜(不退之輪): 수레는 목적지까지 계속 앞으로 전진해야 하는 것이 사명인데 멈추면 목적을 달성할 수 없게 된다는 의미로 즉흥적으로 일을 시작하면 성공하기 어렵다는 뜻.
- 정식(情識): 감정적으로 인식하는 것.

계획이 서면 신속하고 정확하게 해야 한다. 그러나 충분한 경험도 없는 자가 계획도 없이 즉흥적 감정으로 일을 시작한다면 결국 낭패를 본다. 신중할 것을 권하는 메시지이다. 즉, 시작하려는 일의 좋은 면만 상상하고 조급하게 시작하다가, 조급한 마음으로 인해 발견하지 못한 치명적인 장애로 돌이킬 수 없는 손해를 보는 경우도 있게 된다. 조급한 마음에서는 결정을 미루자. 이성적인 판단이 필요할 때 감정을 품고 판단하는 생각은 머릿속을 혼미하게 하기 때문이다.

늘 평상시에도 '조급함을 이성적으로 누르는 내공'을 쌓아두는 것이 그만큼 필요하다.

(잠28:26) 자기의 마음을 믿는 자는 미련한 자요 지혜롭게 행하는 자는 구원을 얻을 자니라.

(잠29:20) 네가 언어에 조급한 사람을 보느냐 그보다 미련한 자에게 오히려 바랄 것이 있느니라.

4-3. 극심한 각박과 경박을 경계하라

남
에
게

받은 은혜는 많아도 갚지 않으며

남에게 받은 원망은 작은 것이라도 갚는다.

남의 악행을 들으면 확실하지 않아도 믿으며

남의 선행을 들으면 확실하더라도 의심한다.

이런 것이야말로 지극히 몰인정한 것이며

극심한 경박이 아닐 수 없다.

마땅히 경계하자.

受人之恩 雖深不報 怨則淺亦報之 聞人之惡 雖隱不疑 善則顯亦疑之.
수인지은 수심불보 원즉천역보지 문인지악 수은불의 선즉현역의지.
此刻之極 薄之尤也 宜切戒之.
차각지극 박지우야 의절계지.

-수인지은(受人之恩): 남에게 받은 은혜.
-수심불보(雖深不報): 받은 것(은혜)이 비록 많아도 갚지 않음.
-문인지악(聞人之惡): 남(다른 사람)의 악행을 듣고서는.
-각지극(刻之極): 각박한(인정이 메마름) 것이 극에 이름.
-박지우야(薄之尤也) : 경박한 것이 극에 이름. 각지극(刻之極).

어떤 계기로 자주 대접받는 사람이 저지를 수 있는 실수는, 대우받는 것을 스스로 당연히 여기며 감사할 줄 모른다는 것이다. 받을수록 더욱 조심히 예우를 나타내야 하는데 예의를 갖추기는커녕, 자갑(自甲) 의식에 익숙해지고 또한 험담과 지적하기를 좋아하며 남들의 선한 면은 인정하기 꺼리는 이런 경박한 성품이 자리 잡지 않도록 누구든지 돌아보고 경계하라는 메시지이다.

(잠17:13) 누구든지 악으로 선을 갚으면 악이 그 집을 떠나지 아니하리라.

(잠17:27) 말을 아끼는 자는 지식이 있고 성품이 안존한 자는 명철하니라.

(엡4:31-32) 너희는 모든 악독과 노함과 분냄과 떠드는 것과 훼방하는 것을 모든 악의와 함께 버리고 *서로 인자하게 하며 불쌍히 여기며 서로 용서하기를 하나님이 그리스도 안에서 너희를 용서하심과 같이 하라.

5. 비방과 아첨

5-1. 헐뜯는 말은 바로 알지만 아첨의 말은 깨닫기 어렵다

헐
뜯
고

비방하는 말은

태양을 가린 한 조각 구름 같으니,

머지않아 걷히고 밝게 드러나지만

아첨하는 달콤한 말은

마치 틈새 바람이 살결에 스미듯

그 해로움을 미처 깨닫지 못한다.

讒夫毀士 如寸雲蔽日 不久自明 媚子阿人 似隙風侵肌 不覺其損.
참부훼사 여촌운폐일 불구자명 미자아인 사극풍침기 불각기손.

-참부훼사(讒夫毀士): 참소와 훼방(헐뜯음)을 하는 사람.
-불구자명(不久自明): 머지않아(不久) 스스로 밝아진다(自明).
-불각기손(不覺其損): 해로움을(損) 미처 깨닫지 못한다(不覺).

누구나 사리사욕은 있다. 다만 그것을 이성적으로 조절하는 의지력의 차이가 있을 뿐이다. 비방하는 말들은 그 발설지를 쉽게 알 수 있고 그 시시비비 마무리도 곧 매듭지을 수 있지만, 아첨과 칭찬하는 말은 달콤하여 그 해로움을 깨닫기가 쉽지 않아 그 폐혜가 커질 수도 있다. 그러므로 칭찬을 받는 사람은 칭찬이 나를 시험하고 단련시키는 도구로도 생각해야 한다.

(잠20:19) 두루 다니며 한담하는 자는 남의 비밀을 누설하나니 입술을 벌린 자를 사귀지 말지니라.

(잠27:21) 도가니로 은을, 풀무로 금을, 칭찬으로 사람을 시련하느니라.

(전7:21~22) 무릇 사람의 말을 들으려고 마음을 두지 말라 염려컨대 네 종이 너를 저주하는 것을 들으리라 *너도 가끔 사람을 저주한 것을 네 마음이 아느니라.

(잠12:19) 진실한 입술은 영원히 보존되거니와 거짓 혀는 잠시 동안만 있을 뿐이니라.

6. 순수함, 의리

6-1. 경험이 적은 자는 오히려 순수하고 깨끗하다

세
상
경
험

적은 자는 그만큼 오염됨도 적을 것이요,

세상 경험 많은 자는 그만큼 속이는 재주도 많이 안다.

고로 군자는 능수능란하기보다 차라리 소박한 것이 낫고,

지나치게 경계하느니 둔해 보일지언정 소탈한 것이 낫다.

涉世淺 點染亦淺 歷事深 機械亦深 故君子與其達練 不若朴魯 與其曲謹 不若疎狂.
섭세천 점염역천 역사심 기계역심 고군자여기통달 불약박노 여기곡근 불약소광.

-與其 ~不若: ~하기보다 ~하는 것이 낫다.
-곡근(曲謹): 지나치게 신중하고 조심함.
-소광(疎狂): 소홀하고 덜렁댐. 소탈하여 형식에 얽매이지 않는 것.

 겸손하며 진실한 자는 본인의 지식과 경험도 합력하여 선을 이루는 데 사용하나 그렇지 않은 자는 자신의 이득만을 얻는 데 사용한다. 그럴 바엔 차라리 경험 없는 자가 순수하므로 복을 받는다는 뜻이다.

(잠3:34) 진실로 그는 거만한 자를 비웃으시며 겸손한 자에게 은혜를 베푸시나니.

(잠12:19) 진실한 입술은 영원히 보존되거니와 거짓 혀는 눈 깜짝일 동안만 있을 뿐이니라.

(잠25:19) 환난 날에 진실치 못한 자를 의뢰하는 의뢰는 부러진 이와 위골된 발 같으니라.

6-2. 물들지 않는 자가 깨끗하다

권
세
와

명예, 이득과 사치를 가까이 않는 이는 고결하지만

가까이 있으며 물들지 않는 이는 더 고결하다 할 것이다.

권모술수를 모른다면 존경받을 자이지만

알면서도 사용하지 않는 자는 더 훌륭한 사람이다.

勢利紛華 不近者爲潔 近之而不染者 爲尤潔
세리분화 불근자위결 근지이불염자 위우결.
智械機巧 不知者爲高 知之而不用者 爲尤高.
지계기교 부지자위고 지지이불용자 위우고.

-위결(爲潔): 깨끗하다고 하다. 결백하다고 하다.(爲: 할 위 / 潔: 깨끗할 결. 청렴하다.)

세상 물정을 모르는 순박한 사람은 언젠가 세상의 쾌락을 맛
보면 물들 수도 있다. 미리 많은 경험을 통해 여러 가지 겪어 본 사람
은 그로 인해 선악을 분별하며 성숙해 가는 것이고 그런 내공을 쌓은
사람이야말로 장성한 사람이 아니겠는가.

(잠16:32) 노하기를 더디 하는 자는 용사보다 낫고 자기의 마
음을 다스리는 자는 성을 빼앗는 자보다 나으니라.

(살전5:21-22) 범사에 헤아려 좋은 것을 취하고 *악은 모든 모
양이라도 버리라.

(히5:14) 단단한 식물은 장성한 자의 것이니 저희는 지각을 사
용하므로 연단을 받아 선악을 분변하는 자들이니라.

6-3. 사람으로서 의협심과 순수한 마음을 지니자

벗
을
    사귐에는

    모름지기 삼할 가량의 의협심을 가져야 하고,

    사람이 되려면

    마땅히 순수한 본마음을 지녀야 한다.

交友須帶三分俠氣　作人要存一點素心.
교우수대삼분협기　작인요존일점소심.

-의협심: 다른 사람의 어려움이나 억울함을 풀어 주려는 희생적인 마음.
-협기(俠氣): 남의 어려운 처지를 외면하지 못하는 의로운 의협심.
-삼분(三分): 3/10. 일부분.
-작인(作人): 사람의 됨됨이.
-소심(素心): 순수한 마음.

사회생활을 하며 마음을 공유할 수 있는 벗을 사귀는 것은 쉬운 일이 아니다. 인생살이에 마음 터놓는 벗 한두 사람 있다면 얼마나 복된 것이랴!

먼저 내가 좋은 벗이 되도록 하자. 좋은 관계를 바라는 진정성 있는 마음이 전달되려면 어느 정도 희생하는 마음도 있어야 한다. 내가 받아야만 베풀겠다는 계산은 누구나 할 수 있는 사회관계이다. 먼저 베풀고 순수한 마음을 보여주도록 하자. 그러나 베풀더라도 있는 것 다 주면서까지 하기보다는 3할 정도(3분 협기)의 비율 정도가 적당하다는 것이다. 물론 상대적이기는 하겠지만 순간적인 감정에 들떠 정하지는 말라는 의미이다.

(잠10:2) 불의의 재물은 무익하여도 의리는 죽음에서 건지느니라.

(욥33:3) 내 말이 내 마음의 정직함을 나타내고 내 입술이 아는 바를 진실히 말하리라.

(갈5:14) 온 율법은 네 이웃 사랑하기를 네 몸같이 하라 하신 한 말씀에 이루었나니.

6-4. 깨끗한 마음으로 책을 읽어야 제대로 배운다

깨
끗
한

마음으로 책을 읽어야

바야흐로 참된 옛것을 배울 수 있다.

그렇지 않으면 한 가지 선행을 보고

이것을 훔쳐 자기의 욕심을 채우게 되고

한 마디의 좋은 말을 들으면

그것을 빌려 자기의 잘못을 덮는 데 쓰게 된다.

이것이야말로 적에게 무기를 빌려주고

도둑에게 양식을 제공하는 것과 같다.

心地乾淨方可讀書學古　不然　見一善行竊以濟私.
심지건정방가독서학고　불연　견일선행절이제사.
聞一善言假以覆短　是又藉寇兵而齎盜糧矣.
문일선언가이복단　시우자구병이재도량의.

-심지건정(心地乾淨): 마음의 바탕이 깨끗하며 단아함.
-절이제사(竊以濟私): 훔쳐서 자기 사리사욕을 채운다.
-가이복단(假以覆短): 그것을 빌려 (자기의) 단점(잘못, 거짓말)을 덮는다.
-자구병(藉寇兵): 자기 무기를 적에게 빌려줌.

똑같이 먹는 뽕잎임에도 누에는 명주실을, 뱀은 독을 만든다. 고로 인간은 이를 교훈 삼아 무엇보다 착하고 선한 마음을 가지도록 노력해야 한다. 이것이 어릴 적부터 또 어디서나 인성(성품) 교육이 필요한 이유이다.

(서초동 국립중앙도서관 인근 누에다리)

(눅6:45) 선한 사람은 마음의 쌓은 선에서 선을 내고 악한 자는 그 쌓은 악에서 악을 내나니 이는 마음의 가득한 것을 입으로 말함이니라.

6-5. 새로운 친구 사귐은 옛 친구와 정을 돈독히 함보다 못하다

사
사
로
운

은혜에 연연하는 것보다 공의를 위하는 것이 더 낫고

새로운 친구를 사귀는 것보다

옛 친구 우정을 돈독히 하는 것이 더 낫다.

명성 얻는 데 연연하는 것보다

숨은 공덕을 쌓는 것이 더 낫고

지조 절개를 주장하는 것보다

평상시 행동을 공손하게 함이 더 낫다.

市私恩 不如扶公議 結新知 不如敦舊好 立榮名 不如種隱德 尚奇節 不如謹庸行.
시사은 불여부공의 결신지 불여돈구호 입영명 불여종은덕 상기절 불여근용행.

-謹: '삼가다, 경계하다, 공손하다'의 뜻.

베풀고 티를 내는 것, 생색내는 것보다는 숨은 공덕으로 실천하는 성실한 행동이 훨씬 더 낫다.

또한 인간관계는 새로운 사람 사귐도 좋지만 세월과 더불어 서로 잘 알고, 마음을 주고받을 수 있는 현재의 지인을 돈독히 함이 낫다는 메시지이다.

공(恭)은 두 손을 마주 잡은 모양이다. 공손한 마음가짐을 지니면 내가 남을 업신여기지 않게 되니 남 또한 나를 업신여기지 않는다.

(잠11:3) 정직한 자의 성실은 자기를 인도하거니와 사특한 자의 패역은 자기를 망케 하느니라.

(잠11:4) 재물은 진노하시는 날에 무익하나 의리는 죽음을 면케 하느니라.

6-6. 뜻을 굽히기보다는 지조를 지켜 미움받음이 낫다

뜻
을

굽혀 남들의 환심을 얻기보다는

미움을 받더라도

자신을 올곧게 지키는 것이 차라리 낫다.

선행 없이 남들의 칭찬을 받기보다는

미움을 받더라도

나쁜 일을 하지 않는 것이 차라리 낫다.

曲意而使人喜 不若直躬而使人忌. 無善而致人譽 不若無惡而致人毀.
곡의이사인희 불약직궁이사인기. 무선이치인예 불약무악이치인훼.

-곡의(曲意): 뜻을 굽혀 아부한다. 반댓말은 직궁(直躬): 지조를 지키다.
-올곧다: 마음이 정직하고 바르다.

'신독' [10] 즉 홀로 있어도 부끄러움이 없어야 한다. 즉, 남을 의식하는 삶보다는, 공의롭고 의를 행하며 사는 부끄럽지 않은 삶. 하늘도 알고 나도 알면 되지 않는가.

(시106:3) 공의를 지키는 자들과 항상 의를 행하는 자는 복이 있도다.

(욥23:10) 나의 가는 길을 오직 그가 아시나니 그가 나를 단련하신 후에는 내가 정금같이 나오리라.

(눅21:19) 너희의 인내로 너희 영혼을 얻으리라.

(갈 1:10) 이제 내가 사람들에게 좋게 하랴 하나님께 좋게 하랴 사람들에게 기쁨을 구하랴 내가 지금까지 사람의 기쁨을 구하는 것이었더면 그리스도의 종이 아니니라.

---

10) **신독(愼獨)**
   - 남이 보지 않는 곳에 혼자 있을 때에도 도리에 어긋나지 않도록 조심하여 말과 행동을 삼감.
   - 경전을 단순히 입으로 읽는 것이 아니라 몸으로 실행함.

7. 성실, 근면, 사거리 정신

7-1. 편안할 때라도 주위를 돌아보라

은
혜
로
움

속에서 재앙이 생겨난다.

그러므로 뜻대로 잘 풀릴 때라도 미리 어려움을 생각하자.

실패한 그 일로 성공을 하게 된다.

그러므로 마음대로 되지 않는다고 쉽게 포기 말라.

恩裡由來生害 故快意時 須早回頭 敗後或反成功 故拂心處 莫便放手.
은리유래생해 고쾌의시 수조회두 패후혹반성공 고불심처 막변방수.

-쾌의(快意): 자기 뜻대로 일이 잘 풀림.
-방수(放手): 하던 일을 도중에 포기함. 손을 놓다.

'이 또한 지나가리라'라는 말처럼, 마냥 머물 것 같은 현실도 결국은 구름처럼 지나간다. 그러므로 현재 잘 풀린다고 자만하지 말고 꼬인다고 좌절하지 말자. 차면 기울고 시들면 다시 피는 것이 우주의 순환 원리이다. 인간으로서 할 수 있는 일이라면 최선을 다하고, 할 수 없는 일은 신에게 맡기자. '인간사 새옹지마'이다. 늘 주변도 돌아보고 힘들어도 포기는 하지 말자. 상처는 아무는 것이다. 아래 성구와 함께 본 문장이 주는 메시지이다.

(전3:1~3) 천하에 범사가 기한이 있고 모든 목적이 이룰 때가 있나니 *날 때가 있고 죽을 때가 있으며 심을 때가 있고 심은 것을 뽑을 때가 있으며 *죽일 때가 있고 치료시킬 때가 있으며 헐 때가 있고 세울 때가 있으며.

(전3:11) 하나님이 모든 것을 지으시되 때를 따라 아름답게 하셨고 또 사람에게 영원을 사모하는 마음을 주셨느니라 그러나 하나님의 하시는 일의 시종을 사람으로 측량할 수 없게 하셨도다.

7-2. 한가한 때 헛되이 보내지 말자

한
가
할

때에 시간을 헛되이 보내지 않으면

바쁠 때에 덕을 보고,

고요할 때에 공상에 빠지지 않으면

활동할 때에 덕을 보게 되며

어두울 때 숨기고 감추지 않으면

밝을 때 덕을 본다.

閑中不放過 忙處有受用 靜中不落空 動處有受用 暗中不欺恩 明處有受用.
한중불방과 망처유수용 정중불락공 동처유수용 암중불기은 명처유수용.

-명처유수용(明處有受用): 밝은(명明) 곳에서(처處) 그 보람(쓸 것)을(용用) 누릴(얻을)(수受) 수 있다.

누구에게나 공평하게 받는 선물이 '시간'이다. 시간은 그 쓰임에 따라 성공과 실패의 삶이 나눠진다. 이번 기회에 시간 관리의 중요성을 되새기고 늘 생기를 충전하며 지혜롭게 사는 시간 활용 방안에 대해 계획 및 점검해 보자.

(잠6:6~8) 게으른 자여 개미에게로 가서 그 하는 것을 보고 지혜를 얻으라 *개미는 두령도 없고 간역자도 없고 주권자도 없으되 *먹을 것을 여름 동안에 예비하며 추수 때에 양식을 모으느니라.

(잠9:12) 네가 만일 지혜로우면 그 지혜가 네게 유익할 것이나 네가 만일 거만하면 너 홀로 해를 당하리라.

(잠30:25) 곧 힘이 없는 종류로되 먹을 것을 여름에 예비하는 개미와.

7-3. 뭐든지 신속 정확!

한
순
간
의

생각이 사욕으로 흐른다면

곧 되돌려 바른길로 나아가자.

생각이 나면 곧 깨닫고 깨달으면 곧 돌이키는 것.

이것이 전화위복이요 기사회생이니

결코 가벼이 여기지 말자.

念頭起處 纔覺向欲路上去 便挽從理路上來 一起便覺 一覺便轉.
염두기처 재각향욕로상거 변만종리노상래 일기변각 일각변전.
此是轉禍爲福 起死回生的關頭 切莫輕易放過.
차시전화위복 기사회생적관두 절막경이방과.

-변만종(便挽從): 곧 잡아당겨 좋게 함.
-절막(切莫): 절대로 ~하지 말라.

마음속에서 일어나는 욕망은 생물과도 같아, 갈수록 커진다. 고로 선이 아닌 악은 모양이라도 따라 하지 말고 추탐이 일어날 때 바로 이성으로 절제할 수 있는 습관을 들이자. 통제할 수 없는 지경에 이르지 않도록 신속히 해야 한다.

(살전5:21-22) 범사에 헤아려 좋은 것을 취하고 악은 모든 모양이라도 버리라.

(잠6:5) 노루가 사냥꾼의 손에서 벗어나는 것같이, 새가 그물 치는 자의 손에서 벗어나는 것같이 스스로 구원하라.

7-4. 왕성할 때 나중을 생각하라

늙
어

오는 질병은

젊을 때 불러들인 결과이며

쇠퇴하며 임한 재앙은

흥할 때부터 초래된 것이다.

고로 젊고 흥할 때 (쇠해짐을 염두에 두고)

더욱 조심하라.

老來疾病 都是壯時招的 衰後罪孽 都是盛時作的 故持盈履滿 君子尤兢兢焉.
노래질병 도시장시초적 쇠후죄얼 도시성시작적 고지영리만 군자우긍긍언.

-우긍긍언(尤兢兢焉): 더욱 조심하고 삼가야 한다.

당연히 명심해야 할 쉽고도 당연한 내용임에도 우리는 망각하며 살아간다. 즉, 건강은 건강할 때 지키고 부는 있을 때 관리를 잘해야 한다는 것이다. 그런데 건강하므로 건강을 망각하여 미련하게 몸을 혹사하고 섭생에 게을리하여 몸이 망가진다. 또 부귀로 인하여 겸손하지도 않고 검소함도 없으면 쉽게 쇠해지는 것은 당연하다. 이런 점을 잊지 말고 지금부터라도 당장 건강과 부의 씨를 뿌리는 데 게을리 말고 조심하자는 메시지이다.

(시126:5-6) 눈물을 흘리며 씨를 뿌리는 자는 기쁨으로 거두리로다 *울며 씨를 뿌리러 나가는 자는 정녕 기쁨으로 그 단을 가지고 돌아오리로다.

(잠19:3) 사람이 미련하므로 자기 길을 굽게 하고 마음으로 여호와를 원망하느니라.

7-5. 한 끼의 밥으로도 평생의 은혜를 만든다(사랑이 지나치면 오히려 원한을 사게 된다)

천
금

으로도 한때의 환심을 사기가 어렵고

한 그릇의 밥으로도 평생의 은혜를 만든다.

대개 사랑이 지나치면

은혜가 오히려 원수로 바뀌고,

괴로움이 지극하면

야박한 것도 오히려 기쁨이 된다.

千金難結一時之歡　一飯竟致終身感　蓋愛重反爲仇　薄極변成喜也.
천금난결일시지환　일반경치종신감　개애중반위구　박극번성희야.

-일시지환(一時之歡): 당장의 환심. 한때의 기쁨.
-종신지감(終身之感): 평생토록 은혜를 잊지 않음.
-애중반위구(愛重反爲仇): 사랑이 지나치면 오히려 원한을 사게 된다.
-박극번성희야(薄極⊠成喜也): 박대함이 지극하면 오히려 기쁨을 얻는다.

 큰 베풂이라도 때로는 베풂이 멈춰지면 원한을 사게 된다. 어떤 경우는 작은 베풂으로도 상대가 큰 감동을 받는 경우도 있다. 그러므로 원망과 시비가 없게 하려면 베풂과 사랑도 적절한 때를 보고, 상대의 처지를 봐가며 해야 한다는 메시지이다.

(히 12:14) 모든 사람과 더불어 화평함과 거룩함을 따르라 이것이 없이는 아무도 주를 보지 못하리라.

(빌2:14-15) 모든 일을 원망과 시비가 없이 하라 *이는 너희가 흠이 없고 순전하여 어그러지고 거스르는 세대 가운데서 하나님의 흠 없는 자녀로 세상에서 그들 가운데 빛들로 나타내며.

7-6. 근면함이란 예와 옳은 일을 바로 실행하는 것이다

근
면
함

이란 도덕(예)과 옳은 일(의리)을

민첩하게 실행하는 것인데

세상 사람들은 근면함으로 가난을 벗어나려고만 한다.

검소함이란 재물과 이익에 집착하지 않는 것인데

세상 사람들은 검소를 핑계 삼아 인색함을 덮으려 한다.

군자의 몸을 지키는 신조가 오히려

소인배의 사리사욕의 도구가 되다니

참으로 안타까운 일이다.

勤者 敏於德義 而世人借勤而濟其貧 儉者 淡於貨利 而世人假儉以飾其吝.
근자 민어덕의 이세인차근이제기빈 검자 담어화리 이세인가검이식기린.
　　君子持身之符　反爲小人營私之具矣　惜哉..
　　군자지신지부　반위소인영사지구의　석재.

-차근이제기빈(借勤而濟其貧): 근면을 이용해(借勤而)가난을 구하려 함.
-담어화리(淡於貨利): 재물과 이익에(於) 담박(淡) 즉 욕심이 없는 것.

단어의 참뜻을 모르면 '근면함'을 육적인 자기 이익의 도구로, '검소함'을 자기 포장의 도구로 사용하는 것을 지적한 말이다. 육적인 것보다 정신적인 가치와 낙을 우선시하는 것이 바람직하다. 여러 신앙인과 지식인 중에서도 남들이 보기에는 근면하고 검소하게 보이나 정작 당사자가 진정한 그 단어의 참 의미를 모르면 결국 본인의 행위는 열심으로 가장한 자기 의에 지나지 않는다는 말이다.

(전2:24) 사람이 먹고 마시며 수고하는 가운데서 심령으로 낙을 누리게 하는 것보다 나은 것이 없나니 내가 이것도 본즉 하나님의 손에서 나는 것이로다.

(롬10:2-3) 내가 증거하노니 저희가 하나님께 열심이 있으나 지식을 좇은 것이 아니라 *하나님의 의를 모르고 자기 의를 세우려고 힘써 하나님의 의를 복종치 아니하였느니라.

7-7. 피곤하다고 끝맺음을 소홀히 하지 말라

기
쁨
에

들떠 가벼이 승낙하지 말며
술 취함을 빙자하여 화내지 말 것이다.
즐거운 마음에 들떠 일을 많이 만들지 말며
고달프다 하여 끝맺음을 소홀히 하지 말 것이다.

不可乘喜而輕諾 不可因醉而生嗔 不可乘快而多事 不可因倦而鮮終.
불가승희이경락 불가인취이생진 불가승쾌이다사 불가인권이선종.

- 경락(輕諾): 쉽게 승낙함.
- 선종(鮮終): 일을 끝내지 못함.
- 불가승쾌이다사(不可乘快而多事): 즐거움에 들떠 일을 많이 만들지 말자.

기분에 따라 쉽게 움직인다면 자기 관리도 안 되고 자기 가치도 떨어트리는 것이며 결국 자신을 망하게 한다. 그러나 매사 성실함으로 처신한다면 결국 창조주도 나를 밝은 곳으로 인도할 것이다.

(잠11:3) 정직한 자의 성실은 자기를 인도하거니와 사특한 자의 패역은 자기를 망케 하느니라.

(약4:6) 그러나 더욱 큰 은혜를 주시나니 그러므로 일렀으되 하나님이 교만한 자를 물리치시고 겸손한 자에게 은혜를 주신다 하였느니라.

8. 비굴

8-1. 겸양이 지나치면 비굴함이 된다

검
소
함
은

아름다운 미덕이지만

지나치면 인색하고 천박하게 되어

오히려 정도(正道)를 손상시킨다.

겸양은 아름다운 행실이지만

지나치면 아부처럼 비굴하게 보여

간교한 마음이 있나 마음을 의심하게 된다.

儉美德也 過則爲慳吝 爲鄙嗇 反傷雅道 讓懿行也 過則爲足恭 爲曲謹 多出機心.
검미덕야 과즉위간린 위비색 반상아도 양의행야 과즉위족공 위곡근 다출기심.

-겸양(謙讓): 자기를 자랑하지 않는 겸손한 태도로 남에게 양보함.
-과즉위간린(過則爲⊠吝): 지나치면 쩨쩨하게(⊠吝) 된다.(爲)
-간린(⊠吝): 몹시 인색함(⊠: 아낄 간, 쩨쩨함 / 吝: 아낄 린).
-아도(雅道): 바른길. 아름다운 도리로 곧 군자의 길.
-주공(足恭): 공손이 지나침. 아첨. 여기서 '足'은 '주'로 읽음.
-기심(機心): 간교한 마음.

'공손함'이나 '양보하는 것'이 지나치면 아첨하는 것처럼 보이게 된다. 너무 의도적으로 겸손하면 비굴해 보이고 너무 당당하면 교만해 보인다. 늘 중용을 염두에 두어야 한다는 채근담의 권면이다.

(전7:16-17) 지나치게 의인이 되지 말며 지나치게 지혜자도 되지 말라 어찌하여 스스로 패망케 하겠느냐 *지나치게 악인이 되지 말며 우매자도 되지 말라 어찌하여 기한 전에 죽으려느냐.

(잠11:3) 정직한 자의 성실은 자기를 인도하거니와 사특한 자의 패역은 자기를 망케 하느니라.

(잠11:2) 교만이 오면 욕도 오거니와 겸손한 자에게는 지혜가 있느니라.

9. 역지사지

9-1. 젊을 때 노쇠함도 생각하라

부
할
때

가난한 자의 고통을 알아야 하고

젊을 때

늙고 병든 자의 힘들어함을 생각해야 한다.

處富貴之地 要知貧賤的痛癢 當少壯之時 須念衰老的辛酸.
처부귀지지 요지빈천적통양 당소장지시 수념쇠로적신산.

-은혜(恩惠): 사랑으로 베풀어 주는 신세나 혜택.
-신산(辛酸): 매운맛과 신맛. 괴롭고 슬픈 일.

物질적으로 풍부할 때나 건강할 때에 은혜를 베풀며 살자. 선을 행할 줄 알면서도 행치 않는다면 죄라고 한다.

인생의 길은 부와 빈, 건강과 병고의 굴곡이 있기 마련이다. 할 수 있을 때 은혜를 베풂은 결국 나와 나의 자손을 위해 베푸는 것이다.

(시37:26) 저는 종일토록 은혜를 베풀고 꾸어주니 그 자손이 복을 받는도다.

(시112:5) 은혜를 베풀며 꾸이는 자는 잘 되나니 그 일을 공의로 하리로다.

(약4:17) 이러므로 사람이 선을 행할 줄 알고도 행치 아니하면 죄니라.

10. 교만, 자랑

10-1. 객기를 없애야 올바른 기가 자라난다

뽐
내
고

오만하게 구는 것은 모두 객기이다.

객기를 물리쳐야 바른 기운이 자라난다.

욕망과 이해타산은 모두 망령된 마음이다.

망령된 마음을 물리쳐야 진심이 나타난다.

矜高妄傲　無非客氣　降伏得客氣下　而後正氣伸.
긍고망오　무비객기　항복득객기하　이후정기신.
情欲意識　盡屬妄心　消殺得妄心盡　而後眞心現.
정욕의식　진속망심　소살득망심진　이후진심현.

-망령(妄靈): 늙거나 정신이 흐려 말이나 행동이 정상에서 벗어난 상태.
-객기(客氣): 공연히 부리는 호기.
-진심현(眞心現): 참된 마음이 나타남.

객기란, 어리거나 젊었을 때 자기를 과시하고 싶어서 버릇없이 행동하는 기분이다. 망령이란 언행이 정상에서 벗어난 상태를 말한다. 이런 헛된 기운이나 망상을 깨끗하게 없애버린 다음에야 비로소 바른 기운과 참된 마음이 나타난다. 타고난 마음은 순수하고 진실한 상태이다. 옳고 그름을 분별하고 덕이 자라게 하는 것은 나이 불문하고 깨달을 때 시작하면 되는 것이다. 그러면서 올바른 성품으로 속사람도 자라는 것이다. 그래서 두 번 태어난다고 하는 것이다. 채근담과 성경의 교훈을 읽다 보면 깨달으며 그런 모습을 마음속에 그리게 되고 그리다 보면 어느새 그 향기가 몸에 배게 되리라 생각이 든다.

(잠4:23) 무릇 지킬 만한 것보다 더욱 네 마음을 지키라 생명의 근원이 이에서 남이니라.

(잠21:4) 눈이 높은 것과 마음이 교만한 것과 악인의 형통한 것은 다 죄니라.

(잠21:24) 무례하고 교만한 자를 이름하여 망령된 자라 하나니 이는 넘치는 교만으로 행함이니라.

(히12:16) 음행하는 자와 혹 한 그릇 식물을 위하여 장자의 명분을 판 에서와 같이 망령된 자가 있을까 두려워하라.

10-2. 독선적인 생각이 마음을 해친다

개
인
적

욕심이 다 마음을 해치는 것이 아니라,

자신만이 옳다고 하는 독선적인 생각이

곧 마음을 해치는 해충이고,

음주가무와 성욕이 도를 가로막는 것이 아니라

스스로 총명하다고 하는 생각이

바로 도덕 수행의 장애물이 되는 것이다.

利欲未盡害心　意見乃害心之蟊賊　聲色未必障道　聰明乃障道之藩屛.
이욕미진해심　의견내해심지모적　성색미필장도　총명내장도지번병.

-총명(聰明): 스스로 잘난 체하는 것.

스스로 잘났고 자기만 옳다 하며 남 무시하는 자는 '지혜'가 들어갈 틈도 없는, 소위 '엎어 놓인 작은 그릇'이다. 온순한 미소로 겸허히 남의 의견과 비판도 받아들이는 자는 부지런히 성장해 나가는 '바르게 놓인 큰 그릇'이다.

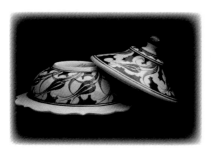 

(고전10:12) 그런즉 선 줄로 생각하는 자는 넘어질까 조심하라.

(잠13:7) 스스로 부한 체하여도 아무것도 없는 자가 있고 스스로 가난한 체하여도 재물이 많은 자가 있느니라.

(잠28:26) 자기의 마음을 믿는 자는 미련한 자요 지혜롭게 행하는 자는 구원을 얻을 자니라.

(요일1:8) 만일 우리가 죄 없다 하면 스스로 속이고 또 진리가 우리 속에 있지 아니할 것이요.

10-3. 뛰는 놈 위에 나는 놈 있나니

고
기

잡으러 그물 치니 기러기가 걸리며

사마귀 뒤에서 참새가 노린다.

꾀 속에 또 꾀가 숨겨져 있고

이변 밖에 또 이변이 생기나니

인간의 지혜와 재주를 어찌 믿을 수 있겠는가.

魚網之設 鴻則罹其中 螳螂之貪 雀又乘其後 機裡藏機 變外生變 智巧 何足恃哉?
어망지설 홍칙리기중 당랑지탐 작우승기후 기리장기 변외생변 지교 하족시재?

-기리장기(機裡藏機): 계략(機) 속에(裡) 계략이(機) 숨겨져 있다(藏).
　　　　　　"뛰는 놈 위에 나는 놈 있다."는 속담과 비슷.
-변외생변(變外生變): 이변 밖에 이변이 생겨난다. 기리장기와 같은 의미.

세상에는 우리가 때론 예측하지 못하는 일들도 많이 일어난다. 내가 남의 눈 속의 티를 보면 나의 들보를 발견하는 자도 있는 법. 그러므로 서로 측은지심과 동병상련의 온유함으로 대하자. 누구나 부족한 자이므로, 맡은 일은 성실함으로 진인사대천명하고서 절대자를 의지하는 그런 심정을 잊지 않고 살아간다면 하늘이 도와주고 어느 상황이라도 의연하게 대처하는 길이 열리게 되지 않겠는가.

(잠3:18) 지혜는 그 얻은 자에게 생명나무라 지혜를 가진 자는 복되도다.

(잠16:16) 지혜를 얻는 것이 금을 얻는 것보다 얼마나 나은고 명철을 얻는 것이 은을 얻는 것보다 더욱 나으니라.

(마7:4) 보라 네 눈 속에 들보가 있는데 어찌하여 형제에게 말하기를 나로 네 눈 속에 있는 티를 빼게 하라 하겠느냐.

10-4. 공적과 지식은 자랑하지 말아야 한다

공
적
을

뽐내거나 지식을 자랑하는 자는

꾸며진 외면을 의지하며 사는 사람이기 때문이다.

그러나 내면의 마음 바탕을

스스로 밝게 하여 본래 모습을 잃지 않으면

비록 공적이나 배운 것이 없더라도

스스로 떳떳하고 자존감이 있는

당당한 사람이 된다는 것을 왜 알지 못하는가.

誇逞功業 炫耀文章 皆是靠外物做人.不知心體瑩然 本來不失.
과령공업 현요문장 개시고외물주인.부지심체형연 본래부실.
卽無寸功隻字 亦自有堂堂正正做人處.
즉무촌공척자 역자유당당정정주인처.

-외물(外物): 겉으로 드러난 일.
-주인(做人): 사람의 됨됨이.
-주인처(做人處): (정정당당한) 사람이 된다는 것을 알지 못한다.(不知.)

세월 따라 많은 사람을 만나며 깨닫게 되는 것 중 하나는 대체로 실패한 자는 교만하고 마음이 산만한 자라는 사실이다. 교훈 삼아 미리 나를 살피자. 교만한 자는 실패한 자이다.

과거의 내가 성공한 경험은 미래 성공의 걸림돌이 될 수도 있다. 토끼는 잘 뛴다. 과거의 성공이 클수록 교만하고 잠은 더 많이 잔다. 그러므로 과거의 성공은 잊어버리고 낮아지자.

(잠14:3) 미련한 자는 교만하여 입으로 매를 자청하고 지혜로운 자는 입술로 스스로 보전하느니라.

(잠14:6) 거만한 자는 지혜를 구하여도 얻지 못하거니와 명철한 자는 지식 얻기가 쉬우니라.

(잠15:15) 고난받는 자는 그 날이 다 험악하나 마음이 즐거운 자는 항상 잔치하느니라.

(잠27:2) 타인으로 너를 칭찬하게 하고 네 입으로는 말며 외인으로 너를 칭찬하게 하고 네 입술로는 말지니라.

10-5. 총명함과 재주는 드러내지 마라

매
는
조는 듯이 서 있고 호랑이는 병든 듯이 걷지만
이것이 먹이를 잡아채고 먹이를 무는 방법이다.
사람도 총명함을 감추고 재주를 드러내지 말아야
중요하고 큰일을 맡을 수 있는 역량을 갖추게 된다.

鷹立如睡　虎行似病　正是他攫人噬人手段處.
응립여수　호행사병　정시타확인서인수단처.
故君子要聰明不露　才華不逞　纔有肩鴻任鉅的力量.
고군자료총명불로　재화불정　재유견홍임거적역량.

-타확인서인(他攫人噬人): 범이 (병든 것처럼 걷다가) 사람을 낚아채고 묾.
-총명불로(聰明不露): 총명을 드러내지 않음. / (攫: 붙잡을 확).

매와 호랑이처럼 평상시에는 극히 평범하고 눈에 띄지 않아도 일단 일을 맡으면 자신이 가진 능력을 최대한으로 몰입하여 발휘하는 사람들이 있다. 이런 사람이야말로 신뢰를 받는 성품들이고, 또 스스로도 큰 방해 없이 역량을 쌓아 나가게 된다. 채근담과 성경이 주는 교훈이다.

(잠12:23) 슬기로운 자는 지식을 감추어 두어도 미련한 자의 마음은 미련한 것을 전파하느니라.

(잠13:7) 스스로 부한 체하여도 아무것도 없는 자가 있고 스스로 가난한 체하여도 재물이 많은 자가 있느니라.

(마13:44) 천국은 마치 밭에 감추인 보화와 같으니 사람이 이를 발견한 후 숨겨 두고 기뻐하여 돌아가서 자기의 소유를 다 팔아 그 밭을 샀느니라.

(고전3:18) 아무도 자기를 속이지 말라 너희 중에 누구든지 이 세상에서 지혜 있는 줄로 생각하거든 미련한 자가 되어라 그리하여야 지혜로운 자가 되리라.

11. 고난

11-1. 거슬리는 그것이 나를 닦는 숫돌이다

귀
에

거슬리는 말이라도

겸허히 듣고 간직하면

그 말이 나를 갈고 닦아주는 숫돌이 되나

아부하는 말이나 행실은

결국 나를 독(毒) 속에 파묻게 한다.

耳中常聞逆耳之言　心中常有拂心之事　總是進德修行的砥石.
이중상문역이지언　심중상유불심지사　총시진덕수행적지석.
若言言悅耳　事事快心　便把此生　埋在⊠毒中矣.
약언언열이　사사쾌심　편파차생　매재짐독중의.

-역이지언(逆耳之言): 귀에 거슬리는 말. 충고.
-짐(鴆): 짐새 짐. 중국 남방에 나는 독 있는 새의 이름.
-짐독(鴆毒): 짐새의 독(김만 쏘여도 죽는다는 맹독).

(잠13:18) 훈계를 저버리는 자에게는 궁핍과 수욕이 이르거니와 경계를 지키는 자는 존영을 얻느니라.

(잠13:24) 초달[11]을 차마 못하는 자는 그 자식을 미워함이라 자식을 사랑하는 자는 근실히 징계하느니라.

(잠15:12) 거만한 자는 견책받기를 좋아하지 아니하며 지혜 있는 자에게로 가지도 아니하느니라.

(잠26:28) 거짓말하는 자는 자기의 해한 자를 미워하고 아첨하는 입은 패망을 일으키느니라.

(잠27:17) 철이 철을 날카롭게 하는 것 같이 사람이 그 친구의 얼굴을 빛나게 하느니라.

(잠28:23) 사람을 경책하는 자는 혀로 아첨하는 자보다 나중에 더욱 사랑을 받느니라.

(잠29:5) 이웃에게 아첨하는 것은 그의 발 앞에 그물을 치는 것이니라.

---

11) 초달(楚撻): 어버이나 스승이 자식이나 제자의 잘못을 꾸짖기 위해 회초리로 볼기나 종아리를 때림.

11-2. 고난 뒤에 얻은 행복과 지식이 참 행복, 참 진리이다

[참고] 귀생과 섭생[12]

쓴
맛

단맛 다 겪으며 얻은 행복이 오래가고

의문과 믿음을 통하여 얻은 지식이 참 진리이다.

一苦一樂 相磨練 練極而成福者 其福始久.
일고일락 상마련 연극이성복자 기복시구.
一疑一信 相參勘 勘極而成知者 其知始眞.
일의일신 상참감 감극이성지자 기지시진.

-상마련(相磨練): (괴로움, 즐거움이) 서로 연마함.
-마련(磨練): 갈 마, 불린 련 = 연마(練磨).

---

12) 노자의 도덕경 제50장 장문의 글 중에 일부이다.
『출생입사 이기생생지후(出生入死 以其生生之厚)
선섭생자 이기무사지(善攝生者 以其無死地)
태어나 죽음의 세계로 가는 이유는 자기 생의 집착이 크기 때문이고
섭생을 잘 하는 자는 죽음의 땅에 들어가지 않는다.』
귀생(貴生), 즉 자신의 생(生)을 고생도 안 하고 편한 환경만 찾으며 귀하게 여기면 그 게으름으로
오히려 인생이 위태롭게 될 수 있고, 섭생(攝生), 즉 자신의 생을 억누르고 서운하게 대하면 부지
런히게 되므로 오히려 인생이 더 아름다워질 수 있다고 한다. 그것이 면역의 지혜, 인내의 아름
다움, 배려, 통찰, 열린 마음 등 모든 것을 얻을 수 있는 기회이기 때문이다. 부지런한 자가 게으른
자를 다스리게 되어 있는 법. 섭생의 섭(攝)은 억제하는 것. 때로는 낡은 옷, 거친 음식, 조금 춥고
힘들 때 오히려 육체의 세포는 최적화될 수 있다는 것이다. 소경, 귀머거리, 벙어리 3년 거친 머느
리가 성숙해지고 가정을 지키고, 인생을 말하고 지혜도 생기고 통찰력이 생기는 법. 사서 고생하
라는 말은 괜히 있는 말이 아니다. 편안함과 배부름이 나를 망칠 수도 있다는 지혜를 잊지 말자.

작은 고난을 극복한 사람은 작은 사람이 되지만, 큰 고난을 극복한 사람은 큰사람이 된다.

※ 우리 삶에 겨울이 없다면, 봄은 그토록 즐겁지 않을 것이다. 만일 우리가 때때로 역경을 경험하지 못한다면, 성공은 그토록 환영받지 못할 것이다.
                                                        - 앤 브래드 스트리트 -

(욥23:10) 나의 가는 길을 오직 그가 아시나니 그가 나를 단련하신 후에는 내가 정금같이 나오리라.

(시119:71)고난당한 것이 내게 유익이라 이로 인하여 내가 주의 율례를 배우게 되었나이다.

(약2:26) 영혼 없는 몸이 죽은 것같이 행함이 없는 믿음은 죽은 것이니라.

11-3. 괴로움 가운데 얻는 즐거움은 '마음'이 주는 큰 선물이다

고

요

함

속의 고요는 참된 고요함이 아니다.

분주함 속에서도 고요함을 얻어야

비로소 본성의 참다운 경지에 이를수 있다.

즐거움 속에서 얻는 즐거움은 참된 즐거움이 아니다.

괴로움 속에서 즐거움을 얻을수 있어야

비로소 마음의 참 본체의 기밀을 볼수 있다.

靜中靜非眞靜動處靜得來 纔是性天之眞境 樂處樂非眞樂苦中樂得來 纔見心體之眞機.
정중정비진정동처정득래 재시성천지진경 낙처락비진락고중락득래 재견심체지진기.

-동처(動處): 분주한 곳. 바쁜 곳.
-성천(性天): 타고난 성품.
-재시(纔是): 비로소.
-성천지진경(性天之眞境): 본성의 참다운 경지.
-심체(心體): 마음의 본 바탕.
-진기(眞機): 참된 기틀. 기밀.

주변 환경이 고요한 가운데 고요함을 취하는 것은 누구나 할 수 있는 일이다. 주변이 소음이 심하다거나 복잡다단한 어려움이 있는 가운데서도 내 마음의 고요를 취할 수 있는 자라야 마음을 다스리는 참 경지에 이른 것이다. 안락한 환경이 돼야 즐거움을 얻을 수 있다면 어린 심령이다. 많은 고난을 겪고 지내본 사람은 혜안이 있어서 소용돌이 휘몰아치는 혼란 속에서도 태풍의 눈을 발견하고 그 속에서 참 즐거움을 취하는 경지에 이른다. 고난은 나를 위한 것이다. 들의 양(羊)을 잘 키우려면, 양 떼 사이에 염소를 몇 마리 풀어놓으면 된다고 한다. 그 이유는 염소가 이리저리 다니며 들이받으므로 양은 피하느라 이리저리 뛰어다니고, 이로 인해 비만에 안 걸리고 털도 윤기 있게 잘 자라는 건강한 양이 된다고 한다. 이처럼 고난도 겪어야 게으름도 고쳐지고 성숙해지므로 참된 멋을 알게 된다. 고난은 즐거움이다. 창조주는 신의 자녀로 만들기 위해 우리를 고난으로 훈련시킨다.

(시119:71) 고난당한 것이 내게 유익이라 이로 인하여 내가 주의 율례를 배우게 되었나이다.

(시126:5) 눈물을 흘리며 씨를 뿌리는 자는 기쁨으로 거두리로다.

(사48:10) 보라 내가 너를 연단하였으나 은처럼 하지 아니하고 너를 고난의 풀무에서 택하였노라.

(욥23:10) 나의 가는 길을 오직 그가 아시나니 그가 나를 단련하신 후에는 내가 정금같이 나오리라.

11-4. 역경에서는 주변의 모든 것이 모두 약이 된다

역
경
에

처해 있을 때는 주위가 모두 침과 약이어서

자신도 모르는 사이에 절조와 행실을 닦게 된다.

모든 일이 순조로울 때는 눈앞이 모두 칼과 창이어서

자신도 모르는 사이에 살을 에이고 뼈를 깎아 나간다.

居逆境中 周身皆鍼砭藥石 砥節礪行而不覺 處順境內 眼前盡兵刃戈矛 銷膏磨骨而不知.
거역경중 주신개침폄약석 지절려행이불각 처순경내 안전진병인과모 소고마골이부지.

- 거역경중(居逆境中): 역경에 처해 있을 때는.
- 개침폄약석(皆鍼砭藥石): 모두 침이요 약이다.
- 소고마골이부지(銷膏磨骨而不知): 명치를 해치고 뼈를 깎아도 알지 못한다. 자신도 모르게 쇠망의 길로 들어서는 것을 뜻함.

젊은 시절에 겪는 고난과 받는 질책은 훗날을 위한 보약이 되고, 젊은 시절의 편안함은 훗날에 독이 된다. 철공소의 철은 두드리면 두드릴수록 더욱 순도도 높아지고 강해진다. 역경에 처한 사람은 그 고난을 스승으로 삼자. 즉, 나를 키우고 강하게 해주는 삶의 원동력이라 생각하고 성실하게 극복하자. 순탄한 환경은 경종으로 생각하자. 즉, 그럴수록 방심하지 말고 내 자신의 발전을 위해 더욱 노력하자.

(잠27:17) 철이 철을 날카롭게 하는 것같이 사람이 그 친구의 얼굴을 빛나게 하느니라.

(히 12:11) 무릇 징계가 당시에는 즐거워 보이지 않고 슬퍼 보이나 후에 그로 말미암아 연단 받은 자들은 의와 평강의 열매를 맺느니라.

11-5. 시련은 축복이다

시
련
은

영웅호걸로 단련시키는 용광로와 망치이다.

시련(단련)을 이겨내면 심신이 모두 이롭고,

시련(단련)을 피한다면 심신이 모두 해롭다.

橫逆困窮 是煅煉豪傑的一副鑪錘能受其煅煉 則心身交益 不受其煅煉 則心身交損.
횡역곤궁 시단련호걸적일부로추능수기단련 칙심신교익 불수기단련 칙심신교손.

-횡역(橫逆): 역경이나 재난.

"No pain, No gain! No pains, No gains!"

"고통이 없으면 얻는 것도 없다!

노력이 없으면 이득도 없다!"

- 니컬러스 브레튼(영국 시인)

(잠27:21) 도가니로 은을, 풀무로 금을, 칭찬으로 사람을 시련 하느니라.

(약1:3) 이는 너희 믿음의 시련이 인내를 만들어 내는 줄 너희 가 앎이라.

(벧전1:7) 너희 믿음의 시련이 불로 연단하여도 없어질 금보다 더 귀하여 예수 그리스도의 나타나실 때에 칭찬과 영광과 존 귀를 얻게 하려 함이라.

11-6. 모든 업적은 남다른 숨은 노력 끝에 얻어진 열매이다

푸
른

하늘의 태양처럼 빛나는 절개도

원래는 어두운 방 한구석에서 길러진 것이며,

천지를 휘두르는 뛰어난 경륜도

사실은 깊은 연못가 살얼음 밟듯이[13] 조심스럽게 얻어진 것이다.

靑天白日的節義 自暗室屋漏中培來 旋乾轉坤的經綸 自臨深履薄處操出.
청천백일적절의 자암실옥루중배래 선건전곤적경륜 자임심리박처조출.

-청천백일(靑天白日): 푸른 하늘에 빛나는 태양. 부끄러움이나 죄가 없는 결백함.
-옥루(屋漏): 지붕이 샘. 집 안에서 가장 어둡고 구석진 곳. 주로 신주를 모시는 방의
  서북쪽 귀퉁이.(청천백일과 대비)
-임심리박(臨深履薄): 깊은 연못가에 있듯, 얇은 살얼음을 밟듯 조심함.

---

13)   <시경詩經>의 '소아(小雅)소민(小旻)'에 나오는 구절 "여임심연如臨深淵(깊은 연못에 서고) 여
      이박빙如履薄氷(살얼음을 밟는 것처럼)"에서 나온 말로 '조심을 한다'는 뜻.

 실력은 하루아침에 되는 것이 아니다. 태양같이 빛나는 절개와 의리도 어두컴컴한 방구석에서 마음을 수양하며 얻은 결과이고, 처세를 잘하고 주어진 일을 멋지게 처리하는 탁월한 실력 등도 만사를 신중하고 빈틈없이 처리하는 데서 시작된 습관이다. 모든 일은 시련과 노력 끝에 얻어진 것들이다. 소망이 있는 고난은 다가올 영광의 씨앗들이다.

(잠11:3) 정직한 자의 성실은 자기를 인도하거니와 사특한 자의 패역은 자기를 망케 하느니라.

(롬8:18) 생각건대 현재의 고난은 장차 우리에게 나타날 영광과 족히 비교할 수 없도다.

11-7. 힘들 때는 나보다 더한 사람을 생각하라

일
이

뜻대로 안 될 때는

나보다 더 못한 사람을 생각하자.

그러면 원망하고 탓하는 마음이 사라진다.

마음이 게을러지거든

나보다 훌륭한 사람을 생각하자.

그러면 정신 차리고 분발하게 된다.

事稍拂逆 便思不如我的人 則怨尤自消 心稍怠荒 便思勝似我的人 則精神自奮.
사초불역 변사불여아적인 즉원우자소 심초태황 변사승사아적인 즉정신자분.

- 승사아(勝似我): 나보다 나음. 나보다 뛰어남.
- 즉정신자분(則精神自奮): 곧 정신이 저절로 분발하게 될 것이다.

행·불행, 호·불호, 편함과 고뇌 등의 크기는 내 생각의 기준에 달린 것. 즉 생각하기 나름이다. 다가오는 역경의 예상치를 올리므로 면역력을 높여 대비하고, 주어지는 환경의 기대치는 낮춰 주어진 환경에 대한 만족감을 높이자. 조금만 차도 찰랑찰랑 넘치는 종지[14] 그릇 되지 말자.

나이 들수록 확실히 알 수 있는 한 가지는 인생은 환경이나 운명에 따라 결정되는 것이 아니라 자신의 생각에 따라 만들어져 간다는 것이다. 결국 인생이란 생각의 차이일 뿐 환경의 차이가 아니라는 결론이 내려진다.

(전 7:14) 형통한 날에는 기뻐하고 곤고한 날에는 생각하라 하나님이 이 두 가지를 병행하게 하사 사람으로 그 장래 일을 능히 헤아려 알지 못하게 하셨느니라.

(롬 12:3) 내게 주신 은혜로 말미암아 너희 중 각 사람에게 말하노니 마땅히 생각할 그 이상의 생각을 품지 말고 오직 하나님께서 각 사람에게 나눠주신 믿음의 분량대로 지혜롭게 생각하라.

(히 13:3) 자기도 함께 갇힌 것같이 갇힌 자를 생각하고 자기도 몸을 가졌은즉 학대받는 자를 생각하라.

---

14) 종지: 종구라기. 아주 작은 그릇.

11-8. 군자는 환난을 두려워하지 않는다

군
자
는

환난을 당해도 근심하지 않으나

즐거운 때를 당하여 근심하며

권세 있는 사람을 만나도 두려워하지 않으나

외로운 사람을 만나서는 마음 아파 한다.

君子　處患難而不憂　當宴遊而惕慮　遇權豪而不懼　對惸獨而警心.
군자　처환난이불우　당연유이척려　우권호이불구　대경독이경심.

-처환난이불우(處患難而不憂): 환난을 당하여도 근심하지 않는다.
-당연유이척려(當宴遊而惕慮): 잔치(즐거운 때)를 당하여는 두려워하고 근심한다.

 군자는 환난이 닥쳐도 넘지 못할 어려움은 없다고 생각하기에 낙심하지 않는다. 하지만 즐거운 때를 만나면 남들은 즐거워하여도 호사다마를 생각하며 나라나 집안 걱정을 하여 마음의 대비를 한다. 강자에 약하고 약자에 강한 부귀권세의 노예는 두려워하지 않지만 의지할데 없는 외로운 사람을 측은히 여긴다.

(마5:5) 온유한 자는 복이 있나니 저희가 땅을 기업으로 받을 것임이요.

(빌4:11~13) 내가 궁핍하므로 말하는 것이 아니라 어떠한 형편에든지 내가 자족하기를 배웠노니 *내가 비천에 처할 줄도 알고 풍부에 처할 줄도 알아 모든 일에 배부르며 배고픔과 풍부와 궁핍에도 일체의 비결을 배웠노라 *내게 능력 주시는 자 안에서 내가 모든 것을 할 수 있느니라.

12. 생기

12-1. 생기가 없다면 짐승과 같다

사
람

으로서 참다운 생각이 없다면

이는 곧 허수아비에 불과하니

하는 일마다 헛될 것이요,

세상살이에 활기찬 생기가 없다면

이는 곧 장승에 불과하니

가는 곳마다 막힐 것이다.

作人 無點眞懇念頭 便成個花子事事皆虛 涉世 無段圓活機趣 便是個木人 處處有碍.
작인 무점진간염두 변성개화자사사개허 섭세 무단원활기취 변시개목인 처처유애.

-작인(作人): 사람이 되어.
-사사개허(事事皆虛): 하는 일마다 모두(皆) 헛될 것이다.
-섭세(涉世): 세상을 살아감에.
-원활기취(圓活機趣): 원만하고 활기찬(圓活) 활동(機趣).

생기(生氣)는 '살리는 기운'이다. 흔히 엔돌핀, 다이돌핀을 '생기 에너지'라고 한다. 이는 감동을 느낄 때와 진리를 깨달았을 때, 그리고 사랑에 빠질때 많이 나온다고 한다. 우리의 정신세계가 긍정적인 에너지(생기 에너지)로 충만해야 만사도 형통하게 된다. 신앙이든 철학이든 생기를 찾듯 진리를 찾아 내 것으로 삼아 무장해나가자.

(창2:7) 여호와 하나님이 흙으로 사람을 지으시고 생기를 그 코에 불어넣으시니 사람이 생령이 된지라.

(겔37:9) 또 내게 이르시되 인자야 너는 생기를 향하여 대언하라 생기에게 대언하여 이르기를 주 여호와의 말씀에 생기야 사방에서부터 와서 이 사망을 당한 자에게 불어서 살게 하라 하셨다 하라.

13. 극기

13-1. 마귀를 이기려면 먼저 자기 마음을 이기라

마
귀

이기려는 자,

먼저 자기 마음을 이기라.

마음을 다스리면

모든 마귀는 스스로 물러간다.

포악함을 없애려는 자,

먼저 마음속의 객기를 없애라.

객기가 다스려지면

어떤 포악함도 침입할 수 없다.

降魔者 先降自心 心伏 則群魔退聽 馭橫者 先馭此氣 氣平 則外橫不侵.
항마자 선항자심 심복 즉군마퇴청 어횡자 선어차기 기평 즉외횡불침.

-항마자(降魔者): 악마를 항복시키려는 자.
-선어차기(先馭此氣): 먼저 자신의 마음속의 객기부터 제어하라.

동서고금을 막론하고 나오는 메시지는 극기, 즉 자기 자신의 감정을 이성으로 누르는 것의 위대함이다. 이 세상 어느 누구도 자기 마음을 다스리고 이긴 자를 이길 수 없다는 말이 있다. 즉 그런 자는 세상의 육계는 물론 영계의 마귀까지도 이길 수 있다는 것이다. 고 이병철 삼성 회장의 집무실 책상 위에는 나무 닭이 있었다고 한다. 최고의 투계인 나무닭(목계)[15]은 자기 자신을 스스로 맘대로 통제하는 제어 능력을 갖추고 있는 성품의 상징물이다.

(잠4:23) 무릇 지킬 만한 것보다 더욱 네 마음을 지키라 생명의 근원이 이에서 남이니라.

(잠15:18) 분을 쉽게 내는 자는 다툼을 일으켜도 노하기를 더디 하는 자는 시비를 그치게 하느니라.

(잠16:32) 노하기를 더디 하는 자는 용사보다 낫고 자기의 마음을 다스리는 자는 성을 빼앗는 자보다 나으니라.

(잠29:11) 어리석은 자는 그 노를 다 드러내어도 지혜로운 자는 그 노를 억제하느니라.

---

15) **목계지덕: 장자의 '달생(達生)' 편에 나오는 이야기.**
어느 왕이 투계(싸움닭)를 좋아해 기성자(紀渻子)라는 사람에게 싸움닭을 구해 최고의 투계로 만들어 오라고 하였다. 맡긴 지 열흘이 지나고 왕이 "닭이 싸울 준비가 되는가?" 하고 사육사에게 묻자 대답하기를 "아닙니다. 닭이 아직 교만하고 시기심이 가득하여 자신이 최고인 것으로 착각하여 자기 힘에만 의지하려 합니다. 그 교만이 있으므로 아직 준비가 덜 되었습니다." 하였다. 열흘이 또 지나 왕이 묻자 "아직 멀었습니다. 교만함은 사라졌으나 다른 닭의 소리와 작은 행동에도 너무 조급하고 쉽게 반응합니다." 하고 말했다. 닭이 조급함을 버리지 못해서 더 있어야 한다는 뜻이었다. 열흘이 더 지나 왕이 또 묻자 사육사는 "조급함은 버렸으나 아직 눈에 살기가 가득하고 공격적인 눈초리입니다." 하고 대답했다. 드디어 사십 일째 되는 날, 사육사인 기성자는 왕에게 아뢰기를 "이제 된 것 같습니다. 다른 닭 한 놈이 운다 하더라도 전혀 반응이 없으며 멀리서 보면 마치 나무로 만든 닭 같습니다. 이제 덕(德)을 갖추었으며, 이제 어느 닭이라도 감히 맞서지 못하며, 모습만 봐도 도망갈 것입니다." 하였다. 이 고사에서 말하는 최고의 투계는 목계다. 자신이 제일이라는 교만함을 버리고, 남의 소리와 위협에 쉽게 반응하지 않으며, 상대방에 공격적인 눈초리를 버린, 나무와 같은 목계는 인간으로 말하면 완전한 자아 성취와 평정심을 이룬 모습이라 할 수 있다.

- '생각'과 '마음'의 정체 -

생각과 마음은 서로 나눌 수 없는 형제처럼 보완적이다.

좋은 생각이 좋은 마음을 갖게 한다.

좋은 마음에서 좋은 생각과 언어가 나온다.

생각은 이성적이고 마음은 본능적이다.

생각은 좌뇌이면 마음은 우뇌이다.

생각이 현재 의식이면 마음은 잠재의식에 가깝다.

생각이 쌓이면 마음이 된다.

좋은 생각도 습관이다.

좋은 인성에서 좋은 생각이 나온다.

늘 수도승 심정으로 좋은 생각을 갖도록 노력하자.

"예쁜 생각의 함박눈 내리어
마음의 온 세상은 눈길이 되었네."

13-2. 감정을 다스림이 화목을 이루는 길이다

내
몸
은

하나의 작은 우주(천지)이다.

기쁨과 노함의 감정을 다스리고,

사랑함과 미워함을 공의 공도로 한다면

이는 우주의 이치를 통해 자신을 다스리는 공부가 된다.

천지는 하나의 거룩한 어버이다.

백성으로부터 원망이 없게 하고,

일체의 사물에 근심이 없게 하면

이것이야말로 서로 화목을 이루는 길이다.

吾身, 一小天地也 使喜怒不愆 好惡有則 便是爕理的功夫.
오신, 일소천지야 사희노불건 호오유칙 변시섭리적공부.
天地, 一大父母也 使民無怨咨 物無氛疹 亦是敦睦的氣象.
천지, 일대부모야 사민무원자 물무분진 역시돈목적기상.

-일소천지(一小天地): 하나의 작은 천지. 소우주.
-돈목(敦睦): 화목을 두터이, 돈독히 함.

(살전5:13~15) 저의 역사로 말미암아 사랑 안에서 가장 귀히 여기며 너희끼리 화목하라 *또 형제들아 너희를 권면하노니 규모 없는 자들을 권계하며 마음이 약한 자들을 안위하고 힘이 없는 자들을 붙들어 주며 모든 사람을 대하여 오래 참으라 *삼가 누가 누구에게든지 악으로 악을 갚지 말게 하고 오직 피차 대하든지 모든 사람을 대하든지 항상 선을 좇으라.

(살전5:16~18) 항상 기뻐하라 *쉬지 말고 기도하라 *범사에 감사하라 이는 그리스도 예수 안에서 너희를 향하신 하나님의 뜻이니라.

14. 진실

14-1. 보이지 않는 곳에서부터 죄짓지 말아야 한다

간
이

병들면 눈이 멀게 되고
콩팥이 병들면 귀가 들리지 않게 된다.
병은 사람이 볼 수 없는 곳에서 생겨서
반드시 사람이 볼 수 있는 데 나타난다.
그러므로 사람들이 보는 밝은 곳에서 죄를 짓지 않으려면
먼저 사람들이 안 보는 곳에서부터 죄를 짓지 말아야 한다.

肝受病 則目不能視 腎受病 則耳不能聽 病受於人所不見 必發於人所共見.
간수병 즉목불능시 신수병 즉이불능청 병수어인소불견 필발어인소공견.
故君子欲無得罪於昭昭 先無得罪於冥冥.
고군자 욕무득죄어소소 선무득죄어명명.

-신수병(腎受病): 콩팥에 병이 들면.(受: 받을 수.)
-인소불견(人所不見): 사람들이 볼 수 없는(不見) 곳.
-욕무득죄(欲無得罪): 죄를 짓지 않으려면.
-선무득죄어명명: 먼저 사람들이 보지 않는 곳에서부터 죄를 짓지 말아야 한다.

일전에 음주운전으로 인해 앞길 창창한 대학생이 사망한 사건이 이슈화된 적이 있었고, 이를 계기로 '윤창호 법'이 통과되었다. 그 법을 적극적으로 발의하고 통과하도록 주도 역할을 한 모 국회의원이 있었는데, 정작 그 의원 본인이 음주운전으로 단속에 걸려 기소되고 징계도 받는 웃지 못할 일이 있었다. 국민청원 숫자가 늘어나자 목소리 높이며 '음주운전은 살인행위다'라고 흥분한 그 의원. 정작 본인이 술 마시고 운전대를 잡을 때의 마음은 어떠했을까? 생각은 결국 다 드러나고 알려진다. 진실과 거짓은 둘 다 감추고 싶어도 결국 다 알게 된다. 칭찬이냐 망신이냐의 차이일 뿐. 좋은 마음 진실한 생각이 습관화되도록, 늘 신독의 자세로 수양하듯 살아가자는 것이 본 장이 주는 메시지이다.

(잠28:13) 자기의 죄를 숨기는 자는 형통치 못하나 죄를 자복하고 버리는 자는 불쌍히 여김을 받으리라.

(눅8:17) 숨은 것이 장차 드러나지 아니할 것이 없고 감추인 것이 장차 알려지고 나타나지 않을 것이 없느니라.

14-2. 마음이 밝으면 어둠 속에서도 하늘을 본다

마
음
이

밝으면

어둠 속에서도 푸른 하늘을 품게 되고(빛을 보고),

생각이 어두우면

태양 아래서도 귀신을 보게 된다(어둠에 잡힌다).

心體光明 暗室中 有靑天 念頭暗昧 白日下 生厲鬼.
심체광명 암실중 유청천 염두암매 백일하 생려귀.

-暗昧(암매): 어둡고 어리석음.
-厲鬼(여귀): 포악한 귀신. 악마의 마음.

마음(생각)이 육을 다스린다. 색안경처럼 '밝은 마음'이라는 프레임으로 무장하면 심지어 어둠 속에서 맑은 하늘을 보고 어두운 프레임을 만들어 보면 밝은 세상에서도 빛을 못 보고 귀신이 머무는 어둠을 보게 된다는 것이다.

건강한 생각은 결국은 육체도 건강하게 만든다. 생물학적인 노쇠야 어쩔 수 없어도, 생기(生氣: 밝은 기운)로 우리 마음과 생각을 건강하게 무장해야 하지 않겠는가!

(잠15:13) 마음의 즐거움은 얼굴을 빛나게 하여도 마음의 근심은 심령을 상하게 하느니라.

(잠18:15) 명철한 자의 마음은 지식을 얻고 지혜로운 자의 귀는 지식을 구하느니라.

(요6:63) 살리는 것은 영이니 육은 무익하니라 내가 너희에게 이른 말이 영이요 생명이라.

(롬8:11) 예수를 죽은 자 가운데서 살리신 이의 영이 너희 안에 거하시면 그리스도 예수를 죽은 자 가운데서 살리신 이가 너희 안에 거하시는 그의 영으로 말미암아 너희 죽을 몸도 살리시리라.

14-3. 선행과 악행은 아무리 작아도 결국 다 드러난다

선
행
은

당장 그 이로움이 안 보여도,

식물 자라듯 다 뻗어 나와 이로움을 주며

악행은 당장 그 해로움이 안 보여도,

정원의 봄눈처럼 결국은 다 녹아 해를 입힌다.

爲善 不見其益 如草裡東瓜 自應暗長 爲惡 不見其損 如庭前春雪 當必潛消.
위선 불견기익 여초리동과 자응암장 위악 불견기손 여정전춘설 당필잠소.

-정전춘설(如庭前春雪): 뜰 앞의 봄눈과 같이 저절로 사라짐.(본인도 모르는 사이에 악업에
젖어 나쁜 개념)

반드시 심은 대로 거둔다. 옛 성현들도 인과응보요 사필귀정이라 하였듯이 선행도 악행도 당장은 그 행위의 결과가 안 나타나지만, 곧 머지않아 하나도 빠짐없이 그 이로움과 해로움도 나타나고, 또한 어떤 모양이든 반드시 행위에 따라 은혜와 심판의 결과가 있게 된다.

(전3:12-13) 사람이 사는 동안에 기뻐하며 선을 행하는 것보다 나은 것이 없는 줄을 내가 알았고 *사람마다 먹고 마시는 것과 수고함으로 낙을 누리는 것이 하나님의 선물인 줄을 또한 알았도다.

(잠21:10) 악인의 마음은 남의 재앙을 원하나니 그 이웃도 그 앞에서 은혜를 입지 못하느니라.

(마10:26-27)그런즉 저희를 두려워하지 말라 감추인 것이 드러나지 않을 것이 없고 숨은 것이 알려지지 않을 것이 없느니라. 내가 너희에게 어두운 데서 이르는 것을 광명한 데서 말하며 너희가 귓속으로 듣는 것을 집 위에서 전파하라.

14-4. 쉽게 미워하거나 쉽게 가까이 마라

악

한

말을 듣더라도 바로 미워하지 말자.

그를 헐뜯는 자가 모함하는 것일 수도 있다.

선한 말을 듣더라도 바로 가까이 마라.

간사한 자가 출세를 위해 그럴 수도 있다.

聞惡, 不可就惡, 恐爲讒夫洩恕 聞善 不可急親 恐引奸人進身.
문악, 불가취악, 공위참부설서 문선 불가급친 공인간인진신.

-참부(讒夫): 참소하는 사람.
-설서(洩恕): 분을 풀다.

(잠18:2) 미련한 자는 명철을 기뻐하지 아니하고 자기의 의사를 드러내기만 기뻐하느니라.

(잠19:11) 노하기를 더디하는 것이 사람의 슬기요 허물을 용서하는 것이 자기의 영광이니라.

(잠23:3) 그 진찬을 탐하지 말라 그것은 간사하게 베푼 식물이니라.

(잠25:15) 오래 참으면 관원이 그 말을 용납하나니 부드러운 혀는 뼈를 꺾느니라.

(잠25:28) 자기의 마음을 제어하지 아니하는 자는 성읍이 무너지고 성벽이 없는 것 같으니라.

(전7:8~9) 일의 끝이 시작보다 낫고 참는 마음이 교만한 마음보다 나으니 *급한 마음으로 노를 발하지 말라 노는 우매자의 품에 머무름이니라.

15. 자연, 묵묵함

15-1. 천지는 고요해도 작용은 쉬지 않는다

천
지
는

고요하며 움직이지 않으나

그 작용은 쉬지 아니하며,

해와 달은 밤낮으로 분주하게 움직여도

그 밝음은 만고에 변함이 없다.

그러므로 한가한 때에도

비상시 대처하는 마음가짐이 필요하고,

바쁠 때에도

여유 있는 마음을 가져야 한다.

天地寂然不動 而氣機 無息少停 日月晝夜奔馳 而貞明萬古不易.
천지적연부동 이기기 무식소정 일월주야분치 이정명만고불역.
故君子 閒時要有喫緊的心思 忙處要有悠閑的趣味.
고군자 한시요유끽긴적심사 망처요유유한적취미.

-기기(氣機): (천지에)내재된 기운과 작용, 본연의 움직임.
-무식소정(無息少停): 쉬거나 잠시라도 머무름이 없음.
-만고불역(萬古不易): 영원히 바뀌지 않음.

하늘과 자연계는 아무것도 안 하는 것처럼 보이나 순리대로 바쁘게 움직이며 제 할 일을 성실하게 다 한다. 해가 지면 달이 뜨고 겨울이 가면 봄이 온다. 그 순서조차도 바뀐 적이 없다. 우리 인생도 가을 겨울이 찾아오나니 봄 여름 시절부터 소망을 다듬고 씨를 뿌리고 가꾸며 복된 안식을 맞기 위해 준비해 나가면 좋지 않겠는가? 겨울 또한 새로운 봄을 준비하기 위해 있는 것이다.

(창1:14) 하나님이 가라사대 하늘의 궁창에 광명이 있어 주야를 나뉘게 하라 또 그 광명으로 하여 징조와 사시와 일자와 연한이 이루라.

(전 1:2~4) 전도자가 가로되 헛되고 헛되며 헛되고 헛되니 모든 것이 헛되도다 *사람이 해 아래서 수고하는 모든 수고가 자기에게 무엇이 유익한고 *한 세대는 가고 한 세대는 오되 땅은 영원히 있도다.

(전3:11) 하나님이 모든 것을 지으시되 때를 따라 아름답게 하셨고 또 사람에게 영원을 사모하는 마음을 주셨느니라 그러나 하나님의 하시는 일의 시종을 사람으로 측량할 수 없게 하셨도다.

15-2. 떠들지도, 나서지도 말라

열
마
디

말 중에 아홉 마디가 맞아도 칭찬하지 않으면서

단 한 마디가 잘못되면

비난의 목소리가 사방에 가득 찬다.

열 가지 계획 중에서 아홉 가지가 이루어져도

공을 인정함에 인색하나

한 가지만 실패해도 비난하는 목소리가 사방에 가득 찬다.

군자는, 차라리 침묵할지언정 조급히 앞장서지 않으며

차라리 어리숙하게 행동할지언정

교묘한 재주를 부리지 않는다.

十語九中未必稱奇 一語不中 則愆尤騈集 十謀九成未必歸功 一謀不成則訾議叢興.
십어구중미필칭기 일어부중 즉건우병집 십모구성미필귀공 일모불성즉자의총흥.
君子 所以寧默 毋躁 寧拙毋巧.
군자 소이녕묵 무조 영졸무교.

-십모구성(十謀九成): 열 가지 꾀하던 일 가운데에 아홉을 이루어 냄.

'남이 잘 되는 것 못 본다'란 말이 있듯 앞서가면 표적이 되기 마련이다. 시기를 하는 사람들의 이런 현상은 하나의 보이지 않는 손이 되어 사회를 다듬어 주기도 한다. 그래서 앞서가는 자나 부각되는 자에게는 마치 공인처럼 사회에서 더 높은 도덕적, 윤리적 의무를 요구받게 된다.

또한 말이 많으면 허물도 보이기 마련이다. '벼는 익을수록 고개를 숙인다'는 속담처럼 성숙한 자는 겸손한 자이며 그 겸손은 세상살이 처세술이 되기도 한다. 나의 재능보다는 부족함을 돌아보아 수양하는 마음으로 내공을 쌓아나가자.

(잠10:19-20) 말이 많으면 허물을 면키 어려우나 그 입술을 제어하는 자는 지혜가 있느니라 *의인의 혀는 천은과 같거니와 악인의 마음은 가치가 적으니라.

(잠25:11) 경우에 합당한 말은 아로새긴 은쟁반에 금사과니라.

(약2:10) 누구든지 온 율법을 지키다가 그 하나에 거치면 모두 범한 자가 되나니.

15-3. 내 운명의 밝은 곳을 살리자

하
늘
이

나에게 복을 박하게 준다면

나는 스스로의 덕을 두텁게 하여 이를 맞이할 것이고,

하늘이 내 몸을 수고롭게 한다면

나는 스스로의 마음을 편하게 하여 내 몸을 도울 것이며,

하늘이 나를 곤궁하게 한다면

나는 스스로의 도를 형통케 하여

그 길을 열 것이니 하늘인들 나를 더 어떻게 하랴.

天薄我以福,吾厚吾德,以迓之　天勞我以形,吾逸吾心,以補之.
천박아이복,오후오덕,이아지　천노아이형,오일오심,이보지.
天阨我以遇,吾亨吾道,以通之　天且我奈何哉.
천액아이우,오형오도,이통지　천차아내하재.

-오일오심(吾逸吾心): 나는 편안한 나의 마음으로 그것을 도울 것이다.
-내하재(奈何哉): 어찌 ~할 수(奈何) 있겠는가(哉).

내 인생은 내가 생각하는 대로 된다. 불우한 환경을 운명 탓이라 하지 말고 '운명아 비켜라, 내가 나간다' 하는 대장부의 정신으로 근실[16]하게 전진해 나가는 자가 되자는 메시지이다.

(잠11:6) 정직한 자는 그 의로 인하여 구원을 얻으려니와 사특한 자는 자기의 악에 잡히리라.

(잠12:28) 의로운 길에 생명이 있나니 그 길에는 사망이 없느니라.

(잠22:29) 네가 자기 사업에 근실한 사람을 보았느냐 이러한 사람은 왕 앞에 설 것이요 천한 자 앞에 서지 아니하리라.

16) 근실(勤實): 부지런하고 진실함.

15-4. 지조는 지키되 엄격함을 드러내지 말자

마
음
이

청렴한 사람은 반드시 사치한 자의 의심을 받고

엄격한 사람은 종종 방종한 자의 미움을 받기 마련이다.

그러나 군자는 그런 경우에도

지조는 변함이 없어야 하고

또 지나치게 엄격함을 드러내지 말아야 한다.

澹泊之士必 爲濃艷者所疑 檢飭之人多爲放肆者所忌.
담박지사필 위농염자소의 검칙지인다위방사자소기.
君子處此 固不可少變其操履 亦不可太露其鋒芒.
군자처차 고불가소변기조리 역불가태로기봉망.

-지조(志操): 원칙과 신념을 지켜 끝까지 굽히지 않는 꿋꿋한 의지나 기개.
-담박지사(澹泊之士): 마음이 청렴결백한 선비.
-검칙(檢飭): 자세히 검사하여 잘못을 바로잡음.
-불가태로기봉망(不可太露其鋒芒): 그 칼끝을 지나치게 드러내면 안 된다.

사치스럽고 탐심이 있는 자가 청렴한 자를 보면 먼저 의심을 한다. 그 이유는 본인의 시각이 청렴한 자의 마음을 볼 줄(이해할 줄) 모르기 때문이다.

또 자기관리 등이 철저한 사람은 제멋대로 사는 사람들의 미움을 받기 마련이다.

고로 군자는 그런 자들에게 의심받거나 미움받더라도 그들을 굳이 지적하여 적을 만들 필요도 없다.

(롬12:18) 할 수 있거든 너희로서는 모든 사람
으로 더불어 평화하라.

(잠17:27) 말을 아끼는 자는 지식이 있고 성품이 안존한 자
는 명철하니라.

15-5. 영웅은 자포자기하지 않는다

작

은

일도 물샐틈없게 하고

어두운 곳에서도 속이거나 숨기지 않으며

실패한 경우에도 자포자기하지 않는

그런 사람이 진정한 영웅이다.

小處不滲漏 暗中不欺隱 末路不怠荒 纔是個眞正英雄.
소처불삼루　암중불기은　말로불태황　재시개진정영웅.

-불삼투(不滲漏): 빈틈이 없게 한다. 물샐틈없이 한다.

말을 타는 법만 배울 게 아니라 말에서 떨어지는 법도 배워야 한다.

- 멕시코 속담 -

삼라만상, 어느 것이라도 생명이 있는 한 굴곡이 있기 마련이다. '이 것 또한 지나가리라' 격언처럼 잘 나간다고 우쭐댈 필요가 없으며 힘들다고 낙심할 필요도 없다. 작은 일도 최선을 다하는 성실한 자세로 다가올 환경을 대비하며 정직하고 성실하게 살면 그게 답이다.

(잠2:21-22) 대저 정직한 자는 땅에 거하며 완전한 자는 땅에 남아 있으리라 *그러나 악인은 땅에서 끊어지겠고 궤휼한 자는 땅에서 뽑히리라.

(마25:21) 그 주인이 이르되 잘 하였도다 착하고 충성된 종아 네가 작은 일에 충성하였으매 내가 많은 것으로 네게 맡기리니 네 주인의 즐거움에 참예할찌어다.

15-6. 마음을 가벼이 하지 말라

군
자
는

마땅히 냉철하게 보는 안목을 길러야 하며

매사를 삼가하여 마음을 굳건히 하고

가벼이 움직여선 안 된다.

君子 宜淨拭冷眼 愼勿輕動剛腸.
군자 의정식냉안 신물경동강장.

-신물경동강장(愼勿輕動剛腸): (매사를)삼가 마음을 굳건히 하고(剛腸) 가볍게 움직이지
(輕動) 말아야 한다.

흔히들 사람들과의 관계에서 스트레스는 기본이라고 한다. 성별, 나이, 지위, 학벌, 성품 등에 따라 다양하게 나타나는 사람들, 있는 자, 있어 보이는 자, 없는 자, 없어 보이는 자, 덕스러워 평안을 주는 자도 있는 반면, 자격지심이 많은 자. 누르려고 하는 자, 경계하는 자, 무식한 자, 힘들게 하는 자, 습관적으로 무시하는 자. 이성으로 감정을 조절하고 누르며 자기감정과 무관한 표정을 보여 주게 되는 감정노동자들. 자, 이제 그 사람보다는 나 자신이다. 상대가 병적인 사람이라 판단되더라도 굳이 지적해 주려고 하지도 말고 스트레스도 받지 말자. 상대가 깨닫고 사람 되는 것은 그 사람의 문제. 우리는 차분히 멀리, 길게 보는 통찰력과 함께 내 마음을 굳게 다스리고 나 자신을 점검하며 말을 아끼자. 그리고 내 기분은 저들이 정하는 것이 아니다. 내가 정하면 된다. 오늘만큼은 누가 방해해도 나는 '행복'을 선택하자. OK? '빙고' ♬

(잠17:27) 말을 아끼는 자는 지식이 있고 성품이 안존한 자는 명철하니라.

(잠16:32) 노하기를 더디 하는 자는 용사보다 낫고 자기의 마음을 다스리는 자는 성을 빼앗는 자보다 나으니라.

(잠29:11) 어리석은 자는 그 노를 다 드러내어도 지혜로운 자는 그 노를 억제하느니라.

16. 정신(영안, 신앙, 자아)

16-1. 깊은 밤 홀로 마음을 살피면 진리(진실)가 보인다(獨坐觀心)

깊

은

밤

홀로 앉아서 마음을 살피노라면

비로소 거짓이 없어지고 참된 마음이 나타난다.

이러한 가운데 마음의 자유로운 움직임과 진실을 얻게 된다.

이미 참된 마음이 나타났는데도

거짓된 마음이 사라지지 않는다면

그로 인해 크나큰 부끄러움을 느끼게 될 것이다.

夜深人靜 獨坐觀心 始覺妄窮而眞獨露.
야심인정 독좌관심 시각망궁이진독로.
每於此中 得大機趣 旣覺眞現而妄難逃 又於此中得大懺忸.
매어차중 득대기취 기각진현이망난도 우어차중득대참뉵.

-독좌관심(獨坐觀心): 홀로 앉아 자신의 마음을 살펴봄.
-시각망궁(始覺妄窮): 비로소 망령된 생각이 사라짐.
-독로(獨露): 자신의 (진실한) 모습이 드러나는 것.
-기취(機趣): 저절로 풍겨 나오는 분위기 내는 멋. 진리.
-득대참뉵(得大慚忸): 크게 부끄러움을 얻으리라.

깊은 밤이나 미명에 책상 앞에 앉아 있으면 후회되는 일, 아쉬 웠던 일들이 생각난다. 이렇게 돌아보아 나 자신을 발견하는 시간을 갖는 것이 누구에게나 필요하다.

이런 경건한 시간을 통해 가치관도 정립하고 냉철히 반성도 한다면 기쁨도 충만한 시간이 된다. 그러나 이런 시간에도 반성할 줄 모르고 스스로 속이며 거짓됨을 정리하지 못한다면 짐승과 뭐가 다르랴.

(시110:3) 주의 권능의 날에 주의 백성이 거룩한 옷을 입고 즐거이 헌신하니 새벽이슬 같은 주의 청년들이 주께 나오는 도다.

(시119:9) 청년이 무엇으로 그 행실을 깨끗케 하리이까 주의 말씀을 따라 삼갈 것이니이다.

(빌2:4) 각각 자기 일을 돌아볼뿐더러 또한 각각 다른 사람들 의 일을 돌아보아 나의 기쁨을 충만케 하라.

16-2. 누구나 자기 마음속에 참 문장이 있다

사
람
마
다

마음속에 참 문장이 있건만

옛 사람의 하찮은 말 때문에 모두 막혀 있다.

사람마다 가슴속에 참 음악이 있건만

세속의 난잡한 가무(歌舞) 때문에 모두 막혀 있다.

모름지기 배우는 자는 헛된 이론을 쓸어버리고

본래부터 있는 그 마음을 찾아야

비로소 참 문장과 음악을 얻을 수 있으리라.

人心有一部眞文章 都被殘編斷簡封錮了 有一部眞鼓吹 都被妖歌艶舞湮沒了.
인심유일부진문장 도피잔편단간봉고료 유일부진고취 도피요가염무인몰료.
學者須掃際外物 直覓本來 재有個眞受用.
학자 수 소 제 외 물 직 멱 본 래 재 유 개 진 수 용.

-봉고(封錮): 굳게 갇힘. 갇힘. 막힘.
-직멱본래(直覓本來): 인간 본래의 마음.
-진수용(眞受用): 자신이 지니고 있는 참 문장과 음악을 되찾는 것.

'부처는 내 마음에 있다'라는 말처럼, 우리 마음속에는 참된 문장 즉 참된 생각, 느낌, 사상 등이 흘러가는 마음의 길이 있다. 다만 예로부터 습득하고 배워온 단편 지식의 편견에 사로잡혀 그것을 발견하지 못할 뿐이다. 차분히 돌아보아 단편 지식으로 자리 잡은 포장된 마음과 생각을 버리면 참 진리를 깨닫고 흘러가는 길을 통해 내 속에 있는 하늘과 우주를 볼 수 있다.

(욥33:3) 내 말이 내 마음의 정직함을 나타내고 내 입술이 아는 바를 진실히 말하리라.

(시1:1~3) 복 있는 사람은 악인의 꾀를 좇지 아니하며 죄인의 길에 서지 아니하며 오만한 자의 자리에 앉지 아니하고 *오직 여호와의 율법을 즐거워하여 그 율법을 주야로 묵상하는 자로다 *저는 시냇가에 심은 나무가 시절을 좇아 과실을 맺으며 그 잎사귀가 마르지 아니함 같으니 그 행사가 다 형통하리로다.

(잠4:23) 무릇 지킬 만한 것보다 더욱 네 마음을 지키라 생명의 근원이 이에서 남이니라.

(롬10:10) 사람이 마음으로 믿어 의에 이르고 입으로 시인하여 구원에 이르느니라.

16-3. 새벽에 빛 같은 정신으로 나를 비춰 보라

외

로

운

등불이 반딧불처럼 깜박거리고 삼라만상이 고요해지면

우리가 비로소 편히 잠이 들 때다.

새벽에 꿈에서 갓 깨어나 만물이 막 움직이기 직전

이때는 우리가 비로소 혼돈에서 깨어날 때다.

이때를 놓치지 않고 참된 마음으로 빛을 돌려

마음속을 비춰 보면 비로소 알리라.

이목구비가 모두 나를 묶는 족쇄이고

나를 병들게 하는 정욕과 기호는 모두

내 마음을 해치게 하는 기계임을 알게 된다.

一燈螢然,萬뢰無聲 此吾人初入宴寂時也.曉夢初醒 群動未起此吾人初出混沌處也.
일등형연,만뢰무성 차오인초입연적시야.효몽초성 군동미기차오인초출혼돈처야.
乘此而一念廻光炯然返照. 始知耳目口鼻皆桎梏 而情欲嗜好悉機械矣.
승차이일념회광,형연반조. 시지이목구비개질곡 이정욕기호실기계의.

-실기계의(悉機械矣): 모두 마음을 병들게 하는 기계.(기계가 동력을 주어야 움직이는 것처
럼 정욕과 기호가 다 자신의 마음에 달렸다는 것)

새벽에 꿈에서 막 깨어난 그 순간은 내 잠재의식에서 막 나오는 순간이고 내 에고(ego)가 순간적으로 사라지는 상태이다. 이런 시간을 통해 자기 참모습으로 보고 점검하며 반성하다 보면 보다 더 성숙한 인격으로 한 걸음 한 걸음 나아가는 것이다.

본문은 이목구비가 나를 병들게 하는 지체(기계)이며 그 이유는 정욕과 온갖 쾌락의 통로이기 때문이라고 한다. 결국 마음의 문제이다. 고로 매일 일정 시간을 정하거나 이왕이면 새벽시간을 이용해 내 마음을 정결하게 거르고 승화시키는 수양과 인성(신성) 교육 시간을 갖도록 해보자.

(시108:2) 비파야, 수금아, 깰지어다 내가 새벽을 깨우리로다.
(마5:3) 심령이 가난한 자는 복이 있나니 천국이 저희 것임이요.
(요10:35) 성경은 폐하지 못하나니 하나님의 말씀을 받은 사람들을 신이라 하셨거든.

17. 교육

17-1. 제자(자제)를 가르칠 때의 기준

제
자
를

가르치는 것은 딸을 양육하는 것과 같다

출입을 엄하게 하고 친구 사귐도

제멋대로 하게 해서는 안 된다.

만일 한 번 나쁜 친구와 접근하게 되면

이는 깨끗한 밭에 가라지를 뿌림이라

잡초가 우거져서 좋은 곡식 거두기가 어렵다.

敎弟子 如養閨女 最要嚴出入謹交遊.
교제자 여양규녀 최요엄출입근교유.
若一接近匪人 是淸淨田中下一不淨種子 便終身難植嘉禾矣.
약일접근비인 시청정전중하일부정종자 편종신난식가화의.

-여양규녀(如養閨女): 처녀를 양육함과 같다.
-가화(嘉禾): 좋은 벼. 풍성한 결실.

씨는 뿌린 대로 거둔다. 고로 좋은 씨로 뿌리고 자라게 해야 복을 받는다. 밭에는 원치 않는 잡초와 가라지도 발견될 수 있다. 그러나 교육과 훈계라는 채찍을 통해 뽑아내 줘야 한다.

(잠22:15) 아이의 마음에는 미련한 것이 얽혔으나 징계하는 채찍이 이를 멀리 쫓아내리라.

(잠언 23:13) 아이를 훈계하지 아니치 말라 채찍으로 그를 때릴지라도 죽지 아니하리라.

17-2. 배우는 사람은 정신을 한곳에 집중해야 한다

배
우
는

사람은 정신을 가다듬어

뜻을 한곳으로 모아야 한다.

만일 덕을 닦으면서 뜻을 사업이나 명예에 둔다면

진리의 참 깨달음에 다다를 수 없고,

책을 읽으면서 풍류나 놀이에 생각이 머문다면

깊은 마음까지 결코 다다를 수 없다.

學者 要收拾精神 倂歸一路 如修德 而留意於事功名譽 必無實詣.
학자 요수습정신 병귀일로 여수덕 이유의어사공명예 필무실예.
讀書 而寄興於 吟咏風雅 定不深心.
독서 이기흥어 음영풍아 정불심심.

-요수습정신(要收拾精神): 정신을(精神) 가다듬을(收拾) 필요가 있다(要).
-정불심심(定不深心): 깊은 마음이나 깊은 경지에 이룰 수 없음.

(잠4:25~27) 네 눈은 바로 보며 네 눈꺼풀은 네 앞을 곧게 살펴 *네 발의 행할 첩경을 평탄케 하며 네 모든 길을 든든히 하라 *우편으로나 좌편으로나 치우치지 말고 네 발을 악에서 떠나게 하라.

(잠11:22) 의인의 소원은 오직 선하나 악인의 소망은 진노를 이루느니라.

17-3. 행하며 가르쳐라

책

을

읽는 자, 글 속의 성현을 보지 못하면

글씨나 베껴 주는 사람에 지나지 않고

공직에 있는 자, 백성을 사랑하지 않으면

관복을 입은 도둑일 뿐이다.

가르치는 자, 몸소 실천하지 않으면

공허한 말만 하는 전달꾼에 지나지 않고

업적을 세워도, 덕을 베풀지 않는다면

눈앞에 피다 사라지는 꽃에 지나지 않는다.

讀書　不見聖賢　爲鉛참備　居官　不愛子民　爲衣冠盜.
독서　불견성현　위연참용　거관　불애자민　위의관도.
講學　不尙躬行　爲口頭禪　立業　不思種德　爲眼前花.
강학　불상궁행　위구두선　입업　불사종덕　위안전화.

-성현(聖賢): 성인과 현인.
-종덕(種德): 덕의 씨앗을 뿌림.
-불상궁행(不尙躬行): (자신은) 몸소 실천하지 아니함.

말만 하고 행하지 않는 자의 말은 생명력이 없으며 위선이다. 본 장은 특히 배우는 자나 가르치는 자 또 공직에 몸담고 있는 자들에게 주는 메시지이다. 우리는 어디에 가든 무엇을 하든 목적성을 잃지 말아야 한다.

책을 읽는 목적은 글 속에서 성인이나 현인을 찾아 행할 바를 배우고 그대로 행하기 위함이요, 행할 줄 모르면 구이지학에 지나지 않는다. 가르치는 자는 단지 지식 전달꾼이 아닌, 배우는 자가 언행이 일치하도록 '실천 지식인'을 만들기 위함이요, 이를 위해서 몸소 행하며 가르쳐야 그 말에도 생명력이 있는 것이지 그렇지 않으면 위선이다. 공직을 맡은 자는 백성을 잘살게 하기 위함에 그 받은 목적을 두어야 한다는 것이다. 이를 위해서 권세가 아닌 덕으로서 봉사해야 만이 영원히 빛나는 업적이 된다.

(마5:19) 그러므로 누구든지 이 계명 중에 지극히 작은 것 하나라도 버리고 또 그같이 사람을 가르치는 자는 천국에서 지극히 작다 일컬음을 받을 것이요 누구든지 이를 행하며 가르치는 자는 천국에서 크다 일컬음을 받으리라.

(롬15:2) 우리 각 사람이 이웃을 기쁘게 하되 선을 이루고 덕을 세우도록 할찌니라.

(약2:17) 이와 같이 행함이 없는 믿음은 그 자체가 죽은 것이라.

(약4:16-17) 이제 너희가 허탄한 자랑을 자랑하니 이러한 자랑은 다 악한 것이라 *이러므로 사람이 선을 행할 줄 알고도 행치 아니하면 죄니라.

17-4. 훈계는 따스함으로 하라

가
족

중에 잘못이 있으면

크게 화내지도 말고 가볍게 보아 넘기지도 말라.

잘못을 탓하기가 어렵다면

다른 일을 빌려 비유로써 깨닫게 하라.

오늘 깨닫지 못하면

다시 내일을 기다려 훈계하라.

봄바람이 언 땅을 녹이고 온화함이 얼음장을 녹이듯 하라.

그것이 가정의 규범이 된다.

家人有過, 不宜暴怒, 不宜輕棄. 此事難言, 借他事隱諷之.
가인유과, 불의폭로, 불의경기. 차사난언, 차타사은풍지.
今日不悟, 俟來日再警之, 如春風解凍, 如和氣消氷, 纔是家庭的型範.
금일불오, 사내일재경지, 여춘풍해동, 여화기소빙, 재시가정적형범.

-가인유과(家人有過): 집안의 사람들이 잘못을 하면.
-은풍(隱諷): 넌지시 비유로 깨우침.
-여춘풍해동(如春風解凍): 봄바람이(春風) 언 땅을 녹이듯.

TV 프로 중에, 각종 고민으로 힘들어하는 사람이 나와 하소연하면 그것을 들어 주며 공감해 주고 나름대로 해결책을 제시해 주는 프로그램이 있다. ('안녕…'). 출연자 말만 듣다 보면 일방적으로 억울한 사연이지만, 의외로 상대의 말을 들어 보면 상대에게도 나름대로 타당한 이유가 있는 경우도 있다. 자기 자신은 돌아보지 않고 상대에 대한 분노의 탑만 세우므로 골이 깊어지는 관계…. 이때 본문처럼 인내와 온화함으로 깨닫게 해 준다면 결국은 존경과 신뢰도 받고 상대방도 큰 감동을 받게 될 것이다. 사랑하기에 결혼한다고 한다. 그럼 진정한 사랑이란 무엇일까? 그것은 사랑하는 사람이 행복해하는 것을 기뻐하고 그리 만들어 주는 것 아닐까!

(잠29:11) 어리석은 자는 그 노를 다 드러내어도 지혜로운 자는 그 노를 억제하느니라.

(골3:12) 그러므로 너희는 하나님의 택하신 거룩하고 사랑하신 자처럼 긍휼과 자비와 겸손과 온유와 오래 참음을 옷 입고.

17-5. 자녀 사랑과 부모 효도는 마땅히 해야 할 일이다

어
버
이
가

자식을 사랑하고 자식이 어버이께 효도하며

형이 아우를 아끼고 아우가 형을 공경하는 마음이 지극해도

그것은 마땅히 그래야 할 일이지 감격할 일이 못 된다.

베푸는 이가 그것을 덕으로 생각하고

받는 이 또한 은혜로 여긴다면

그것은 곧 모르는 행인과 같게 되어

장사꾼의 거래와 다를 바 없게 된다.

父慈子孝,兄友弟恭,終做到極處,俱是合當如此.
부자자효,형우제공,종주도극처,구시합당여차.
著不得一毫感激的念頭.如施者任德,受者懷思,便是路人,便成市道.
저부득일호감격적염두.여시자임덕,수자회사,변시노인,변성시도.

-부자자효(父慈子孝): 부모가 자식을 사랑하고 자식이 부모에게 효도함.
-형우제공(兄友弟恭): 형은 동생을 우애로, 동생은 형을 공경함.
-변시(便是): '곧'.
-노인(路人): 길을 가다가 우연히 만난 사람.
-시도(市道): 장사꾼의 거래(이해관계로 이루어진). 상인의 도리.

가족관계는 천륜이다. 사랑, 효도, 공경은 당연히 천륜이며 마땅히 해야 할 기본 덕목이다. 이해타산을 벗어난 관계이다. 그런데 마치 덕을 베푼 것으로 생각하고 은혜받은 것으로 감탄한다면 상거래 하는 상인들과 다를 것이 무엇이랴. 가족 간은 서로에게 헌신적인 관계가 되어야 한다. 기본도 못 하는 사람이 되어서야 되겠는가?

(엡6:1~3) 자녀들아 너희 부모를 주 안에서 순종하라 이것이 옳으니라 *네 아버지와 어머니를 공경하라 이것이 약속 있는 첫 계명이니 *이는 네가 잘되고 땅에서 장수하리라.

(엡6:4) 또 아비들아 너희 자녀를 노엽게 하지 말고 오직 주의 교양과 훈계로 양육하라.[17]

---

17) 참고) 司馬溫公曰(사마공 왈),
"積金以遺子孫 未必子孫 能盡守 (적금이유자손 미필자손 능진수)
積書以遺子孫 未必子孫 能盡讀 (적서이유자손 미필자손 능진독)
不如積陰德於冥冥之中 以爲子孫之計也
(불여적음덕어명명지중 이위자손지계야)"
사마온(司馬溫) 공(公)이 말하기를,
"돈을 모아 자손에게 남겨준다 하더라도 자손이 반드시 다 지킨다고 볼 수 없고, 책을 모아 자손에게 남겨준다 하더라도 자손이 반드시 다 읽는다고 볼 수 없다. 남 모르게 덕(德)을 쌓아 자손을 위한 계책으로 삼느니만 못하니라."

17-6. 공정하면 지혜가 따라오고 청렴하면 위엄이 생긴다

관
직
에

있는 자 명심할 두어 마디 말이 있나니

"공정하면 밝은 지혜가 생기고 청렴하면 위엄이 생긴다"이고,

집안을 다스리는 자 명심할 두어 마디가 있나니

"용서하면 불평이 없고 검소하면 살림이 넉넉해진다"이다.

居官有二語 曰惟公則生明 惟廉則生威 居家 有二語 曰惟恕則情平 惟儉則用足.
거관유이어 왈유공즉생명 유렴즉생위 거가 유이어 왈유서즉정평 유검즉용족.

-惟公(유공): 오직 공평하게 함, 공의롭게 함.
-公則生明(공즉생명): 공정해야 밝은 지혜가 생김.
-用足(용족): 살림이 넉넉함.

'수신제가 치국평천하'는 수기(修己)와 치인(治人)의 순서에 대한 말이다. 먼저 자신을 닦고(修己) 그 다음에 집안과 나라 및 온 세상을 다스리는 것(治人, 治國, 平天下)이 순서이다.

다툼은 서로 맞지 않는 성격과 지적당하기 싫어하는 자존감 때문이다. 당사자 본인 외에 타인이 성격을 고치게 하려 하는 것은 불가능에 가깝다. 차라리 타인을 바꾸려고 하는 내 마음을 바꾸라. 채근담과 성경을 먼저 읽고 위안받으며, 이런 문제로 힘들어하지 말자. 차라리 마음속으로 용서하고 검소의 본을 보이므로 상대방이 스스로 모난 성격을 고치고 검소함을 배우게 하는 것이 낫다.

(신16:20) 너는 마땅히 공의만 좇으라 그리하면 네가 살겠고 네 하나님 여호와께서 네게 주시는 땅을 얻으리라.

(잠21:15)공의를 행하는 것이 의인에게는 즐거움이요 죄인에게는 패망이니라.

17-7. 지식과 부를 가지고 베풀지 않으면 하늘의 벌을 받는다

하
늘
은

한 사람을 현명하게 하여

많은 사람의 어리석음을 가르치게 했으나

가르침을 받는 세상 사람들은 오히려 제 잘난 점만을 자랑하며

남의 모자라는 점만을 들춰낸다.

하늘은 한 사람을 부유하게 하여

많은 사람의 곤궁함을 건지려 했으나

가르침을 받는 세상 사람들은 오히려 제 가진 것만 자랑하며

남의 가난을 업신여기려 든다.

참으로 천벌 받을 사람들이다!

天賢一人 以誨衆人之愚 而世反逞所長 以形人之短.
천현일인 이회중인지우 이세반령소장 이형인지단.
天富一人 以濟衆人之困 而世反挾所有 以凌人之貧 眞天之戮民哉.
천부일인 이제중인지곤 이세반협소유 이능인지빈 진천지륙민재.

- 천현일인(天賢一人): 하늘이 한 사람을 현명하게 하다.
- 이회중인지우(以誨衆人之愚): 그로써 많은 이의 어리석음을 가르치게 함.
- 령소장(逞所長): 자기의 장점을 뽐냄.
- 이세(而世): 그러나 세상 사람들은.

(잠3:3) 인자와 진리로 네게서 떠나지 않게 하고 그것을 네 목에 매며 네 마음판에 새기라.

(잠4:13) 훈계를 굳게 잡아 놓치지 말고 지키라 이것이 네 생명이니라.

(잠9:12) 네가 만일 지혜로우면 그 지혜가 네게 유익할 것이나 네가 만일 거만하면 너 홀로 해를 당하리라.

(잠15:32) 훈계받기를 싫어하는 자는 자기의 영혼을 경히 여김이라 견책을 달게 받는 자는 지식을 얻느니라.

(잠17:5) 가난한 자를 조롱하는 자는 이를 지으신 주를 멸시하는 자요 사람의 재앙을 기뻐하는 자는 형벌을 면치 못할 자니라.

(행17:31) 이는 정하신 사람으로 하여금 천하를 공의로 심판할 날을 작정하시고 이에 저를 죽은 자 가운데서 다시 살리신 것으로 모든 사람에게 믿을 만한 증거를 주셨음이라 하니라.

17-8. 단련되지 않는 그릇은 쓸모가 없어진다(어릴 때 훈육을 잘 받아야 좋은 그릇이 된다)

어
린
이
는

어른의 씨앗이요

수재는 훌륭한 사람의 씨앗이다.

이때 만약 화력이 모자라고 단련이 서툴면

그릇이 온전하지 못하게 되지 못하고

훗날 세상에 나아가 일을 맡을 때

훌륭한 그릇이 되기 어렵다.

子弟者 大人之胚胎 秀才者 士夫之胚胎
자제자 대인지배태 수재자 사부지배태
此時 若火力不到 陶鑄不純 他日 涉世立朝 終難成個令器.
차시 약화력부도 도주불순 타일 섭세입조 종난성개령기.

-자제자(子弟者): 어린이. 공부하는 학생 즉 젊은 후생들의 통칭.
-배태(胚胎): 태아, 씨앗
-도주(陶鑄): 그릇을 만든다는 뜻으로 통상 훈육을 의미.
  (鑄: 쇠 부어 만들 주. 주조하다. 단련(鍛鍊), 인재를 양성하다)
-섭세(涉世): 세상을 살아감. 처세.
-령기(令器): 훌륭한 그릇. 뛰어난 인물. 인재.

아이의 성격은 태아부터 3세 이전에 거의 형성이 된다고 한다. 또한 후천적으로 대뇌세포는 20세 전후까지 생성이 활발해진다고 한다. 고로 이 시기 이전까지의 시기가 일생을 좌우하는 '습관'이 형성되는 시기'이다. 좋은 정신적 육체적 습관이 있다면 적극적으로 칭찬해 주고 나쁜 습관은 훈육을 엄하게 할 필요가 있다.

반복되는 좋은 경험은 좋은 사고방식과 나아가 습관으로 이어진다. 성장기는 고생 경험이 필요하다. '사랑한다면 고생시켜라'라는 말이 있듯.

(잠13:24) 초달을 차마 못하는 자는 그 자식을 미워함이라 자식을 사랑하는 자는 근실히 징계하느니라.

(잠22:15) 아이의 마음에는 미련한 것이 얽혔으나 징계하는 채찍이 이를 멀리 쫓아내리라.

(잠23:13-14) 아이를 훈계하지 아니치 말라 채찍으로 그를 때릴지라도 죽지 아니하리라 *그를 채찍으로 때리면 그 영혼을 음부에서 구원하리라.

18. 공부와 마음 자세

18-1. 깨끗한 마음으로 책을 읽어야 제대로 배운다

깨
끗
한

마음으로 책을 읽어야

바야흐로 참된 옛것을 배울 수 있다.

그렇지 않으면 한 가지 선행을 보고

이것을 훔쳐 자기의 욕심을 채우게 되고

한 마디의 좋은 말을 들으면

그것을 빌려 자기의 잘못을 덮는 데 쓰게 된다.

이것이야말로 적에게 무기를 빌려주고

도둑에게 양식을 제공하는 것과 같다.

心地乾淨 方可讀書學古不然 見一善行 竊以濟私,
심지건정 방가독서학고불연 견일선행 절이제사,
聞一善言 假以覆短.是又藉寇兵而齎盜糧矣.
문일선언 가이복단시우자구병이재도량의.

-심지건정(心地乾淨): 마음의 바탕이 깨끗하며 단아함.
-절이제사(竊以濟私): 훔쳐서 자기 사리사욕을 채움.
-가이복단(假以覆短): 그것을 빌려 (자기의) 단점(잘못)을 덮음.
-자구병(藉寇兵): 자기 무기를 적에게 빌려줌.
-재도량(齎盜糧): 도둑에게 식량을 건네줌.

똑같이 먹는 뽕잎 에도 누에는 아름다운 명주실을, 뱀은 생명을 앗아가는 독을 만든다. 사람도 그 마음의 됨됨이에 따라 그 입에서 선이 나오기도 하고 악이 나오기도 한다. 이것이 인성 교육이 필요한 이유이다.

(눅6:45) 선한 사람은 마음의 쌓은 선에서 선을 내고 악한 자는 그 쌓은 악에서 악을 내나니 이는 마음의 가득한 것을 입으로 말함이니라.

18-2. 독서를 잘하는 사람과 사물을 잘 관찰하는 사람

독
서
를

잘하는 사람은

책을 읽을 때 흥에 겨워 손발이 저절로 춤추게 되어야 한다

그래야 비로소 문자 등 형식 틀에 얽매이지 않게 된다.[18]

사물을 잘 관찰하는 사람은

마음과 정신이 사물과 하나가 되는 경지에 이르러야 한다.

그래야 비로소 외형에 구애되지 않는다.

세월 따라 우리 겉모습은 주름 늘어 가지만

속사람은 나날이 새로워지게 된다.

善讀書者 要讀到手舞足蹈處 方不落筌蹄善觀物者 要觀到心融神洽時 方不泥迹象.
선독서자 요독도수무족도처 방불락전제선관물자 요관도심융신흡시 방불니적상.

-요독도수무족도처: 책을 읽으면 손이 춤추고 발이 뛰는 지경에 이르러야 함.
-불락전제(不落筌蹄): 통발과 올무(문자나 구절 등 형식에 빠지는 것)에 얽매이지 않는다
 (筌:통발 전. 물고기를 잡는 기구).
-심융신흡(心融神洽): 마음과 정신이 융화됨.

---

18) ≪莊子≫ 外物篇 13에 「筌者所以在魚, 得魚而忘筌, 蹄者所以在兎, 得兎而忘蹄, 言者所以在意,
   得意而忘言.(통발은 고기를 잡는 도구지만, 고기를 잡고 나면 통발을 잊게 된다. 올가미는 토끼
   를 잡는 도구지만, 토끼를 잡고 나면 올가미를 잊게 된다. 말은 뜻을 표현하는 도구이지만, 뜻
   을 표현하고 나면 잊게 된다.)」

글을 잘 읽는다는 것은 글 속의 뜻을 잘 이해한다는 것이다. 그 뜻을 깨닫고 공감하며 우리 속사람은 날로 새로워지고 흥에 겨워 춤도 추게 된다는 것이다. 표면이 아닌 이면, 껍데기가 아닌 알맹이를 보는 눈이 있어야 한다.

'독서'도 그리고 '사물 관찰'도 겉에 사로잡히지 말고 본질, 진수까지 꿰뚫어야 한다. 그래야 틀(수단)에 얽매이지 않고 학문과 사물의 진수의 깨달음이 정신, 영혼의 양식이 되어 내 속사람이 자라는 즐거움이 있게 된다.

(고후4:16) 그러므로 우리가 낙심하지 아니하노니 겉사람은 후패하나 우리의 속은 날로 새롭도다.

(눅12:12) 마땅히 할 말을 성령이 곧 그 때에 너희에게 가르치시리라 하시니라.

(잠15:28) 의인의 마음은 대답할 말을 깊이 생각하여도 악인의 입은 악을 쏟느니라.

18-3. 어중간한 사람과는 일하기가 어렵다

통
달
한

사람이 무엇을 생각하고 무엇을 근심하랴.

어리석은 사람은 아는 것도 없고 생각마저 없어

더불어 학문을 논할 수도 있고

또한 더불어 공도 이룰 수 있다.

어중간한 사람은

나름대로 지식과 생각이 많고 일마다 억측과 시기도 많아

함께 일하기가 어렵다.

至人 何思何慮 愚人 不識不知 可與論學 亦可與建功.
지인 하사하려 우인 불식부지 가여논학 역가여건공.
唯中才的人 多一番思慮知識 便多一番億度猜疑 事事難與下手.
유중재적인 다일번사려지식 변다일번억탁시의 사사난여하수.

-지인(至人): 지극히 덕이 높은 사람. 도에 이른 사람.
-가여논학(可與論學): (지인과) 더불어 학문을 논할 수도 있음.
-중재(中才): 지식이 어중간한 사람.
-억탁(億度): 근거 없이 제멋대로 추측함.
-사사난여하수: 무슨 일이든 함께 일하기 어렵다.
-하수: 일에 착수.

어느 분야라도 전문가로 인정받는 사람은 그 일에 관한 한 염려할 필요가 없다. 또 스스로 부족하다 인정하는 사람이나 어리석고 욕심이 없는 사람도 함께 배우며 공을 세울 수도 있다.

그러나 선무당처럼 아예 모르는 것도 아니고 그렇다고 잘하는 것도 아닌 어중간한 사람이 문제다. 배우려는 겸허한 자세면 가능하나 뭔가를 좀 안다고 자기 자신을 과시하고파 안달이 나 있는 자들. 어설픈 지식으로 억측도 많고 본인보다 난 사람에게 배우려고는 안 하고 시기심만 있는 자들이 문제다. 참으로 일하기가 어려운 사람이다. 먼저 인성교육으로 마음밭을 일구는 것이 낫지 않을까? 나 자신도 그러한 면이 있지 않은가 돌아보자.

(요9:41) 예수께서 가라사대 너희가 소경 되었더면 죄가 없으려니와 본다고 하니 너희 죄가 그저 있느니라.

(계3:17-18) 네가 말하기를 나는 부자라 부요하여 부족한 것이 없다 하나 네 곤고한 것과 가련한 것과 가난한 것과 눈먼 것과 벌거벗은 것을 알지 못하도다 *내가 너를 권하노니 내게서 불로 연단한 금을 사서 부요하게 하고 흰 옷을 사서 입어 벌거벗은 수치를 보이지 않게 하고 안약을 사서 눈에 발라 보게 하라.

18-4. 입은 마음의 문이요 뜻은 마음의 발이다

입
은

곧 마음의 문이니

입조심 못 하면 마음의 비밀도 누설한다.

뜻(의도)은 마음의 발이니

내 뜻을 엄하게 안 하면 그릇된 길로 빠져든다.

口乃心之門 守口不密 洩盡眞機 意乃心之足 防意不嚴 走盡邪蹊.
구내심지문 수구불밀 설진진기 의내심지족 방의불엄 주진사혜.

-意: '뜻 의' ⇨ '의도, 의지'로 의역함.

'입은 만 가지 災와 禍의 문이다. 그래서 '죽고 사는 것이 혀의 권세에 달렸다'고 한다. 또한 한번 뱉은 말은 주워 담을 수 없는 것이다. 오죽하면 '온전한 사람이란 말의 실수가 없는 자'라고 하겠는가?

마음에 무엇을 쌓든지 쌓아지는 것이 입으로 나오는 것이니만큼 평상시 선을 쌓도록 늘 노력하자.

(잠10:11) 의인의 입은 생명의 샘이라도 악인의 입은 독을 머금었느니라.

(잠18:2) 미련한 자는 명철을 기뻐하지 아니하고 자기의 의사를 드러내기만 기뻐하느니라.

(잠18:21) 죽고 사는 것이 혀의 권세에 달렸나니 혀를 쓰기 좋아하는 자는 그 열매를 먹으리라.

(잠20:19) 두루 다니며 한담하는 자는 남의 비밀을 누설하나니 입술을 벌린 자를 사귀지 말지니라.

(잠21:23) 입과 혀를 지키는 자는 그 영혼을 환난에서 보전하느니라.

(시39:1) 내가 말하기를 나의 행위를 조심하여 내 혀로 범죄치 아니하리니 악인이 내 앞에 있을 때에 내가 내 입에 자갈을 먹이리라 하였도다.

(마15:18) 입에서 나오는 것들은 마음에서 나오나니 이것이야말로 사람을 더럽게 하느니라.

(약3:2) 우리가 다 실수가 많으니 만일 말에 실수가 없는 자면 곧 온전한 사람이라 능히 온몸도 굴레 씌우리라.

(눅6:45) 선한 사람은 마음의 쌓은 선에서 선을 내고 악한 자는 그 쌓은 악에서 악을 내나니 이는 마음의 가득한 것을 입으로 말함이니라.

19. 단순함의 기술

19-1. 지나치게 비판치 말고 어렵게 가르치지 마라

남
의
잘
못
을

꾸짖을 때는

너무 엄하게 하지 말라.

그가 책망을 감당할 수 있는가를 생각해야 한다.

선행을 가르칠 때는

너무 어렵게 하지 말고

그가 따라 할 수 있도록 해야 한다.

攻人之惡 毋太嚴 要思其堪受 教人以善 毋過高 當使其可從.
공인지악 무태엄 요사기감수 교인이선 무과고 당사기가종.

-교인이선(教人以善): 사람을(人) 선(善)으로(以) 가르친다(教).

(잠9:8) 거만한 자를 책망하지 말라 그가 너를 미워할까 두려우니라 지혜 있는 자를 책망하라 그가 너를 사랑하리라.

(잠29:11) 어리석은 자는 그 노를 다 드러내어도 지혜로운 자는 그 노를 억제하느니라.

19-2. 이론에 집착하는 병은 고치기 어렵다

욕
심
에

빠진 병은 고칠 수 있지만

이론에 집착하는 병은 고치기가 어렵다.

사물에 의한 장애는 없앨 수 있지만

의리에 얽매인 장애는 없애기가 어렵다.

縱欲之病可醫　而執理之病難醫　事物之障可除　而義理之障難除.
종욕지병가의　이집리지병난의　사물지장가제　이의리지장난제.

-종욕지병(縱欲之病): 욕심, 욕정에 날뛰는 병.
-이집리지병(而執理之病): 그러나 자기 이론에 집착하는 병
-집리(執理): 이론에 집착하다.
-사물지장(事物之障): 일을 하다가 맞닥뜨리게 되는 일체의 장애.
-이의리지장(而義理之障): (사적인) 의리에 얽매인 장애.
-난제(難除): 없애기 힘듦. 제거하기 어렵다.

물질적 욕망 등은 고칠 수 있으나 학문, 사상, 종교적 신념 등에 의한 정신적인 집착은 고치기가 힘들다. 전 세계의 70%가 종교에 의한 전쟁이라고 하는 이유도 이와 같다. 서로 자기 고집을 떠나 관용 정신으로 이성적으로 대화하려는 열린 마음을 가져야 한다. 전 세계에 일고 있는 '종교 대통합 운동' 등도 그와 같은 맥락에서 나온 것이다.

학문의 심취도 건강한 접근이 아니라 도피하듯 파고들어 간다면 도를 넘어서는 것을 조심해야 한다. 자칫, 살리는 학문이 아니라 이론에 파묻히게 된다는 말이다.

(잠30:12) 스스로 깨끗한 자로 여기면서 오히려 그 더러운 것을 씻지 아니하는 무리가 있느니라.

(전12:12) 내 아들아 또 경계를 받으라 여러 책을 짓는 것은 끝이 없고 많이 공부하는 것은 몸을 피곤케 하느니라.

20. 여백의 미(담백, 모자람)

20-1. 담백함이야말로 참다운 맛이다

진
한
술
과

살찐 고기, 맵거나 단 것은

참다운 맛이 아니요,

참다운 맛은 담담할 뿐이다.

신기하고 특이한 재주가 있는 사람이라 해서

존경받는 이가 아니요,

존경받는 이는 평범할 뿐이다.

醴肥辛甘非眞味　眞味只是淡　神奇卓異非至人　至人只是常.
예비신감비진미　진미지시담　신기탁이비지인　지인지시상.

-예비(醴肥): 진한 술과 살이 찐 맛있는 고기.
-진미(眞味): 음식 본래의 맛.
-지인(至人): 덕이 높은 사람. 경지에 이른 사람. 성인.

우리가 자주 먹다 보면 질리는 음식이 있고 늘 변함없이 질리지 않는 음식이 있다. 예를 들어, 물은 맛은 없지만 매일 먹어도 질리지 않으며 안 먹으면 또한 생명에 지장이 있다. 사람 사귐도 그와 같아야 되지 않을까? 눈에 띄지는 않아도 없으면 안 되는 관계. 늘 포용해 주고 부딪침이 없는 사람. 상선약수[19]를 되새겨 보자.

(잠29:23) 사람이 교만하면 낮아지게 되겠고 마음이 겸손하면 영예를 얻으리라.

(눅 14:11) 무릇 자기를 높이는 자는 낮아지고 자기를 낮추는 자는 높아지리라.

(약 1:10) 부한 자는 자기의 낮아짐을 자랑할지니 이는 그가 풀의 꽃과 같이 지나감이라.

---

19) 상선약수(上善若水) - 가장 아름다운 삶은 물처럼 사는 것.
"水善利萬物而不爭 處衆人之所惡 故幾於道
수선리만물이부쟁 처중인지소오 고기어도"
"지극히 착한 것은 마치 물과 같다. 물은 만물을 이롭게 하면서도 다투지 아니하고 모든 사람이 싫어하는 낮은 자리로 흘러간다. 그러하기에 도에 가깝다" (老子의 도덕경 8장)
『물은 낮은 곳으로 흐르기에 강이 되고 바다가 된다. 물은 만물을 길러 주고 키워 주지만 자신의 공을 남과 다투려 하지 않는다.(不爭의 철학). 자신의 공로에 대해 나를 알아달라고 집착하지 않는다. 공을 세워 자랑하려 하고 군림하려 하는 세상, 결국 그런 자들은 넘어지고 그런 공은 오래지 않는다. 남들이 싫어하는 낮은 곳이 가장 높은 곳일 수 있다.』

20-2. 담백한 삶에서 인품이 나온다

명
아
주,

비름나물로 배를 채우는 가난도 만족할 줄 아는 자는
맑은 얼음과 옥처럼 깨끗한 인품이 많고,
비단옷과 좋은 음식으로 배를 채우는 자는
종처럼 비굴하게 아첨함도 마다않는다.
대개 지조는 담백함으로 더 뚜렷해지고,
절개는 부귀를 탐함으로 빛을 잃는 것이다.

藜口莧腸者 多氷淸玉潔 袞衣玉食者 甘婢膝奴顔 蓋志以澹泊明 而節從肥甘喪也.
여구현장자 다빙청옥결 곤의옥식자 감비슬노안 개지이담박명 이절종비감상야.

-여구(藜口): 소박한 음식. 명아주와 도토리 나물.
-다빙청옥결(多氷淸玉潔): 얼음같이 맑고 옥처럼 깨끗한 사람이 많다.(고결한 인품)
-지이(志以)담박명(澹泊明): (대개) 지조는 담백함으로써 뚜렷해진다(明).
-비감(肥甘): 기름지고 달콤함. 살진 고기와 맛있는 음식.

(딤전 6:8) 우리가 먹을 것과 입을 것이 있은즉 족한 줄로 알 것이니라.

(마 5:3) 심령이 가난한 자는 복이 있나니 천국이 저희 것임이요.

(잠24:1) 너는 악인의 형통을 부러워하지 말며 그와 함께 있기도 원하지 말지어다.

(잠11:28) 자기의 재물을 의지하는 자는 패망하려니와 의인은 푸른 잎사귀 같아서 번성하리라.

20-3. 모든 일이 완벽하기를 바라지 마라

모
든

일에 여유를 남겨서

뜻을 다 이루지 못한 채로 둔다면

조물주도 시기하지 않으며 귀신도 해하지 않는다.

모든 일에 성공을 바라고

공로 또한 완전하길 바란다면

안으로는 변란이 이를 수 있고 밖으로는 근심을 부르게 된다.

事事留個有餘不盡的意思　便造物不能忌我, 鬼神不能損我.
사사유개유여부진적의사　변조물불능기아, 귀신불능손아.
若業必求滿, 功必求盈者　不生內變　必召外憂.
약업필구만, 공피구영자　불생내변　필소외우.

-유개(留個): 얼마쯤(조금) 남겨라.
-필소외우(必召外憂): 반드시 외부로부터 근심을 부르게 된다.

늘 완벽하기를 바라는 마음은 하나의 욕심이고 습관이다. 그런 자들은 대체적으로 마음의 여유가 없어서 그런 것이며 이 습관은 화를 부를 수 있음을 채근담은 경고하는 것이다.

채우면 기울어진다. 그릇은 내부가 비어 있기 때문에 음식을 담을 수 있고, 방은 벽으로 둘러쳐진 중앙이 비어 있음으로 해서 기거할 수 있다.

때로는 부족한 듯한 여유로움에도 만족할 줄 아는 마음을 갖는 훈련이 필요하다.

(고후8:14) 이제 너희의 유여한 것으로 저희 부족한 것을 보충함은 후에 저희 유여한 것으로 너희 부족한 것을 보충하여 평균하게 하려 함이라.

(계3:17) 네가 말하기를 나는 부자라 부요하여 부족한 것이 없다 하나 네 곤고한 것과 가련한 것과 가난한 것과 눈먼 것과 벌거벗은 것을 알지 못하도다.

(잠22:3) 슬기로운 자는 재앙을 보면 숨어 피하여도 어리석은 자들은 나아가다가 해를 받느니라.

20-4. 너무 깔끔하면 이로움이 없다

염
려

하고 부지런한 것이 미덕(美德)이긴 하나

너무 지나치면 자신의 마음을 기쁘게 할 수 없으며,

청렴하고 결백한 것이 높은 품격이지만

그 또한 지나치면

모든 일에 이로울 것이 없다.

憂勤是美德 太苦則無以適性怡情 澹泊是高風 太枯則無以濟人利物.
우근시미덕 태고즉무이적성이정 담박시고풍 태고즉무이제인이물.

-즉무이적성이정(則無以適性怡情): 곧 본성을 해쳐서 마음을 기쁘게 할 수 없다.
-태고(太苦): 지나치게 고생(집착).
-적성(適性): 본성을 맞추는 것.
-이정(怡情): 마음을 기쁘게 하는것.

채근담에서 특히 강조되는 내용은 '중용'이다. 뭔가 해도 부족한 듯 아쉬운 마음. 그래서 늘 도를 지나치게 된다. 마음의 여유가 없어서 그런 것이다. 지나치느니 차라리 좀 모자란 것이 낫다. 약간의 여운을 남겨두고 모지란 듯 해야 마음의 조급함도 없앨 수 있고 '적당함'을 알 수 있는 지혜도 생긴다.

(롬12:16) 서로 마음을 같이 하며 높은 데 마음을 두지 말고 도리어 낮은 데 처하며 스스로 지혜 있는 체 말라.

(고전14:40) 모든 것을 적당하게 하고 질서대로 하라.

(빌4:11~13) 내가 궁핍하므로 말하는 것이 아니라 어떠한 형편에든지 내가 자족하기를 배웠노니 *내가 비천에 처할 줄도 알고 풍부에 처할 줄도 알아 모든 일에 배부르며 배고픔과 풍부와 궁핍에도 일체의 비결을 배웠노라 *내게 능력 주시는 자 안에서 내가 모든 것을 할 수 있느니라.

20-5. 차라리 총명함보다 우직함을 택하라

차
라
리

우직함을 지키고 총명함을 물리침으로써
약간의 바른 기운을 남기어 천지에 돌려주라.
차라리 화려함을 사양하고 맑고 깨끗함을 택하여
깨끗한 이름을 세상에 남기도록 하라.

寧守渾噩 而黜聰明 有些正氣還天地 寧謝紛華 而甘澹泊 有個淸名在乾坤.
영수혼악 이출총명 유사정기환천지 영사분화 이감담박 유개청명재건곤.

-녕(寧): 차라리. 문안.
-혼악(渾噩): 우직할 정도로 소박하고 꾸밈없음. 인간 본연의 성품.
-총명(聰明): 여기서는 경박하며 잔재주를 부리는 영리함을 뜻함(꾀돌이).
-이감담박(而甘澹泊): 담박함을 달게 여긴다.

 사치스럽고 화려하게 사는 것은 세상과 야합하며 사는 것과 다를 바 없다. 차라리 조금 손해 보더라도 사람들을 돕고 사는 것이 정도(正道)이지 자기 지위나 물질을 이용해 산다면 그 결과가 뻔하지 않겠는가.

배려와 사랑으로 공의와 공도를 행하는 것이 본인 뿐만이 아니라 자손에게도 훌륭한 유산이 된다.

(잠3:18) 지혜는 그 얻은 자에게 생명나무라 지혜를 가진 자는 복되도다.

(잠21:15) 공의를 행하는 것이 의인에게는 즐거움이요 죄인에게는 패망이니라.

20-6. 맑은 물에는 고기가 살지 않는다

땅
이

더러우면 초목이 무성하나

물이 너무 맑으면 고기가 살지 않는다.

군자는 때묻고 더러운 것도 포용할 줄 알아야지

깨끗함만 좋아하고 홀로 지조를 지키려 해서는 안 된다.

地之穢者多生物 水之淸者常無魚. 故君子當存含垢納汚之量 不可持好潔獨行之操.
지지예자다생물 수지청자상무어. 고군자당존함구납오지량 불가지호결독행지조.

-穢(더러울 예): 더럽다. 악하다.
-納(바칠 납): 바치다. 헌납하다.

 군자로서('군자'란 우리가 지향하는 인격을 갖춘 자)는 마땅히 상대의 허물을 용납하고 더러움을 받아들이는 도량을 가져야 한다. 지적하기 좋아하고 혼자서 의롭게 살려는 것은 잘못된 집착에 지나지 않는다.

(빌4:11-12) 내가 궁핍하므로 말하는 것이 아니라 어떠한 형편에든지 내가 자족하기를 배웠노니 *내가 비천에 처할 줄도 알고 풍부에 처할 줄도 알아 모든 일에 배부르며 배고픔과 풍부와 궁핍에도 일체의 비결을 배웠노라.

20-7. 즐거운 모든 것은 절반에서 그쳐야 후회가 없다

입

을

즐겁게 하는 음식은[20]

장을 상하게 하고 뼈를 썩게 하는 독약과 같아

많이 먹지 말고 절반쯤에서 먹어야 화를 면한다.

마음을 즐겁게 하는 쾌락은

몸을 망치고 덕을 잃게 하는 매개물과 같아

깊이 탐닉하지 말고 절반쯤에서 그쳐야 뉘우침이 없다.

爽口之味 皆爛腸腐骨之藥 五分便無殃 快心之事 悉敗身喪德之媒 五分便無悔.
상구지미 개란장부골지약 오분변무앙 쾌심지사 실패신상덕지매 오분변무회.

-오분(五分): 절반(50%).
-쾌심지사(快心之事): 마음을 통쾌하게 하는 일.

---

20) 노자의 도덕경 12장에,
  '五色令人目盲, 五音令人耳聾, 五味令人口爽'
  오색[靑·黃·赤·白·黑]의 화려한 색깔은 사람의 눈을 멀게 하고,
  오음[宮·商·角·徵·羽]의 아름다운 소리는 사람의 귀를 멀게 하고,
  오미[酸(신맛)·苦(쓴맛)·甘(단맛)·辛(매운맛)·鹹(짠맛)]의 좋은 맛은 사람의 입맛을 상하게 한다.

"지나치면 모자람만 못하다."라는 뜻의 '과유불급'은 공자가 한 말이다. 중용의 교훈이다. 또 비슷한 말로 서양 그리스인들도 아폴로 신전에 기록해 놓은 글이 있다.

"모든 것은 도가 넘치지 않게(All things in moderation!)"

역시 중용을 권하고 있다. 만사를 '적절히' 하는 것은 동서양 고금을 막론하고 진리이다. 한때 감정이나 젊은 혈기로 매사에 끝을 봐야 직성이 풀리는 그런 경험이 있다면 이제 내려놓자. 예외적으로 사안에 따라 그리 할 수는 있어도 결코 좋은 습관이 아니다. 만사는 적절히!

채근담과 성경의 메시지는 중용의 필요성을 새삼 느끼게 해준다.

(고전14:40) 모든 것을 적당하게 하고 질서대로 하라.

20-8. 선 긋지 말고 다 받아들이라

몸
가
짐
을

지나치게 고결하려 하지 마라.

모든 더러움과 욕된 것도 다 받아들일 줄 알아야 한다.

사람을 사귈 때는 지나치게 선 긋듯이 하지 마라.

모든 선한 자, 악한 자, 어진 자, 어리석은 자,

다 포용할 수 있어야 한다.

持身,不可太皎潔 一切汚辱垢穢 要茹納得 與人 不可太分明 一切善惡賢愚,要包容得.
지신,불가태교결 일체오욕구예 요여납득 여인 불가태분명 일체선악현우,요포용득

-요포용득(要包容得): 모두 포용할 수 있어야 한다.

泰山不辭土壤(태산불사토양)[21] "태산(泰山)은 한 줌의 흙도 사양하지 않아 높은 산이 된 것이다."

(고전5:9-10) 내가 너희에게 쓴 것에 음행하는 자들을 사귀지 말라 하였거니와 *이 말은 이 세상의 음행하는 자들이나 탐하는 자들과 토색하는 자들이나 우상 숭배하는 자들을 도무지 사귀지 말라 하는 것이 아니니 만일 그리하려면 세상 밖으로 나가야 할 것이라.

(전7:16-17) 지나치게 의인이 되지 말며 지나치게 지혜자도 되지 말라 어찌하여 스스로 패망케 하겠느냐 *지나치게 악인이 되지 말며 우매자도 되지 말라 어찌하여 기한 전에 죽으려느냐.

---

21) "泰山不辭土壤 故能成其大 河海不擇細流 故能就其深"(태산불사토양 고능성기대 하해불택세류 고능취기심) - 초나라 이사(李斯), 史記 -
"태산(泰山)은 한 줌의 흙도 사양하지 않는다. 그래서 그리 높은 산이 된 것이며, 황하와 바다는 조그만 물줄기도 가리지 않는다. 그래서 그렇게 깊은 것이다. 군왕도 백성들을 차별하지 말아야 천하에 높고 깊음이 있는 성군이 되는 것이다" - 史記 -

20-9. 연못이 깊고 고요하면 물고기가 모여든다

산
이

높고 험한 곳에는 나무가 없지만
계곡 주위에는 초목이 무성하다.
물살이 세고 급한 곳에는 물고기가 없지만
물이 고이면 물고기와 자라가 모여든다.
이처럼 지나치게 고고한 행동과 급한 마음을
군자는 깊이 경계해야 한다.

山之高峻處無木 而谿谷廻環 則草木叢生 水之湍急處無魚 而淵潭停蓄 則魚鼈聚集
산지고준처무목 이계곡회환 즉초목총생 수지단급처무어 이연담정축 즉어별취집
此高絶之行 㐫急之衷 君子重有戒焉.
차고절지행 편급지충 군자중유계언.

-즉초목총생(則草木叢生): 초목이 무성.
-연담(淵潭): 깊은 연못.
-정축(停蓄): 머물러 고이는 것.
-편급(㐫急): 성급한 것.
-덕(德): 공정하고 남을 넓게 이해하고 받아들이는 마음이나 행동.

인간 사회도 높은 산처럼 엄격하거나 급물살처럼 과격한 성미를 가진 사람 주위에는 사람들이 모여들지 않는다. 고고하지 않고 계곡 같은, 급하지 않고 유유히 흘러가는 물 같은, 온유하고 배려심 많은 자 즉 덕스러운 사람의 표본을 알려주는 메시지이다.

(빌2:14-15) 모든 일을 원망과 시비가 없이 하라 *이는 너희가 흠이 없고 순전하여 어그러지고 거스리는 세대 가운데서 하나님의 흠 없는 자녀로 세상에서 그들 가운데 빛들로 나타내며.

(롬15:2) 우리 각 사람이 이웃을 기쁘게 하되 선을 이루고 덕을 세우도록 할지니라.

21. 비움

21-1. 일이 사라지면 마음도 비워진다

바
람
이

대나무 숲에 불어와도 지나고 나면

대나무 숲은 그 소리를 남기지 않는다.

기러기가 차가운 연못을 지나도 가 버리면

그 그림자를 남기지 않는다.

군자 또한 일이 생기면 마음이 나타나고

일이 지나면 마음도 따라 비워진다.

風來疎竹 風過而竹不留聲 雁度寒潭 雁去而潭不留影 [22]

풍래소죽 풍과이죽불류성 안도한담 안거이담불류영.

-담불류영(潭不留影): 연못에(潭) 그림자를 남기지(留) 않는다.

-이심수공(而心隨空): 마음도(而心) 따라서(隨) 비게 된다.

---

22) 출전: 천의의회선사(天衣義懷禪師)

삶을 달관한 군자의 경지가 이와 같아서 일이 생기면 마음을 드러내는 사래이심시현(事來而心始現)하고, 일이 끝나면 마음 또한 비우는 사거이심수공(事去而心隨空)하는 것이다.

故君子, 事來而心始現, 事去而心隨空.

고군자, 사래이심시현, 사거이심수공.

군자의 마음은 시련이 와도 동요하지 않고, 시련을 이겨내도 생색내지 않으며, 욕심이나 집착에 머물지 않고, 일이 끝나면 마음을 비우고 나아간다. 그래서 존경받는 것이고, 또 스스로도 '겸손한 자존감'이 형성되는 것이다. 그 마음은 도구의 마음일 것이다. 이루어낸 일은 목수의 기술로 한 것인데 마치 도구 연장이 스스로의 기술인 양 자랑하면 꼴볼견이듯, 이런 '도구의 심정'으로 살아감이 좋지 않을까.

(요3:8) 바람이 임의로 불매 네가 그 소리를 들어도 어디서 오며 어디로 가는지 알지 못하나니 성령으로 난 사람은 다 이러하니라.

(사10:15) 도끼가 어찌 찍는 자에게 스스로 자랑하겠으며 톱이 어찌 켜는 자에게 스스로 큰 체하겠느냐 이는 막대기가 자기를 드는 자를 움직이려 하며 몽둥이가 나무 아닌 사람을 들려 함과 일반이로다.

21-2. 괴로움을 버리면 즐거움이 온다

물
결
이

일지 않으면 물은 저절로 고요하고

거울은 먼지가 안 끼면 스스로 맑아진다.

마음도 혼탁한 생각을 버리면 저절로 맑아지고

즐거움 역시 번뇌를 버리면 저절로 있게 된다.

水不波則自定鑑不翳則自明 故心無可淸去.
수 불 파 칙 자 정 감 불 예 칙 자 명   고 심 무 가 청 거.
其混之者而淸自現 樂不必尋 去其苦之者而樂自存.
기혼지자이청자현 낙불필심 거기고지자이락자존.

-즉자정(則自定): 곧 저절로 안정됨.
-거기고지자(去其苦之者): 그것(其=즐거움)을 힘들게 하는 것.
-이락자(而樂自存): 그러면 즐거움은 저절로 있다.

(잠29:23) 사람이 교만하면 낮아지게 되겠고 마음이 겸손하면 영예를 얻으리라

(고전15:31) 형제들아 내가 그리스도 예수 우리 주 안에서 가진 바 너희에게 대한 나의 자랑을 두고 단언하노니 나는 날마다 죽노라

(살전5:21-22) 범사에 헤아려 좋은 것을 취하고 *악은 모든 모양이라도 버리라

21-3. 마음을 비우면 본성이 나타난다

마
음
을

비우면 본성이 나타난다.

마음을 쉬지(비우지) 않고 본성 보기를 바라는 건

마치 물결을 헤치면서 달을 찾는 것과 같다.

뜻이 깨끗하면 마음도 맑아진다.

뜻을 맑게 하지 않고 마음 밝고 맑기만을 바란다면

그것은 마치

거울을 찾느라고 먼지를 더하는 것과 같다.

心虛則性現 不息心而求見性 如撥波覓月.意淨則心淸 不了意而求明心 如索鏡增塵
심허칙성현 불식심이구견성 여발파멱월,의정칙심청 불료의이구명심 여색경증진

-견성(見性): 본성을 찾음.(본성: 본래의 좋은 특성).
-색경(索鏡): 거울을 찾음. 거울을 봄.
-증진(增塵): 먼지를 더함.

욕심이 있다면 눈이 가리워지고 생각이 흐릿해진다. 즉 욕심으로 인해 마음이 어지럽고 판단이 안 선다. 무엇보다도 욕심을 버려야 맑고 평안한 본성을 찾게 된다는 메시지이다.

(욥30:27) 내 마음이 어지러워서 쉬지 못하는구나 환난 날이 내게 임하였구나.

(롬8:6) 육신의 생각은 사망이요 영의 생각은 생명과 평안이니라.

(고후13:11) 마지막으로 말하노니 형제들아 기뻐하라 온전케 되며 위로를 받으며 마음을 같이하며 평안할지어다 또 사랑과 평강의 하나님이 너희와 함께 계시리라 거룩하게 입맞춤으로 서로 문안하라.

22. 고상, 검소

22-1. 가난해도 깔끔한 것이 진정으로 고상한 기풍이다

가
난
한

집이라도 깔끔히 청소해 놓고

가난한 여인이라도 단정히 빗으면

겉모습은 화려하지 않아도 그 기품은 고상하고 우아하다.

비록 한때 곤궁하고 낮아진다고 하여도

어찌 스스로가 게으르랴.

貧家淨拂地貧女淨梳頭　景色雖不艶麗　氣度自是風雅.
빈가정불지빈녀정소두　경색수불염려　기도자시풍아.
士君子ー當窮愁廖落奈何輒自廢弛裁.
사군자일당궁수요락내하첩자폐이재.

-輒(첩): 문득 첩.

(잠12:4) 어진 여인은 그 지아비의 면류관이나 욕을 끼치는 여인은 그 지아비로 뼈가 썩음 같게 하느니라.

(잠12:9) 비천히 여김을 받을지라도 종을 부리는 자는 스스로 높은 체하고도 음식이 핍절한 자보다 나으니라.

(잠15:16-17) 가산이 적어도 여호와를 경외하는 것이 크게 부하고 번뇌하는 것보다 나으니라. 17. 여간 채소를 먹으며 서로 사랑하는 것이 살진 소를 먹으며 서로 미워하는 것보다 나으니라.

(잠21:9) 다투는 여인과 함께 큰 집에서 사는 것보다 움막에서 혼자 사는 것이 나으니라.

(잠21:19) 다투며 성내는 여인과 함께 사는 것보다 광야에서 혼자 사는 것이 나으니라.

23. 평범

23-1. 담백함이야말로 참다운 맛이다

진
한
술
과

살찐 고기, 맵거나 단 것은

참다운 맛이 아니요,

참다운 맛은 담담할 뿐이다.

신기하고 특이한 재주가 있는 사람이라 해서

존경받는 이가 아니요,

존경받는 이는 평범할 뿐이다.

醲肥辛甘非眞味　眞味只是淡　神奇卓異非至人　至人只是常.
예비신감비진미　진미지시담　신기탁이비지인　지인지시상.

-예비(醲肥): 진한 술과 살이 찐 맛있는 고기.
-진미(眞味): 음식 본래의 맛.
-지인(至人): 덕이 높은 사람. 성인.

진정한 갑 또는 진정한 고수는 본인을 드러내지 않는다. 소위 요즘 '갑질' 행세를 하는 교만은 아직 내적 수양이 안되서 그런 것이고, 그런 자는 결국 천하게 여김 받게 된다. 존경을 받는 진정한 고수는 스스로 평범하게 보이며 겸손한 자이다. 살아온 경험이 부족한 젊은 층들과 젊은 연예인들에게 과한 부와 명예가 주어지면 저지를 수 있는 실수이다. 즉 교만(거만)함을 누를수 있는 내공이 아직 형성이 안 된 탓이다.

(잠20:5) 사람의 마음에 있는 모략은 깊은 물 같으니라 그럴지라도 명철한 사람은 그것을 길어 내느니라.

(잠29:23) 사람이 교만하면 낮아지게 되겠고 마음이 겸손하면 영예를 얻으리라.

23-2. 최고는 곧 평범함이다

극
치
에
이른 문장은

기교가 있는 것이 아니라

의도에 알맞게 표현할 뿐이고

높은 경지에 이른 인품은

남과 다른 것이 아니라

본래의 참모습 그대로일 뿐이다.

文章做到極處 無有他奇 只是恰好 人品做到極處 無有他異 只是本然.
문장주도극처 무유타기 지시흡호 인품주도극처 무유타이 지시본연.

-지시본연(只是本然): 다만 본성을 지킴에 있다.

뭔가 한 자락 깔아 놓고 대화하는 자들은 늘 부자연스럽고 불편하다. 오만한 자리란 스스로 본인을 높은 데 올려놓은 자리이다. 자연스럽고 보기 좋은, 즉 편안한 성품은 포장하지 않은 있는 그대로의 모습이다. 자연스러운 모습에 품위나 교양이 가미되도록 노력하는 것은 각자 하기 나름. 그 사람의 위상은 자기 입으로 말하지 않아도 남들이 다 평가한다. 덕스러운 성품은 겸손하며 비굴해 보이지 않는 모습, 눈에 띄지는 않아도 꾸미지 않고 있는 그대로의 평범한 모습 아닐까 생각해 본다.

(시1:1) 복 있는 사람은 악인의 꾀를 좇지 아니하며 죄인의 길에 서지 아니하며 오만한 자의 자리에 앉지 아니하고.

(잠25:11) 경우에 합당한 말은 아로새긴 은쟁반에 금사과니라.

(잠30:7-8) 내가 두 가지 일을 주께 구하였사오니 나의 죽기 전에 주시옵소서 *곧 허탄과 거짓말을 내게서 멀리 하옵시며 나로 가난하게도 마옵시고 부하게도 마옵시고 오직 필요한 양식으로 내게 먹이시옵소서.

(롬12:16) 서로 마음을 같이하며 높은 데 마음을 두지 말고 도리어 낮은 데 처하며 스스로 지혜 있는 체 말라.

23-3. 참된 가치는 평범함 속에 있다

진
기
한

것을 보며 놀라워하고 기이한 것을 즐기는 사람은
원대한 식견이 없다.
괴롭게 절개를 지키며 세상과 맞서 홀로 행동하는 것은
영원한 지조가 될 수 없다.

驚奇喜異者　無遠大之識　苦節獨行者　非恒久之操.
경기희이자　무원대지식　고절독행자　비항구지조.

-무원대지식(無遠大之識): 앞을 멀리 내다보는 식견이 없음.
-고절독행자(苦節獨行者): 힘들게 지조(의리)를 지키며 홀로 실천하는 자.
-고절(苦節): 어려운 지경에 빠져도 끝까지 절개를 지킴.
-독행(獨行): 세상 사람들과 어울리지 않고 홀로 소신대로 행동함.

기이한 것을 즐기는 사람은 지식인이라기보다는 호기심이 많은 사람에 지나지 않는다. 호기심은 적절히 가지되 매사에 이면(내면)의 실체를 살피는 눈과 통찰력이 있어야 한다. 통찰력이 있다 해도 자기의 능력을 지나치게 믿어 독불장군처럼 일을 처리한다면 객기이며 일을 그르치게 된다. 나아가 남을 무시함으로 우월감을 느끼고 싶어 하는 오만함도 적폐이다.

두루두루 어울리며 나의 고집을 깎아 다듬고 둥글게 둥글게 선을 행하고 사는 것이 좋지 않겠는가!

(전3:12-13) 사람이 사는 동안에 기뻐하며 선을 행하는 것보다 나은 것이 없는 줄을 내가 알았고 *사람마다 먹고 마시는 것과 수고함으로 낙을 누리는 것이 하나님의 선물인 줄을 또한 알았도다.

24. 세상사

24-1. 과실이 없으면 그것이 공이고, 원망이 없으면 그것이 덕이다

세
상
살
이

꼭 성공만을 바라고 살지 마라.[23]

과실이 없으면 그것이 바로 성공이다.

남에게 베풀면서 감사함 받기를 바라지 마라.

원망이 없으면 그것이 곧 감사요 덕이다.

處世不必邀功,無過便是功　與人不求感德,無怨便是德.
처세불필요공,무과변시공　여인불구감덕,무원변시덕.

-邀功: 공적을 요구하는 것.

---

23)　또는 "성공을 하려고만 하지 마라"로 이해하기도 한다.

우리가 때때로 힘들어하는 것은 욕망과 집착 때문이다. 그 성공의 욕망과 집착으로 인해 늘 만족함이 없다가 불미스러운 일을 당하고 나서야 깨닫는다. 그러나 성공이란 '무리하지 않고 과실이 없는 것'이며 그것이 큰 성공이다.

또 내가 누군가를 도와준 다음 남들이 알아주기를 바란다거나 도움받은 상대에게 생색내는 것만큼 꼴불견은 없다. 베풀고 원망받지 않는다면 그것이 내 마음속에 쌓이는 은덕이고 감사이다.

(마6:1~4) 사람에게 보이려고 그들 앞에서 너희 의를 행치 않도록 주의하라 그렇지 아니하면 하늘에 계신 너희 아버지께 상을 얻지 못하느니라 *그러므로 구제할 때에 외식하는 자가 사람에게 영광을 얻으려고 회당과 거리에서 하는 것같이 너희 앞에 나팔을 불지 말라 진실로 너희에게 이르노니 저희는 자기 상을 이미 받았느니라 *너는 구제할 때에 오른손이 하는 것을 왼손이 모르게 하여 *네 구제함이 은밀하게 하라 은밀한 중에 보시는 너의 아버지가 갚으시리라

24-2. 배고프면 달라붙고 배부르면 떠나간다

배
고
프
면

달라붙고 배부르면 떠나가며

따뜻하면 몰려들고 추우면 버리는 것,

이것이 세상 사람들의 한결같은 병폐이다.

饑則附 飽則颺 燠則趨 寒則棄 人情通患也.
기칙부 포즉양 욱칙추 한칙기 인정통환야.

-부(附): 붙을 부.
-양(颺): 떠나감.
-포즉양(飽則颺): 배부르면 곧 훌쩍 곁을 떠남.

"죽은 정승이 산 개보다 못하다." 즉 정승의 개가 죽으면 정승 집이 문전성시지만 정승이 죽으면 정승 집 발길이 끊긴다는 속담이다. 부귀, 권세, 이생의 자랑 등을 얻기 위해 따라가는 것이 세상사이다. 채근담과 성경을 통해 이런 세상 흐름을 알자. 잘나가는 한때에 나의 대우 있음을 자랑치 말고, 물러나 대우 없음에도 서운할 필요 없다. 따지고 보면 누구나 뭐를 따르든 대상만 틀릴 뿐이지 누구나 신앙인이다. 세상을 믿는 신앙이 아닌, 변함이 없는 온전한 진리를 믿는 신앙, 신을 찾고 진리를 추구하는 신앙이 필요하지 않을까 생각해 본다.

(전9:4) 모든 산 자 중에 참여한 자가 소망이 있음은 산 개가 죽은 사자보다 나음이니라.

(잠29:25) 사람을 두려워하면 올무에 걸리게 되거니와 여호와를 의지하는 자는 안전하리라.

(요일2:16-17) 이는 세상에 있는 모든 것이 육신의 정욕과 안목의 정욕과 이생의 자랑이니 다 아버지께로 좇아온 것이 아니요 세상으로 좇아온 것이라 *이 세상도, 그 정욕도 지나가되 오직 하나님의 뜻을 행하는 이는 영원히 거하느니라.

24-3. 때론 한 걸음 물러날 줄도 알아야 한다

사
람
의

정은 쉽게 변하고 세상살이는 험난하다.

때론, 가기 어려운 곳에서는

한 걸음 물러설 줄도 알아야 하고,

쉽게 갈 수 있는 곳에서는

삼분을 양보하는 공덕을 쌓는 것이 좋다.

人情反復 世路崎嶇 行不去處 須知退一步之法 行得去處 務加讓三分之功.
인정반복 세로기구 행불거처 수지퇴일보지법 행득거처 무가양삼분지공.

-세로(世路): 세상 사는 길, 세상살이.
-양삼분지공(讓三分之功): 공로의 3할(10분의 3)을 양보하다. 채근담에 흐르는 '양삼분' 철학이다. 더 지나친 양보는 오히려 해가 될 수 있기 때문이다.

이 세상 사람 100인 100색이다. 좋은 사람도 있고 아닌 사람도 있다. 순진하게만 처세하다 보면 큰 상처를 받게 되는 수도 있다. 그러므로 모든 사람을 마음 놓고 다 믿지는 말자. 그러나 배려하고 양보하는 마음은 잊지 말자.

공을 나눌 기회가 있다면 일부는 남에게 돌리는 것이 나에게도 공덕을 쌓는 것이다. 채근담은 그 일부를 '3할 정도'로 추천한다. 늘 배려하고 합력하며 사랑하는 기본 마음은 잃지 않는 것이 군자의 마음 자세이다.

(잠18:24) 많은 친구를 얻는 자는 해를 당하게 되거니와 어떤 친구는 형제보다 친밀하니라.

(마 5:41) 또 누구든지 너로 억지로 오리를 가게 하거든 그 사람과 십리를 동행하고.

25. 비주얼과 실체 – 자랑하거나 서운할 필요도 없다

25-1. 나를 받드는 것은 나의 지위 때문이다

남
이

나를 존경함은

내가 아닌 나의 감투 때문이요,

남이 나를 업신여김은

내가 아닌 나의 초라한 모습 때문이다.

둘 다 원래 내 모습들이 아니니

기뻐하거나 서운할 필요가 없다.

我貴而人奉之,奉此峨冠大帶也.　我賤而人侮之,侮此布衣草履也.
아 귀이인봉지,봉차아관대대야.　아천이인모지,모차포의초리야.
然則原非奉我,我胡爲喜?　原非侮我,我胡爲怒?
연즉원비봉아,아호위희?　원비모아,아호위노?

-布衣草履(포의초리): 베옷과 짚신. 즉 가난한 사람의 행색.
-원비모아(原非侮我): 원래의(原) 나를(我) 업신여기는 것이(侮) 아님.
-아호위노(我胡爲怒): 내(我) 어찌(胡) 노여워(怒) 하겠는가(爲).

(잠11:3) 정직한 자의 성실은 자기를 인도하거니와 사특한 자의 패역은 자기를 망케 하느니라.

(잠11:30) 의인의 열매는 생명나무라 지혜로운 자는 사람을 얻느니라.

(마18:4) 그러므로 누구든지 이 어린아이와 같이 자기를 낮추는 그이가 천국에서 큰 자니라.

(벧전1:24~25) 그러므로 모든 육체는 풀과 같고 그 모든 영광은 풀의 꽃과 같으니 풀은 마르고 꽃은 떨어지되 25. 오직 주의 말씀은 세세토록 있도다 하였으니 너희에게 전한 복음이 곧 이 말씀이니라.

25-2. 참 선비는 명성과 화려함을 좋아하지 않는다

술
잔
치
를

즐기는 집은 훌륭한 가정이 아니고

명성과 화려함을 즐기는 사람은 훌륭한 선비가 아니며

높은 지위에 생각이 많으면 훌륭한 신하가 아니다.

飮宴之樂多 不是個好人家 聲華之習勝 不是個好士子 名位之念重,不是個好臣士.
음연지락다 불시개호인가 성화지습승 불시개호사자 명위지념중,불시개호신사.

 -성화지습승(聲華之習勝): 명성과 화려함을 즐기는 것이 지나침(勝).
 -명위지념중(名位之念重): 명망 높은 자리(名位之)를 탐하는 것이 많음(重).

채근담의 성격이 잘 나타나는 문장이다. 음주와 가무 등의 잔치를 피하라는 것은 아니다. 빠지지 말고 뛰어넘으라는 권면이다. 즉, 가정은 검소함이 기본이다. 그러므로 유흥을 즐기거나 남의 이목 받는 것을 즐기는 성품에서 벗어나야 그것을 다스리는 것이다.

(잠14:35) 슬기롭게 행하는 신하는 왕의 은총을 입고 욕을 끼치는 신하는 그의 진노를 당하느니라.

(약1:9-10) 낮은 형제는 자기의 높음을 자랑하고 *부한 형제는 자기의 낮아짐을 자랑할지니 이는 풀의 꽃과 같이 지나감이라.

26. 변화

26-1. 깨끗함은 더러움에서, 밝음은 어두움에서 비롯된다

더
러
운

굼벵이도 변하여 매미가 되면
가을바람에 맑은 이슬을 마시고
썩은 풀은 빛이 없지만 반딧불로 변해서
여름밤을 빛낸다.
고로 깨끗함은 늘 더러움에서 나오고,
밝음은 늘 어둠에서 비롯된다는 것을 알아야 한다.

糞蟲至穢 變爲蟬而飮露於秋風 腐草無光 化爲螢而輝采於夏月.
분충지예 변위선이음로어추풍 부초무광 화위형이휘채어하월.
固知潔常自汚出 明每從晦生也.
고지결상자오출 명매종회생야.

-결상자오출(潔常自汚出): 깨끗함은(潔) 항상 더러움(汚)에서 나온다(出).

어린 시절 없는 어른 없고, 올챙이 시절 없는 개구리 없다. 더러움이 있기에 깨끗함이 존재하는 것이며, 밝음은 어두운 곳에서부터 생긴다. 땅에서 나는 채소 곡물은 우리 몸을 위해 입으로 들어가고 뒤로 나온다. 나오는 분뇨는 다시 채소와 각종 곡물을 키우는 땅의 거름이 된다.

현재 잘 풀리고 출세했다 하더라도 스스로 잘난 체할 이유가 없다. 삶은 굴곡의 연속이며 잘될 때 그리되기 전 내 모습을 기억해야 한다. 잘될 때는 그리되기까지 역경의 시절 도와준 손들은 잊지 말고 기회로 삼아 베풀어야 할 것이다.

(벧전1:23) 너희가 거듭난 것이 썩어질 씨로 된 것이 아니요 썩지 아니할 씨로 된 것이니 하나님의 살아 있고 항상 있는 말씀으로 되었느니라.

(잠30:12) 스스로 깨끗한 자로 여기면서 오히려 그 더러운 것을 씻지 아니하는 무리가 있느니라.

(고전15:36) 어리석은 자여 너의 뿌리는 씨가 죽지 않으면 살아나지 못하겠고.

(고후5:17) 그런즉 누구든지 그리스도 안에 있으면 새로운 피조물이라 이전 것은 지나갔으니 보라 새 것이 되었도다.

26-2. 통달한 선비는 고난도 즐거움으로 삼는다(변화)

세
상
사람은 마음에 맞는 것으로만

즐거움을 삼기 때문에

오히려 그 즐거운 마음에 이끌려

괴로운 곳에 있게 된다.

통달한 선비는 마음에 맞지 않는 것으로

즐거움을 삼기 때문에

마침내 그 괴로운 마음이

즐거움으로 바뀌어 온다.

世人以心肯處爲樂 却被樂心引在苦處 達士以心拂處爲樂 終爲苦心換得樂來.
세인이심긍처위락 각피락심인재고처 달사이심불처위락 종위고심환득락래.

-달사(達士): (세상 이치를) 통달한 사람.
-심불(心拂): 마음에 어긋나는 것.
-이심불처위락(以心拂處爲樂): 마음 꺼리는 것을 즐거움으로 삼음.
-종위고심환득락래: 마침내 괴로운 마음이 바뀌어 즐거움을 얻게 됨(來).

변화를 위해서는 밝은 햇빛뿐만이 아니라 천둥, 번개도 필요하며 비바람도 필요하다. 그 모든 것이 뒤섞이어 변화를 이끌어내면 마침내 밝고 따뜻한 햇살과 더불어 꽃들이 활짝 피어나는 봄이 오는 것이다. 내 마음에 맞지 않는다 해도 변화를 위해서는 고뇌도 필요하고 실패도 필요하며, 저녁처럼 고요한 여백도 필요한 것이다. 따스한 햇살을 마음속으로 그리며 두 손 불끈 쥐고 일어나는 그 순간부터 변화는 시작된다.[24]

(시26:2) 여호와여 나를 살피시고 시험하사 내 뜻과 내 마음을 단련하소서.

(시119:71) 고난당한 것이 내게 유익이라 이로 인하여 내가 주의 율례를 배우게 되었나이다.

(욥23:10) 나의 가는 길을 오직 그가 아시나니 그가 나를 단련하신 후에는 내가 정금같이 나오리라.

---

24) KBS 음악방송 '세상의 모든 음악' 아나운서 멘트 中

27. 선한 마음, 악한 마음(선과 악)

27-1. 일을 하고 두려워함은 선한 마음이 있기 때문이다

악
한
일

하고서 남이 알까 두려워함은

악함 가운데 선이 있기 때문이오.

선한 일 하고서 남이 빨리 알게 되기를 바라는 마음은

그 속에 악의 뿌리가 있기 때문이다.

爲惡而畏人知　惡中猶有善路　爲善而急人知　善處卽是惡根.
위악이외인지　악중유유선로　위선이급인지　선처즉시악근.

-猶有善路(유유선로): 오히려 선(착함)이 남아 있음. '猶'는 오히려 '유'.

내가 베푼 것은 잊어버리고 내가 받은 은혜는 잊지 말자. 우리 의식은 동시에 상반된 두 가지를 못 한다. 밝은 마음과 선한 생각을 주(主)로 하여 부정, 악, 욕망 등을 몰아내자.

[참고] "一日不念善 諸惡自皆起.(일일불념선 제악자개기)."

"하루라도 선(善)을 생각하지 아니하면, 온갖 악(惡)이 저절로 함께 생긴다."

- 장자 -

(잠31:26) 입을 열어 지혜를 베풀며 그 혀로 인애의 법을 말하며

(마6:3-4) 너는 구제할 때에 오른손의 하는 것을 왼손이 모르게 하여 4. 네 구제함이 은밀하게 하라 은밀한 중에 보시는 너의 아버지가 갚으시리라.

27-2. 마음이 따뜻해야 복도 두텁고 오래간다

천
지
의

기운이 따뜻하면 만물은 자라나고

차가우면 시들어 죽는다.

그러므로 성질이 차가운 사람은

받아서 누릴 복도 참으로 박하다.

오직 화기 있고 마음이 따뜻한 사람이라야

인상도 좋아지고

받아서 누릴 수 있는 복 또한 두텁고 오래간다.

天地之氣 暖則生寒則殺 故性氣淸冷者 受享亦涼薄
천지지기 난즉생한즉살 고성기청랭자 수향역량박
唯和氣熱心之人 其福亦厚 其澤亦長.
유화기열심지인 기복역후 기택역장.

-난즉생(暖則生): 따뜻하면 만물이 소생함.

행한 대로 갚아준다는 말이 있다. 내가 선을 베풀면 그만큼 '고마움 통장'이 플러스가 되는 것이다. 인정 없이 사는 자에게 돌아오는 것은 몰인정이다. 선이든 악이든 베풀면 그것으로 갚아지는 것이 인생사이다. 그러나 잠언의 말처럼 나에게 악을 베푼 자라고 똑같이 악으로 갚지는 말자. 의식적으로 밝은 생각을 품고 밝은 미소를 날리며 살아가자. 웃는 얼굴은 좋은 인상을 심고, 감동을 주며 많은 것을 가능하게 해 준다.

(전2:24) 사람이 먹고 마시며 수고하는 가운데서 심령으로 낙을 누리게 하는 것보다 나은 것이 없나니 내가 이것도 본즉 하나님의 손에서 나는 것이로다.

(잠15:15) 고난받는 자는 그 날이 다 험악하나 마음이 즐거운 자는 항상 잔치하느니라.

(잠19:6) 너그러운 사람에게는 은혜를 구하는 자가 많고 선물을 주기를 좋아하는 자에게는 사람마다 친구가 되느니라.

(잠10:12) 미움은 다툼을 일으켜도 사랑은 모든 허물을 가리우느니라.

(잠24:29) 너는 그가 내게 행함같이 나도 그에게 행하여 그 행한대로 갚겠다 말하지 말지니라

27-3. 하늘의 도리를 따르면 가슴이 탁 트여 맑아진다

하
늘
의

도를 아는 것은 너무나 넓고 커서

거기에 조금만 마음을 두면

가슴속이 확 트이고 맑아진다.

욕망의 길은 한없이 좁아

거기에 조금이라도 발을 들여놓으면

눈앞엔 모두 가시덤불과 진흙탕뿐이다.

天理路上 甚寬 稍游心 胸中便覺廣大宏朗 人欲路上 甚窄☒寄迹 眼前俱是荊棘泥塗.
천리노상 심관 초유심 흉중변각광대굉랑 인욕노상 심착재기적 안전구시형극니도.

-자연(自然): 스스로 있는 자, 스스로 있는 상태.
-광대굉랑(廣大宏朗): 넓고 탁 트여 상쾌하고 밝음.
-기적(寄迹): 발을 붙이는 것. 발을 들여놓는 것.

욕망은 스치며 지나가되 하늘의 도는 우리가 머물 곳이다. 이치와 도리의 결정체는 자연이고 창조주다. 이는 종교라기보다는 당연한 현실이다. 그래서 누구든 종교심이 있고, 나이 들면 인생무상 감정도 생기는 것이며, 창조주를 그리워하는 마음이 드는 것이다. 보이는 창조주는 경전과 진리요 자연이다.

　누구나 살아 있는 사람이라면 뭘 믿든지 불문하고 신앙인이다. 그리고 성숙한 신앙은 인격으로도 나타난다.

(요8:32) 진리를 알지니 진리가 너희를 자유케 하리라.

(요1:4) 그 안에 생명이 있었으니 이 생명은 사람들의 빛이라.

(전3:11) 하나님이 모든 것을 지으시되 때를 따라 아름답게 하셨고 또 사람에게 영원을 사모하는 마음을 주셨느니라.

(전12:1) 너는 청년의 때 곧 곤고한 날이 이르기 전, 나는 아무 낙이 없다고 할 해가 가깝기 전에 너의 창조자를 기억하라.

(출3:14) 하나님이 모세에게 이르시되 나는 스스로 있는 자니라.

27-4. 잘못을 알고 고치지 않음이 부끄러운 일이다

수
레
를

뒤엎는 야생마도 길들이면 부릴 수 있고,

불똥 튀는 쇳덩이도 잘 다루면 좋은 그릇을 만들 수 있다.

우유부단하고 노력도 안 한다면 평생 아무 일도 못 하나니

"허물 많음이 부끄러운 것이 아니고,

잘못을 알고 고칠 줄 모르는 것이 부끄러운 것이다"

라고 말한 백사[25]의 말은 참으로 옳도다.

泛駕之馬 可就驅馳 躍冶之金 終歸型範 只一優游不振 便終身無個進步.
봉가지마 가취구치 약야지금 종귀형범 지일우유부진 변종신무개진보.
白沙云, "爲人多病未足羞 一生無病是吾憂" 眞確論也.
백사운, "위인다병미족수 일생무병시오우" 진확론야.

-봉가(泛駕): 수레를 뒤엎다.(泛: 엎을 봉, 뜰 범.)

---

25) 白沙: 중국 명나라 때의 학자. 白沙라는 곳에서 가르쳤으므로 백사선생으로 불렀다.

이 세상에 의인은 한 사람도 없다고 한다. 그러므로 누구라도 오만할 자격이 없다. 때론 나의 부족함을 보여줄 수 있는 용기도 있어야 한다. 어른이 된다는 것은 나의 부족함을 깨닫고 배워 나간다는 것이다.

잘난 체하는 즉 교만한 성품은 어린아이라 그런 것이고, 겸손한 사람은 익은 곡식처럼 어른이 된 성숙한 자이다.

갖은 시험을 통하여 소금 연단을 받고 그로 인해 절인 배추처럼 얌전하게 변해 가야 보기도 좋고 맛 좋은 배추김치가 되지 않겠는가.

(신32:11-12) 마치 독수리가 그 보금자리를 어지럽게 하며 그 새끼 위에 너풀거리며 그 날개를 펴서 새끼를 받으며 그 날개 위에 그것을 업는 것같이 12. 여호와께서 홀로 그들을 인도하셨고 함께한 다른 신이 없었도다.

(롬3:10) 기록한 바 의인은 없나니 하나도 없으며.

(약1:12) 시험을 참는 자는 복이 있도다 이것에 옳다 인정하심을 받은 후에 주께서 자기를 사랑하는 자들에게 약속하신 생명의 면류관을 얻을 것임이니라.

27-5. 선한 마음은 후손의 영광이다

선
한

마음은

뿌리처럼 후손에게 대대로 내려가나니

그런 선한 근본이 없이

가지와 잎이 무성한 일은 이제까지 없었다.

心者　後裔之根　未有根不植而枝葉榮茂者.
심자　후예지근　미유근불식이지엽영무자.

-심자(心者): '선한, 청결한 마음'으로 해석.
-후예지근(後裔之根): 후손의 뿌리, 근본.

번창하는 기업이나 잘되는 집안은 대체로 근본이 선하고 착하다. 내 사업을 위해, 내 후손을 위해서는 나부터, 그리고 지금부터라도 선하고 청결한 인성을 갖추도록 다듬고 고치어 나가야 한다.

성경을 보면 죄인은 거룩하신 하나님을 보면 죽는다고 한다. 하지만 마음이 청결한 자는 하나님을 본다고 하지 않는가.

(출20:6) 나를 사랑하고 내 계명을 지키는 자에게는 천대까지 은혜를 베푸느니라.

(출33:20) 또 (여호와께서) 가라사대 네가 내 얼굴을 보지 못하리니 나를 보고 살 자가 없음이니라.

(출34:7) 인자를 천대까지 베풀며 악과 과실과 죄를 용서하나 형벌받을 자는 결단코 면죄하지 않고 아비의 악을 자여손 삼사대까지 보응하리라.

(마5:8) 마음이 청결한 자는 복이 있나니 저희가 하나님을 볼 것임이요.

27-6. 남을 믿는 사람은 스스로 진실하기 때문이다[26]

남
을

믿는 사람은,

남들이 진실하기 때문이라기보다는

본인의 진실(성실)한 습성 때문이다.

사람을 의심하는 사람은,

남들이 모두 속이기 때문이라기보다는

자기가 먼저 속이기 때문이다.

信人者 人未必盡誠 己則獨誠矣 疑人者 人未必皆詐 己則先詐矣.
신인자 인미필진성 기칙독성의 의인자 인미필개사 기칙선사의.

-미필(未必): 반드시 ~한 것은 아님.
-독성의(獨誠矣): 내가 진실해야 남도 진실하다고 믿는다는 의미.
-기즉선사의(己則先詐矣): 자기가(己) 오히려(則) 먼저 남을 속임(詐矣).

---

26) 신인독성(信人獨誠)

"다 자기 같은 줄 아나 봐"

어떤 대상에 대해 내리는 괴팍한 판단을 고집부릴 때 자주 쓰는 말이다. 선하게 보든 악하게 보든 보는 시각의 기준, 즉 각자들 자라 오면서 형성된 성품이나 본인들이 겪어본 경험 등의 잣대로 평가를 한다.

채근담은 선입견과 예단 판단의 프레임을 경험에 의한 것보다는 각자 형성된 성품에 의해 만들어진 프레임이라고 설명하는 것이다. 대체로 본인의 보는 시각이 있지만, 그 시각이 잘못된 것이라면 그 프레임 교정(시각 교정)을 해 나가면서 발전하고 성숙해지는 것 아닌가!

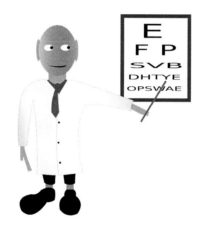

(잠11:3) 정직한 자의 성실은 자기를 인도하거니와 사특한 자의 패역은 자기를 망케 하느니라.

28. 미움

28-1. 엄하게 하기보다 미워하지 않는 것이 더 어렵다

소
인
을

대함에는

엄하게 하기보다 미워하지 않는 것이 더 어렵고,

군자를 대함에는

공손하기보다 예를 바르게 지키는 것이 더 어렵다.

待小人 不難於嚴 而難於不惡, 待君子 不難於恭 而難於有禮.
대소인 불난어엄 이난어불오, 대군자 불난어공 이난어유례.

-불오(不惡): 미워하지 않음.
-이난어유례(而難於有禮): 예의를 갖추기가 어려움.

무지하고 덕이 없는 사람을 엄하게 대하는 것은 쉬워도 그들의 허물을 감싸 안는 것은 쉬운 일이 아니다. 배려하고 포용해 주어도 고마워할 줄 모르고 심지어 배반까지 하는 자들… 그런 자들을 원망하거나 미워하지 않는 것이 참으로 쉬운 일이겠는가?

쉬운 일이 아닌 것 중에 또 하나, 군자에 대해 예를 다해 존경심을 표하는 것이 오히려 비굴한 모습으로 비춰지지 않도록 해야 하는데 이것도 쉬운 일이 아니다.

참으로 온전치 못한 것이 사람의 마음이라… 늘 수양하는 마음을 갖게 하는 메시지이다.

(잠17:9) 허물을 덮어 주는 자는 사랑을 구하는 자요 그것을 거듭 말하는 자는 친한 벗을 이간하는 자니라.

(엡6:4) 또 아비들아 너희 자녀를 노엽게 하지 말고 오직 주의 교양과 훈계로 양육하라.

29. 욕망, 욕심

29-1. 욕심을 버리면 성인이 될 수 있다

사
람
이

되어 위대한 일은 하지 못하더라도

속세의 정에서 벗어날 수만 있다면

명사가 될 수 있고,

학문을 해서 특출난 자가 안 된다 할지라도

물욕을 덜어낼 수만 있다면[27]

이내 성인의 경지로 이르게 된다.

作人無甚高遠事業 擺脫得俗情便入名流 爲學無甚增益工夫 減除得物累 便超聖境.
작인무심고원사업 파탈득속정변입명류 위학무심증익공부 감제득물루 변초성경.

-고원사업(高遠事業): 고상하고 원대한 사업.
-명류(名流): 저명인사. 명사의 무리.
-물루(物累): 세상사의 번거로움. 물욕에 얽매임.
-변초성경(便超聖境): 성인의 경지에 들어가다. 최고의 경지에 오르다.

---

27) "물질에 대한 욕심에 마음이 얽매이지 아니한다면…"의 뜻으로 장자의 '각의편'에 나오는 말
    이다.
    "刻意篇에 去知與故, 循天之理, 故曰無天災, 無物累, 無人非, 無鬼責" - 장자(莊子) -
    "지혜와 기교를 버리고, 자연의 이치를 따른다고 한 것이다. 그러므로 이르기를, 그에게는 하늘
    의 재난도 없고, 물건으로 인한 번거로움도 없고, 사람들의 비난도 없고, 귀신의 책망도 없다."

(약 1:14~15)오직 각 사람이 시험을 받는 것은 자기 욕심에 끌려 미혹됨이니 * 욕심이 잉태한즉 죄를 낳고 죄가 장성한즉 사망을 낳느니라.

29-2. 욕심은 분수를 넘지 말고 닦고 행함에 최선을 다하자

명
예
와

이익을 얻는 것에는 남의 앞에 서지 말고,

덕을 쌓는 일에는 남의 뒤에 처지지 마라.

받아서 누리는 것은 분수를 넘지 말고,

닦고 행함은 분수를 줄이지 마라.

寵利毋居人前　德業　毋落人後　受享毋踰分外　修爲　毋減分中
총리무거인전　덕업　무락인후　수향무유분외　수위　무감분중.

-총(寵): 괼 총. 은혜. 영예.
-덕업(德業): 덕행과 사업. 덕을 펼치는 일.
-무유분외(毋踰分外): 분수 밖을 넘지 마라.
-무감분중(毋減分中): 분수를 줄이지 마라.(毋: 말 무. 금지(禁止), ~하지 말라.)

"말을 타면 종 부리고 싶다"라는 말처럼 사람의 욕심은 내기 시작하면 한이 없다. 많은 물질을 줘도 관리할 만한 인성과 덕이 부족하다면 물질은 그의 분수에 맞지 않아 결국 그에게 화가 된다.

나서야 할 때와 숙여야 할 때를 알려주는 메시지이다. 이익(돈)에 자기의 모든 것을 거는 노예가 되지 말고 검소한 삶, 선을 행하며 사는 삶이 평생을 복되고 편안하게 살아가는 삶이다.

(딤전 6:8)우리가 먹을 것과 입을 것이 있은즉 족한 줄로 알 것이니라.

(히13:5) 돈을 사랑치 말고 있는 바를 족한 줄로 알라 그가 친히 말씀하시기를 내가 과연 너희를 버리지 아니하고 과연 너희를 떠나지 아니하리라 하셨느니라.

(약4:17) 이러므로 사람이 선을 행할 줄 알고도 행치 아니하면 죄니라.

29-3. 욕망은 쉽게 얻을 수 있더라도 즐기지 말자

욕
망
에

관한 것을 쉽게 얻을 수 있더라도

그 정욕에 조금이라도 물들지 않도록 하자.

한 번 물이 들면 곧 만 길 낭떠러지로 떨어진다.

도리에 관한 일은 비록 어렵다 하여도

결코 뒤로 물러서지 말자.

일단 한 걸음 물러서면

곧 천 개의 산이 가로막힌 듯 멀어지게 되는 것이다.

欲路上事 毋樂其便而姑爲染指. 一染指 便深入萬仞.
욕노상사 무락기변이고위염지 일염지 변심입만인.
理路上事 毋憚其難而稍爲退步 一退步 便遠隔千山.
욕노상사 무탄기난이초위퇴보 일퇴보 변원격천산.

-무락기편(毋樂其便): 그 편안함(쉬움)을 즐기지 말라(毋: 말 무).
-심입만인(深入萬仞): 만 길 낭떠러지(萬仞)로 떨어진다.
-원격천산(遠隔千山): (한 걸음이라도 물러서면) 천 개의 산이 가로 막듯 멀어진다

"한 번만 더, 한 번만 더…"

달콤함의 끄나풀에 '딱 한 번만'이라는 굴레로 씻지 못할 나락에 빠지는 사례가 얼마나 많은가. 욕심의 유혹을 이기지 못해 원죄의 굴레를 만들어 몇천 년간 인류를 고생하게 만든 하와와 그의 남편 아담을 보라. 하나님같이 된다는 달콤한 미혹에 "어디 한번 맛볼까?" 하는 순간의 유혹이 결국 지구촌을 뺏기고 나락에 빠트리지 않았는가? 일체 악은 모양이라도 버리며 살자. 그리고 도와 덕을 쌓는데 게을리 말자는 메시지이다.

(살전 5:22) 악은 모든 모양이라도 버리라.

(창3:6) 여자가 그 나무를 본즉 먹음직도 하고 보암직도 하고 지혜롭게 할 만큼 탐스럽기도 한 나무인지라 여자가 그 실과를 따먹고 자기와 함께한 남편에게도 주매 그도 먹은지라.

29-4. 욕심 때문에 지척이 천 리가 된다

사
람
마
다

모두 자비심이 있으니
부처나 백정이나 마음은 다르지 않다.
어디에나 참 즐거움이 있으니
대저택과 초가집이 다를 바 없다.
다만 욕심과 정 때문에 본성을 잃어
눈앞의 잘못이 지척을 천 리가 되게 한다.

人人 有個大慈悲 維摩屠劊 無二心也 處處 有種眞趣味 金屋茅簷 非兩地也.
인인 유개대자비 유마도회 무이심야 처처 유종진취미 금옥모첨 비양지야.
只是欲蔽情封 當面錯過 使咫尺千里矣.
지 시 욕 폐 정 봉 당 면 착 과 사 지 척 천 리 의

-무이심야(無二心也): 마음이 서로 다르지 않다.
-금옥모첨(金屋茅簷): 대저택(金屋)과 초가집(茅簷). 부귀빈천 상징.
-사지척천리의(使咫尺千里矣): 지척이었던 것을 천 리로 멀어지게 한다.

건전하고 올바른 성품이 바탕이 된 선한 의욕과 선한 능력은 필요하다. 그래서 성경이나 채근담의 인성 교재가 필요한 것이다.

죄의 시작은 욕심이다. 물질이나 권세에 대한 욕망은 성장하는 생물 같아서 가질수록 더 갖고 싶어진다. 그러나 욕심의 정체를 알게 되었으니 노예가 되지 말고 그 감정을 다스리자. 특출나지 않아도, 화려한 조명을 받지 않아도 주어진 조건에서 안주할 수 있는 여유로움을 갖는 것도 능력이다.

(잠15:17) 여간 채소를 먹으며 서로 사랑하는 것이 살진 소를 먹으며 서로 미워하는 것보다 나으니라.

(잠17:1) 마른 떡 한 조각만 있고도 화목하는 것이 육선이 집에 가득하고 다투는 것보다 나으니라.

(잠27:19) 물에 비취이면 얼굴이 서로 같은 것같이 사람의 마음도 서로 비취느니라.

(잠28:22) 악한 눈이 있는 자는 재물을 얻기에만 급하고 빈궁이 자기에게로 임할 줄은 알지 못하느니라.

(약1:15) 욕심이 잉태한즉 죄를 낳고 죄가 장성한즉 사망을 낳느니라.

29-5. 탐욕에 집착하면 위기를 만난다

도
덕
을

닦아 나감에는 마음을 목석같이

감정 흔들림이 없어야 한다.

단 한 번이라도 부러워하는 마음이 일어난다면

곧장 물욕의 세계로 치닫게 된다.

세상을 구하고 나라를 경영함에는

흐르는 물처럼, 떠도는 구름처럼

담담한 마음을 가져야 한다.

만일 한 번이라도 자리에 집착하거나 탐욕의 마음을 지니면

금방 위기에 빠질 것이다.

進德修道要個木石的念頭　若一有欣羨便趣欲境.
진덕수도요개목석적염두　약일유흔선변추욕경.
濟世經邦要段雲水的趣味　若一有貪著便墮危機.
제세경방요단운수적취미　약일유탐착변타위기.

-진덕수도(進德修道): 덕과 도를 닦음
-요단운수적취미(要段雲水的趣味): 물, 구름 같은 취미를 가져야 함.

마음을 단련하여 감정에 흔들림 없이 평정심을 유지하는 자는 질서 있는 자연처럼 안정된 삶을 누리게 된다. '부러우면 지는 거야' 부러워하면 그의 노예가 된다는 것이다.[28] 잠언서에는 "감정을 조절할 줄 아는 자가 힘 있는 자보다 낫고 자기 마음을 다스리는 자가 권세자보다 낫다"고 한다. "가장 강한 자는 자기 자신을 이기는 자이고, 가장 행복한 자는 감사하게 사는 자"이다.

(전3:22) 그러므로 내 소견에는 사람이 자기 일에 즐거워하는 것보다 나은 것이 없나니 이는 그의 분복이라 그 신후사를 보게 하려고 저를 도로 데리고 올 자가 누구이랴.

(약1:14-15) 오직 각 사람이 시험을 받는 것은 자기 욕심에 끌려 미혹됨이니 *욕심이 잉태한즉 죄를 낳고 죄가 장성한즉 사망을 낳느니라.

---

28) 장자(莊子) <추수>편에 풍연심(風憐心)이란 말이 나온다.
"바람은 마음을 부러워한다"는 뜻. 옛날 전설의 동물 중에 발이 하나밖에 없는 기(夔)라는 동물이 있었다고 한다. 이 기(夔)라는 동물은 발이 하나밖에 없기에 발이 100여 개나 되는 지네를 몹시 부러워하였다. 그 지네도 부러워하는 동물이 있었는데 바로 거추장스러운 발이 없어도 잘 가는 뱀(蛇)이다. 이런 뱀도 바람(風)을 부러워하였다. 그냥 가고 싶은 대로 어디론지 싱싱 불어 갈 수 있기에… 바람도 부러워하는 것이 있었는데, 가만히 있어도 어디라도 가는 눈(目)을 부러워했다. 눈에게도 부러워하는 것이 있는데, 무엇이든 안 보아도 어디든지 갈 수 있는 마음(心)을 부러워했다. 그 마음에게 물었다. "당신은 세상에 부러운 것이 없는가?" 마음은 의외로 "제가 가장 부러워하는 것은 전설상 동물인 외발 달린 기(夔)"라고 답했다고 한다. 세상의 모든 존재는 어쩌면 서로가 서로를 부러워하지만 자기를 부러워하는 다른 이가 있다는 것을 모른다. 결국 자신이 가진 것이 가장 아름다운 것이란 것을 깨닫는 것이 필요하지 않겠는가. 결국 힘든 것은 부러움 때문이다. 상대방의 지위와 부, 권력을 부러워하면서 늘 자신을 자책하기에 불행한 것. 가난한 사람은 부자를 부러워하고, 부자는 권력을 부러워하고, 권력자는 가난하지만 건강하고 화목한 사람을 부러워하고… 결국 자기 안의 아름다움을 발견하는 사람이 진정한 주인공이고 자유인이며 홍익인간이요 신의 아들이다. 부러워하지 말자. 부러워하면 지는 거다. 결론은 "세상에서 가장 아름다운 것은 바로 나 자신이다. 그리고 영웅은 내 안에 있는 것이다."

29-6. 사치한 사람은 많이 가져도 늘 부족하다

사
치
스
러
운

사람은 풍부해도 늘 부족하다 한다.

가난하지만

검소한 사람의 여유 있는 것과 어찌 같으리.

유능한 사람은 애써 일하면서도 원망을 불러들인다.

무능하지만

한가로움 속의 천진(天眞)한 자와 어찌 같겠는가.

奢者,富而不足 何如儉者 貧而有餘 能者,勞而府怨 何如拙者,逸而全眞.
사자,부이부족 하여검자 빈이유어 능자로이부원 하여졸자일이전진.

-일이전진(逸而全眞): 한가하면서도(逸而) 참됨을 온전하게 지키는 것만 하리오(全眞).
-전진(全眞): 자기의 천성을 완전히 보전하는 일.

진정한 행복은 물질의 다소에 있는 것이 아니다. 재벌가의 자살 등 숱한 뉴스가 증명하지 않는가. '소확행'[29]의 즐거움. 늦은 밤, 일 끝내고 탄 버스 안에서 만난 빈자리에도 행복이 스며 있고, 도서관 휴게실에서 꺼낸 한 잔의 종이 커피 속에도 행복이 녹아 있다. 검소한 마음에서 나오는 사랑하는 마음… 그런 자가 여유 있고 행복한 것이다. 원하는 것을 갖는 것이 성공이라면 가진 것에 만족할 줄 아는 것이 행복이다. 본문의 교훈처럼 소위 '워라밸'을 '소확행'으로도 함께 즐기자.

(잠15:17) 여간 채소를 먹으며 서로 사랑하는 것이 살진 소를 먹으며 서로 미워하는 것보다 나으니라.

---

29) 소확행(小確幸)이란, 인터넷 및 방송 예능 출연자들이 신조어로 사용하는 단어. '소소하지만 확실한 행복'을 줄인 말.

29-7. 부도덕한 부귀와 명예는 오래가지 못한다

부
귀
와

명예가 도덕에서 온 것이라면

숲속의 꽃처럼

그 잎이 자연스레 자라 무성해질 것이며,

부귀와 명예가 공로로 온 것이라면

화병 속 꽃처럼

자주 자리를 옮기고 흥망도 있을 것이다.

만약 부귀와 명예가 권력에서 온 것이라면

그것은 화병 속의 꽃처럼

뿌리를 심지 않았으므로 금방 시들어 버리게 된다.

富貴名譽　自道德來者　如山林中花
부귀명예　자도덕래자　여산림중화
自是舒徐繁衍　自功業來者　如盆檻中花　便有遷徙廢興.
자시서서번연　자공업래자　여분함중화　변유천사폐흥.
若以權力得者　如瓶鉢中花　其根不植　其萎　可立而待矣.
약이권력득자　여병발중화　기근불식　기위　가립이대의.

-자도덕(自道德) : 도덕으로부터.
-서서번연: 뿌리와 줄기가 서서히 크게 번성하는 것.
-여분함중화: 화분 속의 꽃과 같다. -기근불식: 그 뿌리가 심어 있지 않음.

인간의 필수 덕목으로 아무리 강조해도 지나치지 않는 것은 올바른 인성을 갖추는 것이다.

'도덕'이란 '인간이 지켜야 할 도리 또는 바람직한 행동 기준'이다. 도덕의 인성을 갖춘 자는 복이 뒤따른다. 장구하는 부귀와 명예의 복은 권력, 공로로 온 것이 아닌 도덕으로부터 온 것이라고 한다. 채근담과 성경이 주는 교훈은 도와 덕은 검소한 삶과 자신을 낮추는 온유함에서 생긴다고 소개한다.

(잠23:4-5) 부자 되기에 애쓰지 말고 네 사사로운 지혜를 버릴지어다 *네가 어찌 허무한 것에 주목하겠느냐 정녕히 재물은 날개를 내어 하늘에 나는 독수리처럼 날아가리라.

(잠24:1) 너는 악인의 형통을 부러워하지 말며 그와 함께 있기도 원하지 말지어다.

(잠21:6) 속이는 말로 재물을 모으는 것은 죽음을 구하는 것이라 곧 불려 다니는 안개니라.

(고후4:18) 우리의 돌아보는 것은 보이는 것이 아니요 보이지 않는 것이니 보이는 것은 잠깐이요 보이지 않는 것은 영원함이니라.

(시1:1) 복 있는 사람은 악인의 꾀를 좇지 아니하며 죄인의 길에 서지 아니하며 오만한 자의 자리에 앉지 아니하고.

29-8. 베풀지 않는 삶은 하루살이 삶보다 못하다

봄
이
되
어

화창하면

꽃들은 아름다운 꽃을 피우고

새들은 고운 노래를 지저귄다.

사람이 세상에 두각을 나타내어 부유하게 살더라도

좋은 말과 좋은 일을 행하지 않으면

백 년을 살아도

하루를 살지 않음과 같다.

春至時和 花尙鋪一段好色 鳥且전幾句好音 士君子 幸列頭角 復遇溫飽.
춘지시화 화상포일단호색 조차전기구호음 사군자 행렬두각 부우온포.
不思立好言行好事 雖是在世百年 恰似未生一日.
불사입호언행호사 수시재세백년 흡사미생일일.

-두각(頭角): 원래 짐승의 머리에 있는 뿔을 가리키는 말로 통상 뛰어난 학식이나 재능
을 비유할 때 사용.
-행호사(行好事): 좋은 일을(好事) 실천함(行).
-흡사미생일일(未生一日): 마치(恰似) 하루도(一日) 살지 않음(未生)과 같음.

(잠12:3) 사람이 악으로 굳게 서지 못하나니 의인의 뿌리는 움직이지 아니하느니라.

(잠22:9) 선한 눈을 가진 자는 복을 받으리니 이는 양식을 가난한 자에게 줌이니라.

(마5:16) 이같이 너희 빛을 사람 앞에 비취게 하여 저희로 너희 착한 행실을 보고 하늘에 계신 너희 아버지께 영광을 돌리게 하라.

(고후2:14) 항상 우리를 그리스도 안에서 이기게 하시고 우리로 말미암아 각처에서 그리스도를 아는 냄새를 나타내시는 하나님께 감사하노라.

29-9. 탐욕하지 않으면 세상을 초월한다

사
람
이

오직 사사로운 이익만 생각한다면

강직한 기질도 마모돼 유약해지고

지혜가 막혀 어두워질 뿐만 아니라

인자한 마음마저 혹독해지고

또 결백한 뜻도 더러워져

한평생 인품을 깨뜨리게 된다.

옛사람이

'탐욕하지 않음을 보배로 삼는다' 한 것은

그것으로 세상을 초월할 수 있기 때문이다.

人只一念貪私,便銷剛爲柔,塞智爲昏,變恩爲慘,染潔爲汚,壞了一生人品.
인지일념탐사,변소강위유,색지위혼,변은위참,염결위오,괴료일생인품.
故古人以不貪爲寶,　所以度越一世.
고 고인 이 불 탐 위 보,　소 이 도 월 일 세.

-변소강위유(便銷剛爲柔): 문득 굳센 뜻이 녹아 유약해짐.
-이불탐위보(以不貪爲寶): 탐욕하지 않음을(以) 보배로 삼음(爲寶).

근심은 욕심이 많은 데서 생기고, 화는 탐욕이 많은 데서 생긴다. 물질 있는 곳에 마음 있다는 말이 있다. 사사로운 것에 연연해지면 죄가 들어온다는 메시지이다.

(엡5:3~5) 음행과 온갖 더러운 것과 탐욕은 너희 중에서 그 이름이라도 부르지 말라 이는 성도의 마땅한 바니라.

(약 1:15) 욕심이 잉태한즉 죄를 낳고 죄가 장성한즉 사망을 낳느니라.

29-10. 정욕의 생각은 내면의 도둑이다

귀

로

듣고 눈으로 보는 것은 바깥 도둑이지만

정욕의 생각은 내면의 도둑이다.

다만

생각의 주인인 본마음이 맑게 깨어서

마음의 방 한가운데 자리 잡고 있으면

도둑들은 곧 하인이 되어

한 집안 식구가 된다.

耳目見聞爲外賊 情欲意識爲內賊 只是主人翁 惺惺不昧 獨坐中堂 賊便化爲家人矣.
이목견문위외적 정욕의식위내적 지시주인옹 성성불매 독좌중당 적변화위가인의.

-정욕(情欲): 마음속에 일어나는 여러 가지 욕구. 욕망.
-성성(惺惺); 스스로 경계하여 깨달은 모양.
-불매(不昧): 어둡지(어리석지)않음. 깨어남. 사리판단 분별력이 있음.
-매(昧): 새벽 매. 어두컴컴하다. 어리석다.

하늘에 날아다니는 저 새처럼 우리 머릿속은 여러 욕망과 생각이 머릿속에 스쳐 왔다 갔다 할 수도 있다. 그러나 저 새가 내 머리에 둥지를 틀려고 한다면 그것은 다른 문제다. 바로 쫓아내야 한다.

부정적 생각이나, 욕망들이 끊임없이 스쳐 지나갈 수도 있다. 그러나 그 생각들이 내 마음에서 자리 잡게 하는 것은 다른 문제다. 새를 쫓듯이 내 마음속에서 쫓아내도록 하자. 사실 우리는 본능적 욕구가 있어서 때로는 절제하기 힘들 때도 있다. 그러나 의식적으로 머리를 맑게 하고 마음을 잘 다스리도록 늘 수양하자.

(잠4:23) 무릇 지킬 만한 것보다 더욱 네 마음을 지키라 생명의 근원이 이에서 남이니라.

(잠16:32) 노하기를 더디하는 자는 용사보다 낫고 자기의 마음을 다스리는 자는 성을 빼앗는 자보다 나으니라.

29-11. 욕심의 불꽃은 자신을 태운다

부
귀
한

집에서 성장한 사람은

그 욕심이 사나운 불길 같고

그 권세는 날카로운 불꽃과 같다.

만약 조금이라도 맑고 신선한 기운을 지니지 않는다면,

그 불길이 남을 태우지는 못하더라도

반드시 그 자신을

태워 버리고 말 것이다.

生長富貴叢中的 嗜欲如猛火 權勢似烈焰.
생 장 부 귀 총 중 적　기 욕 여 맹 화　권 세 사 열 염.
若不帶些淸冷氣味 其火焰不至焚人 必將自爍矣.
약 불 대 사 청 랭 기 미　기 화 염 부 지 분 인　필 장 자 삭 의.

-생장(生長): 태어나서 자라남.
-자삭의(自爍矣): 스스로를 태움.(爍: 빛날 삭. 태움. 끔.)

노블레스 오블리주가 아닌 졸부들의 세계처럼, 많은 재물이 있다 해도 그 재물을 감당할 수 없는 인격이나 인성. 갑질을 하고 싶어 안달이 난 소인배들.

지난 세월, 모 재벌 항공사 가족들의 불길 같은 갑질 추태가 생생하다. 욕심과 권세 의식은 덕스러움의 반대이다. 자기 자신도 조절하지 못하는 분노의 피해자는 결국 자기 자신이다. 부유한 자가 진정한 부를 누리려면 더욱 낮아지고 겸손해야 할 것을 성경과 채근담은 권한다.

(잠18:12) 사람의 마음의 교만은 멸망의 선봉이요 겸손은 존귀의 앞잡이니라.

(잠18:23) 가난한 자는 간절한 말로 구하여도 부자는 엄한 말로 대답하느니라.

(잠19:19) 노하기를 맹렬히 하는 자는 벌을 받을 것이라 네가 그를 건져 주면 다시 건져 주게 되리라.

(마23:12) 누구든지 자기를 높이는 자는 낮아지고 누구든지 자기를 낮추는 자는 높아지리라.

29-12. 이욕의 해로움보다 명예욕의 해로움이 더 크다

이
욕
을

좋아하는 자는 도를 벗어나므로

쉽게 드러나지만 그 해로움은 적고,

명성을 좋아하는 자는 도의 안으로 숨어들기에

쉽게 드러나지 않지만 그 해로움은 크다.

好利者, 逸出於道義之外 其害顯而淺 好名者 竄入於道義之中 其害隱而深.
호리자, 일출어도의지외 기해현이천 호명자 찬입어도의지중 기해은이심.

-호리자(好利者): 이욕을 챙기는 자. -호명자(名): 명성을 좋아하는 자.
-일출어도의지외(逸出於道義之外): 도의 밖으로 벗어나기 때문에.
-기해현이천(其害顯而淺): 그 피해가 나타나도 얕다(적다).
-찬입어도의지중(竄入於道義之中): 도의 안으로 숨어들기 때문에.
-기해은이심(其害隱而深): 그 해로움이 보이진 않지만 크다(깊다).

명예욕에 집착하는 자들은 언제나 도덕과 명분으로 자신을 위장하므로 일반인들이 그들의 진상을 간파하기 어려우므로 남들에게 주는 피해는 더 크다.

(잠16:18-19) 교만은 패망의 선봉이요 거만한 마음은 넘어짐의 앞잡이니라 *겸손한 자와 함께 하여 마음을 낮추는 것이 교만한 자와 함께 하여 탈취물을 나누는 것보다 나으니라.

29-13. 욕심의 끝은 꺾어지기 직전의 나뭇가지와 같다

가
득
찬

곳에 있는 사람은 마치

물이 넘칠 듯 말 듯함과 같아서

한 방울 물이라도 더하는 것을 꺼린다.

위급한 곳에 있는 사람은 마치

나무가 꺾일 듯 말 듯함과 같아서

조금이라도 더 건드리는 것을 꺼린다.

居盈滿者 如水之將溢未溢 切忌再加一滴. 處危急者 如木之將折未折 切忌再加一搦.
거영만자 여수지장일미일 절기재가일적. 처위급자 여목지장절미절 절기재가일닉.

-거영만자(居盈滿者): 가득 찬 곳에 있는 사람.
-장절미절(將折未折): 곧 꺾일 듯하면서도 아직 꺾이지 않은 상태.
-절기재가일닉(切忌再加一搦): 다시 조금 더 누르는 것을 몹시 꺼린다.

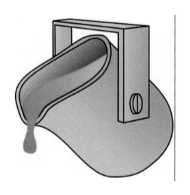

가득 참이 지나치면 넘치고, 강직함이 지나치면 꺾인다. 산 정상에 올라가면 결국 내려온다. 높은 자리는 늘 비바람 공격을 받는 위치임에도 소인들은 명예, 권세욕으로 결국 오르고 싶어 한다. 사면초가에 처한 사람은 조금만 더 어려워져도 망가질 수 있다. 채근담과 성경에서 권하듯, 늘 부족한 듯 탐심을 버리며 살아가는 것이 좋지 않겠는가!

(눅12:15) 저희에게 이르시되 삼가 모든 탐심을 물리치라 사람의 생명이 그 소유의 넉넉한 데 있지 아니하니라 하시고.

30. 공의, 공도(의, 불의)

30-1. 뜻이 곧으면 하늘이 길을 열어 준다

뜻
이

곧은 선비는 애써 복을 구하려는 마음이 없으나

하늘은 그 선비의 속마음에 찾아가

복의 문을 열어 준다.

음흉한 사람은 불행을 피하려고 애쓰지만

하늘은 그 애쓰는 속으로 찾아가

그 넋을 빼앗는다.

보라, 하늘의 힘이란 얼마나 놀라운가!

인간의 지혜와 잔재주가 무슨 소용 있으랴.

貞士無心徼福, 天卽就無心處牖其衷, 憸人著意避禍, 天卽就著意中奪其魄.
정사무심요복, 천즉취무심처유기충, 섬인저의피화, 천즉취저의중탈기백.
可見天之機權最神　人之智巧何益.
가견천지기권최신　인지지교하익.

-정사(貞士): 뜻이 굳은, 강직한 선비.(=直士). --貞: 곧을.
-섬인(憸人): 간사한 자.(貞士와 대비).

살다 보면 소위, 재수 있는 사람이 있고 재수가 없는 사람도 있다. 따지고 보면 우연히 일어난 것 같아도, 그리 일어나게끔 모든 환경과 당사자의 성품이 그리 만들게 한 것도 많다. 복 있는 사람이란 결국 재수도 있는 사람이다. 그런 자들은 대체로 이중 성품도 아니며 성격도 덕스럽고 곧은 사람이다. 그런 성품이 복과 재수를 불러들인 것이다. 인생의 삶과 지혜, 그리고 능력은 유한할 수밖에 없다.

나와 내 가족들을 위한 참다운 큰 복과 재수를 위해 결국 참 신과의 만남을 일찍 접하고 신과 함께 살아가는 것이 좋지 않을까.

(잠16:9) 사람이 마음으로 자기의 길을 계획할지라도 그 걸음을 인도하는 자는 여호와시니라.

(신1:31) 광야에서도 너희가 당하였거니와 사람이 자기 아들을 안음같이 너희 하나님 여호와께서 너희의 행로 중에 너희를 안으사 이곳까지 이르게 하셨느니라 하나.

(요6:44) 나를 보내신 아버지께서 이끌지 아니하면 아무라도 내게 올 수 없으니 오는 그를 내가 마지막 날에 다시 살리리라.

30-2. 공론을 사적으로 이용하지 말라

많
은

사람이 의심한다고 해서 자신의 의지를 굽히지 말고

자기 뜻만 좇고 남의 말을 소홀하게 말라.

작은 은혜로 큰일을 손상케 하지 말고

대중을 선동(공론)하여 사사로운 일을 해결하지 말라.

毋因群疑而阻獨見 毋任己意而廢人言 毋私小惠而傷大體 毋借公論而快私情.
무인군의이조독견 무임기의이폐인언 무사소혜이상대체 무차공론이쾌사정.

- 무(毋): 말 무. ~하지는 말라.
- 독견: 확신하고 있는 사적인 견해.
- 무차공론이쾌사정(毋借公論而快私情): 공론(公論)을 빌려(借) 즉 대중 선동으로 다수 의
  견임을 내세워 자신의 의견을 해결하지 말라.

(잠11:3) 정직한 자의 성실은 자기를 인도하거니와 사특한 자의 패역은 자기를 망케 하느니라.

(잠11:1) 속이는 저울은 여호와께서 미워하셔도 공평한 추는 그가 기뻐하시느니라.

30-3. 은혜와 원한은 드러내지 마라

공
로
와
과실은 절대로 혼동하지 말라.
만약 혼동하게 되면
게으른 마음을 갖게 된다.
은혜와 원한을 너무 밝히지 말라.
만약 밝히게 되면
떠나갈 마음을 품게 된다.

功過, 不容少混 混則人懷惰墮之心. 恩仇, 不可大明 明則人起携貳之志.
공과, 불용소혼 혼칙인회타타지심 은구, 불가대명 명칙인기휴이지지.

-타타(惰墮): 행동이나 성격 따위가 느리고 게으름.
-인기휴이지지(人起携貳之志): 사람들이 배반하려는(携貳) 뜻을(之志) 일으킬 것이다.
 헤어져 떠나갈 마음을 품게 된다.
-휴이(携貳): 서로 다른 마음가짐. 배반하는 마음.(携: 끌다, 가지다).

누군가에게 은혜를 베푼 후에 그 생색을 내는 것만큼 어색하고 부담스러운 게 없다. 베풀고 잊자. 또 누구라도 원한을 갖지 말 것이며, 설혹 있더라도 그 감정을 표현하지 말자. 표현되면 결국 서로 멀어지게 된다.

선악과 흑백은 구별하더라도 결국 마무리는 포용과 배려로 하는 그런 기술도 필요하다는 것이 본 장이 주는 메시지이다.

(마5:37) 오직 너희 말은 옳다 옳다, 아니라 아니라 하라 이에서 지나는 것은 악으로 좇아 나느니라.

(롬12:17-18) 아무에게도 악으로 악을 갚지 말고 모든 사람 앞에서 선한 일을 도모하라 *할 수 있거든 너희로서는 모든 사람으로 더불어 평화하라.

(엡4:29) 무릇 더러운 말은 너희 입 밖에도 내지 말고 오직 덕을 세우는 데 소용되는 대로 선한 말을 하여 듣는 자들에게 은혜를 끼치게 하라.

(엡4:32) 서로 인자하게 하며 불쌍히 여기며 서로 용서하기를 하나님이 그리스도 안에서 너희를 용서하심과 같이 하라.

30-4. 냉철한 마음으로 도리를 생각하라

냉
철
한

눈으로 사람을 보고

냉철한 귀로 말을 들으며

냉철한 정으로 느낌을 대하고

냉철한 마음으로 도리를 생각하라.

冷眼觀人　冷耳聽語　冷情當感　冷心思理.
냉안관인　냉이청어　냉정당감　냉심사리.

-냉안(冷眼): 냉정한 눈.
-냉이청어(冷耳聽語): 냉정한 귀로 다른 사람의 말을 듣다.
-당감(當感): 사물의 느낌을 대함(받아들임).
-냉심(冷心): 냉철한 마음. 냉정한 마음.
-냉정함은 공의 공도를 말함. 즉 사리사욕을 벗어남을 의미.

(시15:2) 정직하게 행하며 공의를 일삼으며 그 마음에 진실을 말하며.

(잠21:15) 공의를 행하는 것이 의인에게는 즐거움이요 죄인에게는 패망이니라.

(잠11:1) 속이는 저울은 여호와께서 미워하셔도 공평한 추는 그가 기뻐하시느니라.

31. 유혹

31-1. 유혹이 많으면 먼 곳을 보라

바
람
이

비껴 불고 빗발이 급한 곳에서는
다리를 굳게 세워 걸으라.
꽃향기 무르익고 버들 고운 곳에서는
눈을 들어 멀리 바라보라.
위태롭고 험한 길에서는
빨리 머리를 돌려 돌아서라.

風斜雨急處, 要立得脚定. 花濃柳艶處, 要着得眼高. 路危徑險處 要回得頭早.
풍사우급처, 요입득각정. 화농류염처, 요착득안고. 노위경험처, 요회득두조.

-풍사우급처(風斜雨急處): 바람이 비껴 불고 빗발 급한 곳. 즉 비바람이 거센 곳은 '어지 럽고 힘든 상황에 처함'을 비유.
-요입득각정(要立得脚定): 반드시 걸음을 멈춰 고정하고 곳곳이 서야(立) 한다(得).
-요회득두조(要回得頭早): 반드시 머리를 일찍 돌려야 한다. 즉 물러나야 한다.

한 세상을 살아감에 있어서 중요한 것은 공의 공도로 살고자 하는 의지이다. '성경의 교훈과 채근담'을 통해서 공식처럼 알게 되는 것은 "역경은 복의 길이고 순경은 독의 길"이 될 수도 있다는 것이다.

역경(逆境)의 고난에 비관하지 말고 적금 붓듯이 꿋꿋하게 나아가며, 순경(順境)의 영화로움에 오만하지 말고 이후의 일을 보고 대비하자. 급한 위태로움은 뜨거운 불 닿으면 손을 바로 떼듯이 속히 피하자.

(잠1:15~17) 내 아들아 그들과 함께 길에 다니지 말라 네 발을 금하여 그 길을 밟지 말라 *대저 그 발은 악으로 달려가며 피를 흘리는 데 빠름이니라 *무릇 새가 그물 치는 것을 보면 헛일이겠거늘

(잠11:19) 의를 굳게 지키는 자는 생명에 이르고 악을 따르는 자는 사망에 이르느니라

(잠12:3) 사람이 악으로 굳게 서지 못하나니 의인의 뿌리는 움직이지 아니하느니라

32. 위선

32-1. 군자의 위선은 소인이 악행하는 것과 같다

군
자
의

위선은

소인이 악을 거침없이 행하는 것과 똑같다.

군자의 변절은

소인이 스스로의 잘못을 뉘우치는 것만도 못하다.

君子而詐善 無異小人之肆惡 君子而改節 不及小人之自新.
군자이사선 무리소인지사악 군자이개절 불급소인지자신.

-사선(詐善): 겉으로만 착한 체하며 속임(=僞善).
-사악(肆惡): 악행을 일삼음. 악을 마음대로 행함.(肆: 방자할 사. 거리낌 없이 함.)
-불급소인지자신: 소인이 스스로 새로워지는것 즉 소인이 자신의 잘못을 고치는 것만
못하다.
-자신(自新): 잘못을 뉘우쳐 새롭게 됨.

군자는 어떤 면에서 지도자이며 공인이다. '군자'란 신뢰를 받는 위치에 있는 사람이기에 군자의 변절로 인한 해악은 그만큼 더 큰 것이다.

(고전10:12) 그런즉 선 줄로 생각하는 자는 넘어질까 조심하라.

(고전15:31) 형제들아 내가 그리스도 예수 우리 주 안에서 가진 바 너희에게 대한 나의 자랑을 두고 단언하노니 나는 날마다 죽노라.

33. 인내

33-1. 집념은 바위도 뚫는다

마
음
이

한결같이 참되면 여름에도 서리를 내리게 할 수 있고
성을 무너뜨릴 수도 있으며[30] 금석을 뚫을 수가 있다.
하지만 거짓된 사람은 사람의 모습만 갖추었을 뿐
참된 마음은 사라져 없으므로
사람을 대하면 얼굴도 가증스럽고
혼자 있을 때는 제 모습과 그림자에 스스로가 부끄러워한다.

人心一眞 便霜可飛 城可隕 金石可貫. 若僞妄之人 形骸徒具 眞宰已亡.
인심일진 변상가비 성가운 금석가관. 약위망지인 형해도구 진재이망.
對人則面目可憎,獨居則形影自愧.
대인칙면목가증,독거칙형영자괴.

-일진(一眞): 한결같이 진실함.
-성가운(城可隕): (튼튼한) 성도 무너뜨릴 수 있다.
-진재(眞宰): 하늘. 우주의 주재자. 마음의 본체.

---

30) 왕충(王充, 27년~99년?)의 <논형(論衡)>에 나오는 고사. 제나라 기량(杞梁)이 거란의 공격에
서 전사하자 그의 처가 하늘을 우러러 슬피 통곡하니 성이 무너졌다고 함.

환경과 조건에 따라 변하는 사람을 기회주의자라고 한다. 자기의 유익을 따라 자주 변하는 자들은 결국 외면을 당하게 된다. 물론 마음이 한결같기가 쉬운 일은 아니다.

나라가 바뀌고 환경이 바뀌어도 변치 않는 역사 속의 위인들. 그들의 마음을 읽다 보면 그들 성품에서 풍기는 향기는 얼마나 아름답고 가치 있어 보이는가? 보다 더 큰 가치와 미래를 보고 '곧고 바름'에 우선순위를 두자. 그리고 한결같은 마음으로 살아가자.

(시24:3-4) 여호와의 산에 오를 자 누구며 그 거룩한 곳에 설 자가 누군고 *곧 손이 깨끗하며 마음이 청결하며 뜻을 허탄한 데 두지 아니하며 거짓 맹세치 아니하는 자로다

(잠12:1) 훈계를 좋아하는 자는 지식을 좋아하나니 징계를 싫어하는 자는 짐승과 같으니라

(잠20:10) 한결같지 않은 저울추와 말은 다 여호와께서 미워하시느니라

(마5:8) 마음이 청결한 자는 복이 있나니 저희가 하나님을 볼 것임이요

33-2. 백 번을 참아 성공을 도모해야 한다

쇠
퇴
해

가는 모습은 번영함 속에 있고
생동하는 움직임은 스러지는 가운데 있다.
그러므로 군자는 편안할 때에 참마음을 지켜
후환이 없게 하고,
이변을 당했을 때 백 번을 참고 견디어
성공을 도모해야 한다.

衰颯的景象　就在盛滿中　發生的機緘　卽在零落內.
쇠삽적경상　취재성만중　발생적기함　즉재영락내.
故君子居安　宜操一心以慮憂　處變當堅百忍以圖成.
고군자거안　의조일심이려우　처변당견백인이도성.

-취재성만중(就在盛滿中): 흥성함 속에 있다.
-조일심이(操一心以): 자기의 마음을 곧고 바르게 함.
-견백인이(堅百忍以): 굳게 백 번 참음. 몇 번이고 고난을 참음.
-백인도성(百忍圖成): 백 번을 참아 성공을 도모.

오곡백과 만발한 추수의 계절이 지나면 매서운 추위의 겨울이 오고 그 겨울의 기간을 통해 준비된 봄이 찾아오는 것이 자연의 진리이다. 번성할 때 겨울을 대비하고 매서운 추위가 지나면 반드시 다가오는 봄을 소망하며 백인도성(百忍圖成)하자.

(잠1:31) 그러므로 자기 행위의 열매를 먹으며 자기 꾀에 배부르리라.

(잠4:7) 지혜가 제일이니 지혜를 얻으라 무릇 너의 얻은 것을 가져 명철을 얻을지니라.

(전 7:8~9) 오일의 끝이 시작보다 낫고 참는 마음이 교만한 마음보다 나으니 *급한 마음으로 노를 발하지 말라 노는 우매자의 품에 머무름이니라.

33-3. 인생살이의 첩경은 참는 것이다

옛
말
에

이르기를

"산을 오를 때에는 험한 비탈길을 건녀야 하고,

눈길을 걸을 때는 위태로운 다리를 건녀야 한다."고 했다.

이 '견딜 내(耐)' 자는 참으로 깊은 뜻이 있다.

만일 험악한 인정과 비뚫고 험난한 세상길을

'견딜 내' 자 한 자로 지탱하여 지나지 않으면

가시덤불이나 구렁텅이에 빠지게 된다.

語云 "登山耐側路 踏雪耐危橋" 一耐字極有意味 如傾險之人情 坎坷之世道.
어운 "등산내측로 답설내위교" 일내자극유의미 여경험지인정 감가지세도.
若不得一耐字撑持過去 幾何不墮入榛莽坑塹哉.
약부득일내자탱지과거 기하불타입진망갱참재.

-어운(語云): 옛말에 이르기를.
-경험지인정: 비뚫어지고 험 세상인심.
-감가지세도: 기복 많고 험 세상의 길.
-탱지(撑持): 붙잡고 견딤. 지탱하다.

우리 삶의 여정은 돌발, 가시밭도 있고 세찬 비, 바람과 흔들림도 있다. 언젠가 안식과 편안함이 있는 목표에 도달하기 위해서는 온갖 시련을 징검다리 삼아 건너며 인내로 해결해 나가는 것이 필요하다. 그런 자에게 결국 안식도 주어지고 달콤한 열매도 얻게 된다.

공적인 자리가 주어질 때 스승이 주신 말씀이 생각난다. 힘들고 어렵더라도 '인내'와 '공의공도'를 지팡이 삼고 무기 삼아 나아가면 된다. 이 말씀은 인생 여정도 마찬가지인 것 같다.

(전7:8) 일의 끝이 시작보다 낫고 참는 마음이 교만한 마음보다 나으니.

(눅8:15) 좋은 땅에 있다는 것은 착하고 좋은 마음으로 말씀을 듣고 지키어 인내로 결실하는 자니라.

(롬5:3-4) 다만 이뿐 아니라 우리가 환난 중에도 즐거워하나니 이는 환난은 인내를, *인내는 연단을, 연단은 소망을 이루는 줄 앎이로다.

(히10:36) 너희에게 인내가 필요함은 너희가 하나님의 뜻을 행한 후에 약속을 받기 위함이라.

34. 관계

34-1. 남을 이롭게 함은 곧 나를 이롭게 하는 것이다

**세
상
살
이
에**

있어서

한 발 양보하는 것이 나의 가치를 높이게 되고,

한발 물러서는 것은 몇 걸음 나아가는 바탕이 된다.

인생살이에 있어서

사람을 대함에는 너그럽게 대함을 복되다 하며

남을 이롭게 함은 곧 나를 이롭게 하는 바탕이 된다.

處世,讓一步爲高 退步 卽進步的張本 待人, 寬一分是福 利人 實利己的根基.
처세,양일보위고 퇴보 즉진보적장본 대인, 관일분시복 이인 실리기적근기.

-관(寬): 너그러울 관.

(마18:4) 그러므로 누구든지 이 어린아이와 같이 자기를 낮추는 그이가 천국에서 큰 자니라.

(빌2:1~4) 그러므로 그리스도 안에 무슨 권면이나 사랑에 무슨 위로나 성령의 무슨 교제나 긍휼이나 자비가 있거든 *마음을 같이하여 같은 사랑을 가지고 뜻을 합하며 한마음을 품어 *아무 일에든지 다툼이나 허영으로 하지 말고 오직 겸손한 마음으로 각각 자기보다 남을 낫게 여기고 *각각 자기 일을 돌아볼뿐더러 또한 각각 다른 사람들의 일을 돌아보아 나의 기쁨을 충만케 하라.

(약4:6) 그러나 더욱 큰 은혜를 주시나니 그러므로 일렀으되 하나님이 교만한 자를 물리치시고 겸손한 자에게 은혜를 주신다 하였느니라.

34-2. 공은 남에게 허물은 자신에게

훌
륭
한

명성과 아름다운 절개는 홀로 차지하지 말라.

조금이라도 남에게 나눠줘야

재앙을 멀리하고 몸을 보존할 수 있다.

욕된 행실과 오명을 남의 탓으로만 돌리지 말라.

허물을 조금이라도 자신에게로 돌려야

빛을 감추며 덕을 기를 수 있는 것이다.

完名美節 不宜獨任 分些與人 可以遠害全身 辱行汚名 不宜全推 引些歸己 可以韜光養德.
완명미절 불의독임 분사여인 가이원해전신 욕행오명 불의전추 인사귀기 가이도광양덕.

-불의(不宜): 마땅히 ~해서는 안 된다.
-분사여인(分些與人): 작은 것도 나누어 주다.
-도광31)(韜光): 빛을 감춤.

---

31) 도광양회(韜光養晦)는 '자신의 재능을 밖으로 드러내지 않고 인내하면서 기다린다'는 뜻의 고
사성어이다. 한자를 그대로 풀이하면 '칼날의 빛을 칼집에 감추고 어둠 속에서 힘을 기른다'는
뜻이다. 원래는 '삼국지연의'에서 유비가 조조의 식객으로 있으면서 자신의 재능을 숨기고 은
밀히 힘을 기른 것을 뜻하는 말이었으나, 과거 덩샤오핑 시절 중국의 대외정책을 가리키는 표
현으로 자주 인용한다. 덩샤오핑은 대외적으로 불필요한 마찰을 줄이고 내부적으로 국력을
발전시키는 것을 외교정책의 기본으로 삼았는데, 이를 '도광양회'라고 표현했다. 이런 정책은
당시 서구 열강들에 대항할 만한 국제적 위상을 갖추지 못한 중국의 처지에서 매우 현실적인
방법론이었으며, 이후 1990년대 고도 경제 성장을 통해 중국이 오늘날과 같은 위상에 오르는
데 중요한 구실을 했다. 이후 중국은 국제사회에서 자신의 위상에 걸맞은 역할을 하기 위해 '
화평굴기'를 새로운 대외 정책의 방향으로 정했다. [화평굴기(和平⊠起): '평화롭게 우뚝 선다'
는 뜻으로, 후진타오(胡錦濤) 집권 초기 중국의 대외 전략으로 천명되었다.] -네이버 지식백과-

베풀어도 그 성의를 알아보지 못하는 자들에게 그리 행하는 것은 물론 쉬운 일은 아니겠지만, 베풂은 곧 나를 위함이라는 생각으로 성의와 인내심으로 베풀자. 더불어 나 또한 올바른 마음의 예복을 입도록 하자.

예복이란 옳은 행실을 말함이고, 마음의 옷을 깨끗이 빨아 입는다는 것은 '진리의 깨달음'으로 내 마음의 무지(無知)와 죄와 허물을 없앤다는 것이다.

(잠20:3) 다툼을 멀리 하는 것이 사람에게 영광이어늘 미련한 자마다 다툼을 일으키느니라.

(계19:8) 그에게 허락하사 빛나고 깨끗한 세마포를 입게 하셨은즉 이 세마포는 성도들의 옳은 행실이로다 하더라.

(요15:3) 너희는 내가 일러 준 말로 이미 깨끗하였으니.

34-3. 즐거운 얼굴과 부드러운 말투가 최고다

가
정
에
도

참 부처가 있고 일상생활에도 참 도가 있다.

즐거운 얼굴 부드러운 말투로

부모 형제 모두 한몸같이 하고 한마음 된다면

몸을 단련하고 마음을 수양하는 것보다

만 배나 나은 것이다.

家庭有個眞佛 日用有種眞道 人能誠心和氣,愉色婉言,使父母兄弟間.
가정유개진불 일용유종진도 인능성심화기,유색완언,사부모형제간.
形骸兩釋 意氣交流 勝於調息觀心萬倍矣.
형해양석 의기교류 승어조식관심만배의.

-형해양석(形骸兩釋): (각자의) 몸이 별개라는 생각을 없애고 일심동체가 됨.
-의기교류(意氣交流): 마음과 뜻이 서로 소통됨.
-조식(調息): 음식을 검소하게 먹음. 또는 그러한 음식.

말투는 내용을 담는 그릇이다. 성공한 사람들은 대부분 좋은 말투와 함께 잘 웃는 자라고 한다.

웃는 얼굴은 좋은 미소와 좋은 인상을 갖게 해주며 많은 것을 가능하게 해준다. 또한 습관적으로 웃다 보면 마음도 밝아진다. 이참에 매일 아침 거울을 보면서 웃는 연습을 하자. 거울을 보고 '위스키'나 '와이키키'와 같은 발음을 하며 웃는 표정을 연습한다.

처음에는 얼굴이 경직되어 부자연스럽지만, 하루에 적어도 30번씩 꾸준히 연습한다. 익숙해지면 입을 크게 벌리고 소리 내 웃는 연습도 필요하다. 때론 기뻐서 웃는 것이 아니고 웃어서 기쁘고 즐겁게도 된다.

(잠10:12) 미움은 다툼을 일으켜도 사랑은 모든 허물을 가리우느니라.

(잠15:2) 지혜 있는 자의 혀는 지식을 선히 베풀고 미련한 자의 입은 미련한 것을 쏟느니라.

(잠15:28) 의인의 마음은 대답할 말을 깊이 생각하여도 악인의 입은 악을 쏟느니라.

(잠25:15) 오래 참으면 관원이 그 말을 용납하나니 부드러운 혀는 뼈를 꺾느니라.

34-4. 세상이 혼란스러울 때는 원만히 살아야 한다

태
평
한

세상을 살아감에는 몸가짐이 올바라야 하고

난세에 처해서는 모나지 않고 원만하게 살아가야 하며

말세에는 올바름과 원만함을 아울러 가져야 한다

착한 사람을 대할 때는 너그러움을 지녀야 하고

사람을 대할 때는 엄함을 지녀야 하며

보통 사람에게는 너그러움과 엄함을 함께 지녀야 한다.

處治世宜方　處亂世宜圓　處叔季之世　當方圓並用.
처치세의방　처난세의원　처숙계지세　당방원병용.
待善人宜寬　待惡人宜嚴　待庸衆之人　當寬嚴互存.
대선인의관　대악인의엄　대용중지인　당관엄호존.

-치세(治世): 태평한 시대. -의방(宜方): 올바로 살아감.(宜: 마땅할 의).
-관엄호존(寬嚴互存): 너그럽고 엄함을 함께 지내고 있어야 한다.

태평한 분위기인 사회나 국가에서는 옳고 그름을 명확히 구분해 바르게 행동함이 좋고, 혼란스럽고 어지러운 분위기에는 옳고 그름을 구분하기보다는 둥글게 사는 것이 화를 면하는 지혜라고 권면해 준다.

인간관계에서도 받아들일 만한 자에게는 서로 권면도 하며 덕을 나눌 수 있으나 성품이나 정신세계를 봐서 도저히 힘들어 보이는 사람에게는 굳이 지적해서 다투느니 둥글게 원만하게 지내는 것이 좋다. 마치 길가에 소변 보는 자에게는 질책할 수 있으나 길 한가운데에서 대변을 보는 자에게는 차라리 측은지심으로 도와주는 것이 낫지 굳이 질책해서 뭐 하랴. 도덕보다는 치료가 필요한 사람이므로….

(레19:18) 원수를 갚지 말며 동포를 원망하지 말며 이웃 사랑하기를 네 몸과 같이 하라 나는 여호와니라.

(롬13:10) 사랑은 이웃에게 악을 행치 아니하나니 그러므로 사랑은 율법의 완성이니라.

(약2:8) 너희가 만일 경에 기록한 대로 네 이웃 사랑하기를 네 몸과 같이 하라 하신 최고한 법을 지키면 잘하는 것이거니와.

34-5. 은혜는 잊지 말고 원한은 잊어라

남
에
게

베푼 공은 마음에 두지 말고

남에게 잘못한 일은 마음에 새겨 두어라.

남에게 받은 은혜는 잊어서는 안 되고

남이 나에게 저지른 원한은 잊어버려라.

我有功於人 不可念 而過則不可不念 人有恩於我 不可忘 而怨則不可不忘.
아유공어인 불가념 이과즉불가불념 인유은어아 불가망 이원즉불가불망.

-공어인(功於人): 남에게 공덕을 베푼 것.
-인유은어아(人有恩於我): 남이 나에게 은혜를 베푼 것이 있거든.

내가 한 공은 대가를 바라지 말자. 그리고 내가 빚진 것이 있다면 먼저 해결하자. 사람과의 관계에서 빚진 것은 사람에게 갚아야 하늘에서도 용서가 된다. 적은 만들지 말자. 행여 매듭이 만들어진 부분이 있다면 반드시 풀고 가자. 오래도록 풀지 않고 있으면 훗날 아주 풀기 힘든 매듭이 될 수 있다. '인연은 운명이고 관계는 노력'이라는 말이 있듯.

(마6:3-4) 너는 구제할 때에 오른손이 하는 것을 왼손이 모르게 하여 *네 구제함이 은밀하게 하라 은밀한 중에 보시는 너의 아버지가 갚으시리라.

(마18:18) 진실로 너희에게 이르노니 무엇이든지 너희가 땅에서 매면 하늘에서도 매일 것이요 무엇이든지 땅에서 풀면 하늘에서도 풀리리라.

(잠6:16~19) 여호와의 미워하시는 것 곧 그 마음에 싫어하시는 것이 육 칠 가지니 *곧 교만한 눈과 거짓된 혀와 무죄한 자의 피를 흘리는 손과 *계교를 꾀하는 마음과 빨리 악으로 달려가는 발과 *거짓을 말하는 망령된 증인과 및 형제 사이를 이간하는 자니라.

34-6. 도와주되 티 내지 마라

은
혜
를

베풀더라도 베푼 일을 생각 말고

받는 이에게도 티 내지 않는다면

한 알의 곡식도 만 섬의 은혜가 된다.

도움을 주면서 도움 준 일을 염두에 두고

보답해 주기를 바란다면

비록 많은 재물일지언정

작은 은혜로도 인정되기 힘들다.

施恩者 內不見己 外不見人 則斗粟可當萬鍾之惠
시은자 내불견기 외불견인 즉두속가당만종지혜
利物者 計己之施 責人之報 則百鎰難成一文之功
이물자 계기지시 책인지보 즉백일난성일문지공

-내불현기(內不見己): 마음으로는 남을 도우는 티를 내지 않는다.
-외불현인(外不見人): 겉으로 도우는 것을 생색내지 않는다. 따라서 은혜를 받는 사람
 이 부담감을 갖거나 열등감을 갖지 않도록 함.
- 난성일문지공(難成一文之功): 한 푼 공도 이루기 어렵다.(일문: 돈 한 푼.)

도와주고 생색내는 것만큼 꼴볼견은 없다.

"받은 은혜는 바위에 새기고 내가 베푼 것은 모래에 새겨라." 즉 받은 은혜는 잊지 말고 내가 베푼 것은 잊어라.

(마6:3-4) 너는 구제할 때에 오른손의 하는 것을 왼손이 모르게 하여 4. 네 구제함이 은밀하게 하라 은밀한 중에 보시는 너의 아버지가 갚으시리라.

(잠19:22) 사람은 그 인자함으로 남에게 사모함을 받느니라 가난한 자는 거짓말하는 자보다 나으니라.

34-7. 서로 배려하고 협력하여 선을 이루자

사
람
들
은

제각각 어떤 것을 갖출 수도 있고

못 갖출 수도 있는데

어찌 저 혼자만 모든 것을 갖출 수 있겠는가?

또 자기 마음을 보아도 순할 때가 있고

순하지 못할 때가 있는데

어찌 다른 사람이 모두 순하기를 바랄 수 있으랴.

이처럼 서로 배려하며 균형을 가다듬고 지낸다면

이 또한 세상 사는 한 방법이 될 것이다.

人之際遇 有齊有不齊 而能使己獨齊乎 己之情理 有順有不順 而能使人皆順乎
인지제우 유제유부제 이능사기독제호 기지정리 유순유불순 이능사인개순호
以此相觀對治 亦是一方便法門.
이차상관대치 역시일방편법문.

-인지제우(人之際遇): 사람들의 여러 경우.
-유제유부제(有齊有不齊): 갖출 수도 있고, 못 갖출 수도 있다.
-상관대치(相觀對治): 남과 견주어 보며 균형 있게 스스로를 다스림.
-방편법문(方便法門): 세상을 살아가는 (하나의) 방법.

아무리 금수저라도 부족한 것이 있기 마련이고, 흙수저라도 남들이 부러워할 장점이 있기 마련이다. 누구나 같을 수는 없다. 그러나 나와 다르다고 해서 틀린 것이 아니다. 세상의 많은 분쟁은 자기만 옳다고 고집부리는 태도 때문에 생기는 것이다. 눈이 손더러 너는 쓸데없다 할 수 있겠는가. 각자가 몸의 한 지체로 생각하며 남의 입장도 고려하고 존중해 주는 이런 자세가 각자의 장점으로 합력하여 선을 이루는 것이 아니겠는가?

(고전12:21~26) *눈이 손더러 내가 너를 쓸데없다 하거나 또한 머리가 발더러 내가 너를 쓸데없다 하거나 하지 못하리라 *이뿐 아니라 몸의 더 약하게 보이는 지체가 도리어 요긴하고 *우리가 몸의 덜 귀히 여기는 그것들을 더욱 귀한 것들로 입혀 주며 우리의 아름답지 못한 지체는 더욱 아름다운 것을 얻고 *우리의 아름다운 지체는 요구할 것이 없으니 오직 하나님이 몸을 고르게 하여 부족한 지체에게 존귀를 더하사 *몸 가운데서 분쟁이 없고 오직 여러 지체가 서로 같이하여 돌아보게 하셨으니 *만일 한 지체가 고통을 받으면 모든 지체도 함께 고통을 받고 한 지체가 영광을 얻으면 모든 지체도 함께 즐거워하나니.

(엡4:25) 그런즉 거짓을 버리고 각각 그 이웃으로 더불어 참된 것을 말하라 이는 우리가 서로 지체가 됨이니라.

34-8. 진짜 재주꾼은 잔재주를 부리지 않는다

참
된

청렴은 청렴이라는 이름이 없으나[32]

이름을 드러내려는 것은 탐욕이 있기 때문이다.

참으로 큰 재주는 별다른 교묘한 재주가 없으나

잔재주를 부리는 것은 그만큼 재주가 서툴기 때문이다.

眞廉,無廉名. 立名者,正所以爲貪 大巧,無巧術. 用術者,乃所以爲拙.
진렴,무염명. 입명자,정소이위탐 대교,무교술, 용술자,내소이위졸.

-무염명(無廉名): 청렴하다는 (廉) 명성도(名) 없다. --廉: 청렴할 렴(염).
-입명자(立名者): (청렴하다는) 명성을 얻으려는 자.
-대교(大巧): 뛰어난 재주.
-온유(溫柔): 성격, 태도 따위가 온화하고 부드러움.

---

32) 도덕경 1장. 「도를 도라고 말할 수 있으면 이미 도가 아니다. 이름 짓는 이름은 이미 이름이 아
니다. 이름 없음은 천지의 처음이요, 이름 있음은 만물의 어머니이다. 그러므로 늘 욕심 없음
에서 그 오묘함을 보려 하고, 욕심 있음에서 그 현상을 보려고 해야 한다. 이 둘은 같은 곳에서
나왔으나 이름만 달리할 뿐이니 이를 일러 현묘하다고 하는 것이다. 현묘하고 또 현묘하여, 모
든 묘함이 나오는 문이다.(道可道非常道. 名可名非常名. 無名 天地之始, 有名 萬物之母. 故常無
欲以觀其妙, 常有欲以觀其徼. 此兩者 同出而異名, 同謂之玄. 玄之又玄, 衆妙之門.)

채근담에서의 성품은 담백하고 평범함이며 중용의 멋이다. 어찌 보면 그것이 자기 관리를 잘하는 자이고 결국 큰 자이다. 누구나 장단점은 있다. 너무 융통성 없이 결백하게 사는 것은 결백으로 결박당해 사는 것이다. 잔재주를 못 부려도 때로는 흐트러지기도 하고 빈틈 있는 인간적인 모습도 보일 줄 알아야 한다. 겸손과 온유함으로 주변인과 균형과 조화도 잊지 말고 살아가자는 메시지이다.

(잠10:19) 말이 많으면 허물을 면키 어려우나 그 입술을 제어하는 자는 지혜가 있느니라.

(잠28:16) 무지한 치리자는 포학을 크게 행하거니와 탐욕을 미워하는 자는 장수하리라.

(엡4:2) 모든 겸손과 온유로 하고 오래 참음으로 사랑 가운데서 서로 용납하고.

34-9. 결심한 이후에는 의심하지 마라

어
떤

일에 몸 바쳐 일하기로 했다면

그 일을 의심하지 말자.

의심하게 되면

스스로가 결심한 마음이 부끄럽게 된다.

남에게 무언가를 베풀었다면

그에 대한 보답을 바라지 말자.

만약 보답을 바란다면

베풀었던 선한 마음이 위선이 된다.

舍己 毋處其疑處其疑 卽所舍之志多愧矣 施人 毋責其報責其報 倂所施之心俱非矣.
사기 무처기의처기의 즉소사지지다괴의 시인 무책기보책기보 병소시지심구비의.

-책기보(責其報): 그에 대해 보답을 바란다면. 보답할 것을 요구함.

(마6:3-4) 너는 구제할 때에 오른손의 하는 것을 왼손이 모르게 하여 *네 구제함이 은밀하게 하라 은밀한 중에 보시는 너의 아버지가 갚으시리라

(롬12:16) 서로 마음을 같이 하며 높은 데 마음을 두지 말고 도리어 낮은 데 처하며 스스로 지혜 있는 체 말라

(롬12:21) 악에게 지지 말고 선으로 악을 이기라

34-10. 잘난 척하는 사람에게는 마음을 쉽게 열지 말자

음
침
하
게

말없는 사람을 만나면

마음을 털어놓고 말하지 말라.

화 잘 내며 잘난 체하는 사람을 만나면

차라리 입을 다물어 버리라.

遇沈沈不語之士　且莫輸心　見悻悻自好之人　應須防口.
우 침 침 불 어 지 사　차 막 수 심　견 행 행 자 호 지 인　응 수 방 구.

-침침(沈沈): 침착하고 말없는 모양.(沈: 가라앉을 침.)
-차막(且莫): 아직 ~하지 마라.
-행행(悻悻): 발끈 성내는 모양.(悻: 성낼 행)
-자호(自好)= 스스로 잘난 체하는 것.
-방구(防口): 입을 다묾. 입조심.

자신의 마음의 생각에 대해 '표현을 잘 안 하는' 사람이 있고, '표현을 잘 못하는' 사람도 있다. 어느 정도까지는 먼저 다가가더라도 '안 하는 자'에게는 깊은 마음을 드러내지 말자.

또한 작은 일에도 흥분 잘하는 경박한 사람들에게는 늘 말조심하자. 인터넷이나 SNS 매체를 보면 그저 말장난하듯이 말꼬리 잡는 자들. 길목 지키는 하이에나처럼 뭐든지 헐뜯는 이런 자들에게는 아예 입을 다물어 버리자.

(잠5:22-23) 악인은 자기의 악에 걸리며 그 죄의 줄에 매이나니 *그는 훈계를 받지 아니함을 인하여 죽겠고 미련함이 많음을 인하여 혼미하게 되느니라.

(잠21:24) 무례하고 교만한 자를 이름하여 망령된 자라 하나니 이는 넘치는 교만으로 행함이니라.

(잠22:24-25) 노를 품는 자와 사귀지 말며 울분한 자와 동행하지 말지니 *그 행위를 본받아서 네 영혼을 올무에 빠칠까 두려움이니라.

34-11. 칭찬이나 험담은 모두 삼가라

착

한

사람이라도 빨리 친해질 수 없다면

미리 칭찬하지 말라.

간악한 사람들의 이간질이 두렵다.

악한 사람이라도 쉽게 멀리할 수 없다면

먼저 발설치 말라.

뜻밖의 재앙을 부를까 두렵다.

善人未能急親 不宜預揚 恐來讒讚之奸 惡人未能輕去 不宜先發 恐招媒蘗之禍.
선인미능급친 불의예양 공래참찬지간 악인미능경거 불의선발 공초매얼지화.

-미능급친(未能急親): 급히 친해질 수는 없다.
-불의선발(不宜先發): (쫓아낼 뜻을) 미리 드러내는 것은(先發) 마땅치 않다(不宜).

말은 다변보다는 아끼는 것이 좋다. 누군가를 칭찬하면 그 사람을 질투하여 모함 내지 허물을 찾아보려 하는 것이 사람들의 일반적인 심리이다. 선(善)해 보이는 사람도 친해지기 이전까지는 보화를 감추듯 칭찬도 아끼는 것이 좋겠다. 멀리하고픈 사람이라도 그에 대한 허물은 말하지 말자. 말은 날개 달린 말처럼 너무 쉽게 퍼진다. 성경과 채근담이 주는 권면이다.

(잠6:5) 노루가 사냥꾼의 손에서 벗어나는 것같이, 새가 그물 치는 자의 손에서 벗어나는 것같이 스스로 구원하라.

(잠10:19) 말이 많으면 허물을 면키 어려우나 그 입술을 제어하는 자는 지혜가 있느니라.

(잠17:27) 말을 아끼는 자는 지식이 있고 성품이 안존한 자는 명철하니라.

(마13:44) 천국은 마치 밭에 감추인 보화와 같으니 사람이 이를 발견한 후 숨겨 두고 기뻐하여 돌아가서 자기의 소유를 다 팔아 그 밭을 샀느니라.

34-12. 잘 따르지 않는 자는 내버려 두라[33]

일

을

급하게 서두르면 밝혀지지 않는 일도

차분하게 하면 쉽게 밝혀질 수 있다.

그러므로 급하게 재촉하여

분란만 일으키지 말자.

시켜서 잘 듣지 않던 자도

내버려두면 의외로 잘 따르는 수가 있다.

그러므로 너무 엄하게 하여

반감 갖고 마음 더 굳어지는 일이 없도록 하자.

事有急之不白者 寬之或自明 躁急以速其忿 人有操之不從者 縱之或自化 操切以益其頑.
사유급지불백자 관지혹자명 조급이속기분 인유조지부종자 종지혹자화 조절이익기완.

-속기분(速其忿): 남의 분한 마음을 부르는 것.
-操(잡을 조): 잡다. 조종하다.

---

33)　若烹小鮮(약팽소선): 노자 제60장에 나오는 말로 "조그만 생선은 이리저리 굽고 뒤집고 불
　　을 세게 높이고 하여 생선이 다 부서지고 엉망이 되게 하는 것이 아니라 스스로 익을 수 있도
　　록 여건을 만들어 주었을 때 가장 완벽하게 익는다"는 것이다. 즉 무위가 오히려 생선을 제대
　　로 익게 만드는 것이다.

'제발 5초만…'

　조급한 성격을 가진 이는 생각이 머릿속에 떠오르는 동시에 말이 입에서 나온다. 심지어는 상대의 말이 끝나지도 않았는데, 급한 마음에 말을 막으면서까지 미리 대답한다. 말은 뱉으면 주워 담을 수 없으며, 퍼지는 속도는 일사천리이다. 급한 성격이 망치게 한다. 5초만이라도 생각하고 말하자.

(잠18:13) 사연을 듣기 전에 대답하는 자는 미련하여 욕을 당하느니라.

(잠29:20) 네가 언어에 조급한 사람을 보느냐 그보다 미련한 자에게 오히려 바랄 것이 있느니라.

(계22:11~12) 불의를 하는 자는 그대로 불의를 하고 더러운 자는 그대로 더럽고 의로운 자는 그대로 의를 행하고 거룩한 자는 그대로 거룩되게 하라 12. 보라 내가 속히 오리니 내가 줄 상이 내게 있어 각 사람에게 그의 일한 대로 갚아 주리라.

34-13. 엄하게 시작하되 점점 너그럽게 하라

은
혜
는

적게 시작하되 나중엔 후하게 베풀어라.

먼저 후하게 하다가 나중에 적게 하면

사람들은 은혜를 잊어버린다.

위엄은 엄하게 시작하되 나중엔 너그럽게 대하라.

먼저 너그럽다가 나중에 엄하면

사람들이 혹독함을 원망한다.

恩宜自淡而濃 先濃後淡者 人忘其惠 威宜自嚴而寬 先寬後嚴者 人怨其酷.
은의자담이농 선농후담자 인망기혜 위의자엄이관 선관후엄자 인원기혹.

-인원기혹(人怨其酷): 사람들이 그 혹독함을(酷) 원망한다(怨).

본 문장은 처세 방법 중의 하나이다. 처음에는 과시하고자 하는 마음도 있고 잘 보이고자 하는 마음도 작용하여 후하게 베풀게 되고 또한 평소의 모습 이상으로 부드럽게 이미지를 보이며 대하게 된다. 그러나 상대방은 나에 대한 평상시 기준을 그와 같이 잡게 된다. 그리할 경우의 단점에 대해 본 장은 잘 설명해 주고 있다. 원칙 없이 그리 보이는 것보다 차라리 일회성이 아닌 길게 보아 '적게 시작하여 후하게, 그리고 엄하게 시작하여 너그럽게' 하는 기준이 지혜롭다.

(마25:21) 그 주인이 이르되 잘 하였도다 착하고 충성된 종아 네가 작은 일에 충성하였으매 내가 많은 것으로 네게 맡기리니 네 주인의 즐거움에 참여할지어다 하고.

(요2:10) 말하되 사람마다 먼저 좋은 포도주를 내고 취한 후에 낮은 것을 내거늘 그대는 지금까지 좋은 포도주를 두었도다 하니라.

34-14. 다양한 성품을 받아들이라

속
임
수
만

쓰는 사람에게는 성심껏 감동하게 하고

포악한 사람은 온정으로 감화시키라.

사악함에 빠져 자기 욕심만 차리는 사람에게는

대의명분과 절조로 격려하고 인도하라.

그렇게 한다면

나의 다스림 속에 들지 않는 사람이 없을 것이다.

遇欺詐的人 以誠心感動之 遇暴戾的人 以和氣薰蒸之.
우기사적인 이성심감동지 우폭려적인 이화기훈증지.
遇傾邪私曲的人 以名義氣節激勵之 天下無不入我陶冶中矣.
우경사사곡적인 이명의기절격려지 천하무불입아도야중의.

-기사적인(欺詐的人): 속임수를 쓰는 사람.
-이화기훈증지(以和氣薰蒸之): 온화함(和氣)으로써(以) 감화시켜라(之).
-이명의기절격려지: 명예, 의리, 지조로써 격려하라.
-기절(氣節: 기개와 절조.
-천하무불입아도야중의(天下無不入我陶冶中矣): 천하에 나의 다스림(가르침) 속에 들지
 않을 사람이 없을 것이다.

감동 감화, 온정 등 덕스러움을 모든 이에게 고루 베풀거나 모두로부터 그런 모습을 기대한다는 것은 거의 힘들다. 야누스 성품을 가진 사람들이나 단체 및 국가들이 즐비한 요즘, 지식인, 정치인, 종교인 등등 선도해야 할 계층의 범죄가 만연하고, 범죄 유형과 다양한 은폐 수법도 늘어나는 현실이다. 사회이건 개인이건 마비되어 가는 양심과 올바른 인성의 부재. 악습의 적폐 등은 더욱 고착화되기 전에 바뀌어야 한다. 물리적으로 도려내도 근본 뿌리가 살아 있는 한 없애기는 힘들다. 이런 것들이 어릴 적부터의 인성 교육이 절실히 필요한 이유이다. 국가가 적극 나서서 인성 교육 분야를 제도화하며 불을 붙여야 사회도 평안해지고 결국 범죄로 인한 사회적 비용도 줄어들게 된다. 다양한 성품을 다 받아들이어 인도하는 포용력의 아이콘, 군자의 마음은 태산과도 같다.('태산불사토양' 참조)

(약3:18) 화평케 하는 자들은 화평으로 심어 의의 열매를 거두느니라.

(롬13:9) 간음하지 말라, 살인하지 말라, 도적질하지 말라, 탐내지 말라 한 것과 그 외에 다른 계명이 있을지라도 네 이웃을 네 자신과 같이 사랑하라 하신 그 말씀 가운데 다 들었느니라.

34-15. 소인과 원수를 맺지 마라

소
인
과

원수를 맺지 마라.

소인은 소인 나름의 적수가 있다.

군자에게 아첨하지 마라.

군자는 사사로운 은혜를 베풀지 않는다.

休與小人仇讐 小人自有對頭 休向君子諂媚 君子原無私惠.

휴여소인구수 소인자유대두 휴향군자첨미 군자원무사혜.

-대두(對頭): 상대. 짝. 서로 맞서는 것. 적. 적수.

겨루어 다툰다는 것은 그와 같은 수준이라는 것이다.

덕이 없는 이와는 굳이 다투어 원수 맺지 마라. 나에게 피해를 주었다 하면 권면은 해도 그것으로 매듭짓자. 그의 행실을 보고 배우는 그 가해자의 자식들은 선악을 구별하여 보는 눈이 흐릿해지게 되는 것이다.

(잠 9:8) 거만한 자를 책망하지 말라 그가 너를 미워할까 두려 우니라 지혜 있는 자를 책망하라 그가 너를 사랑하리라.

(욥17:5) 친구를 지적하여 해를 받게 한 자의 자식들은 눈이 멀찌니라.

34-16. 사람을 부릴 때 너무 각박하게 하지 마라

사
람
을

부릴 때는 각박하게 하지 마라.

각박하면 일을 잘하려던 사람마저 떠난다.

친구를 사귈 때는 함부로 대하지 마라.

함부로 하면 아첨꾼들이 다가온다.

用人 不宜刻 刻則思效者去 交友 不宜濫 濫則貢諛者來.
용인 불의각 각칙사효자거 교우 불의람 남칙공유자래.

-불의람(不宜濫): 마구잡이로 사귀는 것은 마땅치 않다.
-관용(寬容): 남의 잘못 따위를 너그럽게 받아들이거나 용서함.
-람(濫): 넘치다. 함부로 하다.
-공유(貢諛): 아첨하다.
-온유(溫柔): 사람의 표정이나 성질이 온화하고 부드러움.

사람들을 일하게 하려면 당장 아깝더라도 너그럽게 관용을 베풀어야 한다. 일하려는 자의 마음을 사도록 하기 위함이다.

친구를 사귈 때도 신중해야 한다. 두루두루 온유함과 관용을 베풀더라도 아부하는 자를 좋아하면 해를 끼치게 되며 진실성 있는 자와는 깊은 사귐이 필요하다.

(빌 4:5) 너희 관용을 모든 사람에게 알게 하라 주께서 가까우시니라.

(딛 3:2) 아무도 훼방하지 말며 다투지 말며 관용하며 범사에 온유함을 모든 사람에게 나타낼 것을 기억하게 하라.

34-17. 만나기 쉬워야 정을 쌓을 수 있다

공
직
에

있을 때는

편지 한 장이라도 주고받음을 절제해야 한다.

쉽게 만날 수 없게 하므로

요행을 바라는 무리에게 틈을 주지 말아야 한다.

은퇴하여 시골에 살 때는

고고하게 굴어서는 안 된다.

만나기 쉽게 해서 정을 두텁게 해야 한다.

士大夫居官 不可竿牘無節 要使人難見 以杜倖端.
사대부거관 불가간독무절 요사인난견 이두행단.
居鄕 不可崖岸太高 要使人易見 以敦舊好.
거향 불가애안태고 요사인이견 이돈구호.

- 요사인난견(要使人難見): 사람들로 하여금(使人) 쉽게 만날 수 없게 만들다.
- 요사인이견(要使人易見): 사람들로 하여금 쉽게 만날 수 있게 해야 한다.
- 이돈구호(以敦舊好): 옛 친구와 정을 두터이 해야 하기 때문이다.
- 공의공도: 선악을 분별하여 행하는 공평하고 바른 도리.

공적인 업무 맡은 자의 기본은 사리사욕을 떠난 '공의공도'이다. 그것이 나를 지켜주는 방패요 내가 의지할 지팡이이고 나의 영원한 무기가 돼야 한다. 야인으로 돌아오면 공의공도를 기본으로 하여 배려와 사랑을 갖추도록 노력하자. 즉 채근담의 군자와 같은 덕스러운 사람이 되자.

(롬12:16) 서로 마음을 같이 하며 높은 데 마음을 두지 말고 도리어 낮은 데 처하며 스스로 지혜 있는 체 말라.

(잠20:7) 완전히 행하는 자가 의인이라 그 후손에게 복이 있느니라.

34-18. 사람 대하기를 두려워하라

대
인
을

두려워하라.

대인을 두려워하면 방종한 마음이 없어진다.

보통 사람도 또한 두려워하라.

보통 사람을 두려워하면

횡포하다는 이름을 듣지 않는다.

大人不可不畏 畏大人則無放逸之心 小民亦不可不畏 畏小民則無豪橫之名.
대인불가불외 외대인즉무방일지심 소민역불가불외 외소민즉무호횡지명.

-두려워하다: '경외하다'의 의미.
-대인(大人): 학문과 덕이 높은 사람.
-소인(小人): 언행이 줏대가 없고 마음이 좁고 덕이 없는 사람.

누구든지 그 사람의 지위나 배경으로 차별을 두어서는 안 된다. 누구에게든지 각자 천하보다 귀한 존재이다.

상대방을 귀히 여기는 것은 결국 거울처럼 나를 위한 것이 되는 것이다. 하나님께 대하듯 그만큼 성의 있게 대하라는 성경의 말씀은 마음에 새겨두어야 할 참 적절한 표현이다.

(골3:23) 무슨 일을 하든지 마음을 다하여 주께 하듯 하고 사람에게 하듯 하지 말라.

35. 지적

35-1. 친구의 잘못은 마땅히 충고하라

부
모

형제의 변을 당하게 되면
과격하지 말고 침착하게 행동하라.
친구의 잘못을 보면
주저 말고 마땅히 충고하라.

處父兄骨肉之變 宜從容不宜激烈 遇朋友交遊之失 宜凱切不宜優游.
처부형골육지변 의종용불의격렬 우붕우교유지실 의개절불의우유.

-종용(從容): 침착하고 덤비지 않음.
-개절(凱切): 적절히 충고함.

큰일을 당하면 당황하지만 이럴수록 감정보다는 이성적으로 차분히 처리해야 한다. 흥분하거나 과격하면 늘 일을 그르치게 된다.

또 친구의 허물을 알게 되면 마땅이 적절한 충고를 하자. 그래야 진솔한 마음이 전달되며 친구가 빛이 나고 우정이 돈독해지지만 우물쭈물하면 타이밍을 놓친다. 지나친 충고는 오히려 해가 될 수 있으니 적절히 하는 것이 좋다.

(잠28:23) 사람을 경책하는 자는 혀로 아첨하는 자보다 나중에 더욱 사랑을 받느니라.

(잠28:9) 사람이 귀를 돌이키고 율법을 듣지 아니하면 그의 기도도 가증하니라.

(잠27:17) 철이 철을 날카롭게 하는 것같이 사람이 그 친구의 얼굴을 빛나게 하느니라.

35-2. 귀에 쓴 말이 약이다

소
인
으
로
부
터

미움과 비방을 받을지언정

소인배가 아첨하고 좋아하는 대상은 되지 말자.

군자로부터 꾸중과 가르침을 받을지언정

군자가 나의 허물을 포용하는 대상은 되지 말자.

寧爲小人所忌毁 毋爲小人所媚悅 寧爲君子所責修 毋爲君子所包容.
영위소인소기훼 무위소인소미열 영위군자소책수 무위군자소포용.

- 기훼(忌毁): 시기하고 헐뜯음.(毁: 헐 훼. 헐뜯다, 험담하다)
- 책수(責修): 꾸짖어 바로잡음(교정함).
- 무위군자소포용(毋爲君子所包容): 군자로부터 포용받는 일이 없도록 하라.

 꾸짖어 봐야 소용없는 사람이라고 판단하면 군자는 포용해 준다. 고로 소용없는 사람이 되면 안 된다는 의미이다.

(잠27:21) 도가니로 은을, 풀무로 금을, 칭찬으로 사람을 시련 하느니라.

(잠29:5) 이웃에게 아첨하는 것은 그의 발 앞에 그물을 치는 것이니라.

35-3. 꾸짖을 때는 허물 중에서 작은 것을 골라 지적하라

남
을

꾸짖을 때는

허물 중에 허물 없음(작은 허물)을 찾아야

마음이 평온해지고,

나를 꾸짖을 때는

허물 없는 중 허물 있음(부족한 부분)을 찾아야

덕이 자란다.

責人者 原無過於有過之中 則情平 責己者 求有過於無過之內 則德進.
책인자 원무과어유과지중 즉정평 책기자 구유과어무과지내 즉덕진.

-원무과어유과지중: 허물 속에서 허물없음을(無過於) 찾아냄(原).
-즉진덕(則德進): 그러면 곧 덕으로 나아감.

권면하는 자가 분을 품으면 죄를 낳는다. 개선하기를 바라는 마음으로 해야 서로의 덕이 자라게 된다.

(잠17:9) 허물을 덮어 주는 자는 사랑을 구하는 자요 그것을 거듭 말하는 자는 친한 벗을 이간하는 자니라.

(엡4:26-27) 분을 내어도 죄를 짓지 말며 해가 지도록 분을 품지 말고 *마귀로 틈을 타지 못하게 하라.

35-4. 어릴 때 훈육을 잘 받아야 좋은 그릇이 된다

어
린
이
는

어른의 씨앗이요 수재는 훌륭한 사람의 씨앗이다.

이때 만약 화력이 모자라고 단련이 서툴면

그릇이 온전하지 못하게 되고,

훗날 세상에 나아가 일을 맡을 때

훌륭한 그릇이 되기 어렵다.

子弟者 大人之胚胎 秀才者 士夫之胚胎 此時 若火力不到 陶鑄不純.
자제자 대인지배태 수재자 사부지배태 차시 약화력부도 도주불순.
他日 涉世立朝 終難成個令器.
타일 섭세입조 종난성개령기.

-자제자(子弟者): 어린이. 공부하는 학생 즉 젊은 후생들의 통칭.
-도주(陶鑄): 질그릇이나 금속 그릇을 만든다는 뜻으로 통상 훈육 의미.
          (鑄: 쇠부어 만들 주. 주조하다. 단련(鍛鍊), 인재를 양성하다)
-섭세(涉世): 세상을 살아감. 처세.
-령기(令器): 훌륭한 그릇. 뛰어난 인물. 인재.

교직에 들어서면 '교편을 잡는다'고 한다. 가죽 혁대로 때려 가르친다는 뜻이다. 즉, 달콤한 말만이 아니라 따끔한 말로도 가르치는 것이다. 매를 아끼는 것은 아이를 내버려두는 것이다. 철을 만들 때도 뜨거운 물과 차가운 물을 오가며 단련해야 철이 제대로 나와 사용이 된다. 시련을 거치지 않는 사람은 어려운 시기를 이겨내지 못한다. 많은 시련을 극복해 본 경험자가 제대로 된 인물이 되는 것이다.

(잠1:8) 내 아들아 네 아비의 훈계를 들으며 네 어미의 법을 떠나지 말라.

(잠4:13) 훈계를 굳게 잡아 놓치지 말고 지키라 이것이 네 생명이니라.

(잠10:17) 훈계를 지키는 자는 생명 길로 행하여도 징계를 버리는 자는 그릇 가느니라.

(잠22:15) 아이의 마음에는 미련한 것이 얽혔으나 징계하는 채찍이 이를 멀리 쫓아내리라.

(잠20:30) 상하게 때리는 것이 악을 없이 하나니 매는 사람의 속에 깊이 들어가느니라.

36. 개혁은 보수 이후에 하라

36-1. 만사의 기본은 유비무환

아
직

이루지 못한 일을 꾀하기보다

이미 이루어 놓은 일을 잘 보전하라.

지나간 과실을 뉘우치는 것으로

다가올 잘못을 경계하라.

圖未就之功 不如保已成之業 悔已往之失 不如防將來之非.

도미취지공 불여보이성지업 회이왕지실 불여방장래지비.

-불여장래지비(不如將來之非): 장차(앞으로)(將來) 닥쳐올 잘못을(之非) 대 비함만 같지 못하다(不如). 장차 저지를 수 있는 실수를 대비함.

 전쟁터에서 출정하기 전에 전열을 점검하고 가다듬듯이 새로운 계획을 시작하려면 현재 새는 곳이 없는지 등의 상태를 점검해야 한다. 밑은 구멍이 나 있는데 의욕만 앞서 객기로 나간다면 '밑 빠진 독에 물 붓기'와 뭐가 다르랴. 지난 잘못을 거울삼아 유비무환이고 기본에 충실할 것을 염두에 두고 이상 없다고 판단되면 그다음 신속하게 실행해 나가는 것이다.

(잠6:6~8) 게으른 자여 개미에게로 가서 그 하는 것을 보고 지혜를 얻으라 *개미는 두령도 없고 간역자도 없고 주권자도 없으되 *먹을 것을 여름 동안에 예비하며 추수 때에 양식을 모으느니라.

(잠27:23) 네 양 떼의 형편을 부지런히 살피며 네 소 떼에 마음을 두라.

37. 공적인 일을 할 때

37-1. 공로를 같이하면 서로 시기한다

다
른

사람과 과실은 함께해도
공로는 같이하지 말라.
공로를 함께하면 곧 서로 시기하게 된다.
다른 사람과 어려움은 함께하더라도
안락함은 같이하지 말라.
안락함을 함께하면 곧 원수처럼 맞서게 된다.

當與人同過 不當與人同功 同功則相忌 可與人共患難 不可與人共安樂 安樂則相仇.
당여인동과 부당여인동공 동공칙상기 가여인공환난 불가여인공안락 안락칙상구.

-당여인(當與人): 마땅히 남과 함께.
-동공즉(同功則): 공로를 함께하면 곧.
-상구(相仇): 서로 원수 사이가 됨.

일보다 사람이 먼저이다. 공을 다투거나 안락함을 먼저 차지하려고 하지 말자. 다른 이의 과실이나 어려움을 보면 내 형편을 보아 할 수 있으면 함께하자. 공로나 안락함은 한때이지만 그로 인해 사람을 잃으면 되겠는가!

그런 마음으로 살아간다면 공로도 사람도 다 함께 갈 수가 있을 것이다.

(고전8:13) 그러므로 만일 식물이 내 형제로 실족케 하면 나는 영원히 고기를 먹지 아니하여 내 형제를 실족치 않게 하리라.

(빌2:14-15) 모든 일을 원망과 시비가 없이 하라 *이는 너희가 흠이 없고 순전하여 어그러지고 거스리는 세대 가운데서 하나님의 흠 없는 자녀로 세상에서 그들 가운데 빛들로 나타내며.

38. 공직에 있을 때와 물러난 때

38-1. 초야에 묻혀 살더라도 나라를 잊어서는 안 된다

높
은
지
위
에

있을 때에도

자연에 묻혀 살듯 풍취가 필요하며,

자연에 묻혀 있을 때라도

모름지기 나라 염려는 해야 한다.

居軒冕之中　不可無山林的氣味　處林泉之下　須要懷廊廟的經綸.

거헌면지중　불가무산림적기미　처임천지하　수요회낭묘적경륜.

-경륜(經綸): 국가를 통치하는 일. 정치에 대한 일가견.

(시133:1~3) 형제가 연합하여 동거함이 어찌 그리 선하고 아름다운고 *머리에 있는 보배로운 기름이 수염 곧 아론의 수염에 흘러서 그 옷깃까지 내림 같고 *헐몬의 이슬이 시온의 산들에 내림 같도다 거기서 여호와께서 복을 명하셨나니 곧 영생이로다.

(잠27:23) 네 양 떼의 형편을 부지런히 살피며 네 소 떼에 마음을 두라.

(고전14:8) 우리가 살아도 주를 위하여 살고 죽어도 주를 위하여 죽나니 그러므로 사나 죽으나 우리가 주의 것이로라.

38-2. 초심을 잃지 말고 모든 일의 끝도 생각하라

일
이

막히어 답답한 사람은 마땅히

처음부터 돌이켜 생각해 보고,

공을 세워 성공한 사람은

일의 마지막을 미리 생각하며 살펴야 한다.

事窮勢蹙之人,當原其初心. 功成行滿之士,要觀其末路.
사궁세축지인,당원기초심 공성행만지사,요관기말로.

-당원기초심(當原其初心): 마땅히 처음 일 시작할 때 마음을 생각해 보라.

 일을 처리함에 있어서 슬기롭게 대처하는 방법을 알려주고 있다. 곤궁에 처한 이 순간도 결국 지나가는 것이며 결론이 아니므로 끝난 것처럼 좌절하지 말고, 처음 시작했을 때의 의욕을 살려 원인을 분석하고 대세를 위해 재점검하는 안목을 기르는 복된 기회로 삼아야 한다. 잘 풀린다고 안일하거나 교만해지면 모든 공이 수포가 되고 화를 부를 수도 있으므로 늘 겸허한 마음으로 굴곡을 대비하여 살펴보아야 한다는 메시지이다.

(전 7:8~10) 일의 끝이 시작보다 낫고 참는 마음이 교만한 마음보다 나으니 *급한 마음으로 노를 발하지 말라 노는 우매자의 품에 머무름이니라 *옛날이 오늘보다 나은 것이 어찜이냐 하지 말라 이렇게 묻는 것이 지혜가 아니니라.

38-3. 낮은 데 처해 보아야 높은 곳의 위험을 안다

낮
은

데 처해 보아야

높이 오름이 위태로움을 알게 되고,

어두움에 있어 보아야

밝은 빛이 쉽게 눈에 띔을 안다.

고요함에 있어 봐야

바삐 움직임이 부질없는 것임을 알게 되고,

침묵의 멋을 익힌 후에야

말 많음의 시끄러움을 알게 된다.

居卑而後知登高之爲危, 處晦而後知向明之太露.
거비이후지등고지위위, 처회이후지향명지태로.
守靜而後知好動之過勞, 養默而後知多言之爲躁.
수정이후지호동지과로, 양묵이후지다언지위조.

-양묵(養黙): 침묵을 지키며 수양을 쌓음.

'역지사지(易地思之)'란 '처지를 바꾸어 생각해 본다'는 뜻이다. 일은 겪어 보면 잘 알게 되지만 세상만사 일일이 다 겪어 보기는 불가능하다. 그럴 만한 이유가 있으려니 하고 늘 상대의 입장에서도 생각하고 이해의 폭을 넓히자.

우리 삶은 롤러코스터처럼 굴곡도 있고 또한 양면성도 있다. 높은 데도 처해 보아야 부러운 것만이 아닌 위태로운 위치임을 알고, 소외된 삶을 겪어본 자가 사람의 소중함을 알게 된다.

너무 높은 곳 일수록 추락의 위험이 많음을 알고 너무 오르려 하는 것을 좋아하지 말라는 교훈이다. 채근담과 성경을 통해 얻는 간접경험의 교훈을 되새겨 보자.

주역에서는 운세를 단계별로 용에 비유하며 설명한다.[34]

(잠21:4) 눈이 높은 것과 마음이 교만한 것과 악인의 형통한 것은 다 죄니라.

(빌4:11~13) 내가 궁핍하므로 말하는 것이 아니라 어떠한 형편에든지 내가 자족하기를 배웠노니 *내가 비천에 처할 줄도 알고 풍부에 처할 줄도 알아 모든 일에 배부르며 배고픔과 풍부와 궁핍에도 일체의 비결을 배웠노라 *내게 능력 주시는 자 안에서 내가 모든 것을 할 수 있느니라.

---

34) 첫 단계는 잠룡(때가 이루지 않았으므로 덕을 쌓으며 기다려야 하는 용), 현룡(땅에 올라온 단계, 신임을 얻어 곧 때를 얻게 될 용), 비룡(하늘을 나는 용으로 본 괘의 극치, 즉 제왕의 지위), 항룡(절정에 다다른 용, 즉 하늘 끝까지 다다른 승천한 용으로 떨어질 일만 남은 용).
공자(孔子)는 "항룡은 너무 높이 올라갔기 때문에 존귀하나 지위가 없고, 너무 높아 교만하기 때문에 자칫 민심을 잃게 될 수도 있으며, 남을 무시하므로 보필도 받을 수 없다"고 했다. 따라서 항룡의 지위에 오르면 후회하기 십상이므로, 이것이 바로 '항룡유회'라는 것이다. 즉, 일할 때에는 적당한 선에서 만족할 줄 알아야지 무작정 밀고 나가다가는 오히려 일을 망치게 된다는 말이다. - 두산백과 인용 -

38-4. 얽매임에서 벗어나야 성인의 경지에 이른다

재
물
과

명성을 얻으려는 마음을 다 털어 버려야

비로소 평범하고 속된 것에서 벗어날 수 있고,

도덕과 인의[35]에 얽매인 마음을 다 벗어 버려야

비로소 성인의 경지에 들어갈 수 있다.

放得功名富貴之心下 便可脫凡 放得道德仁義之心下 纔可入聖.
방득공명부귀지심하 변가탈범, 방득도덕인의지심하 재가입성.

-방득~하(放得~下): 놓아 버림.
-탈범(脫凡): 범속한 차원을 떠남. 지나친 명분, 즉 인의도덕(仁義道德)에 얽매여 스스로
 운신의 폭이 좁아지면 각박해지기 쉽다.
-공명부귀지심하(功名富貴之心下): 공명(功名) 부귀(富貴)의 마음을 모두 버림.
-도덕인의지심하(道德仁義之心下): 도덕(道德) 인의(仁義)를 따르는 마음을 버림.

---

35) 도덕인의(道德仁義)는 노자 38장 덕경(德經)에 나오는 말이다.
 "上德不德, 是以有德. 下德不失德, 是以无德."
 "뛰어난 덕은 덕에 마음을 두지 않으니 이 때문에 덕이 있고, 하찮은 덕은 덕을 잃지 않으려
 고 하니 이 때문에 덕이 없다."

살다 보면 잘 보이기 위해 자기 포장을 하게 된다. 학문과 사회 생활, 대인관계, 정치 세계 등등에서 형성된 '포장된 나'와 '순수한 나'. 각종 이론과 체면으로 형성된 포장된 구습이 나를 매장시키면 안 된다. 나날이 죽노라 하는 사도 바울의 말처럼 못된 성품은 잊어 버리고 새로운 심령으로 자연스럽게 형성돼 가는 참모습을 보자.

(엡4:22-23) 너희는 유혹의 욕심을 따라 썩어져 가는 구습을 좇는 옛 사람을 벗어 버리고 *오직 심령으로 새롭게 되어.

(고전15:31) 형제들아 내가 그리스도 예수 우리 주 안에서 가진 바 너희에게 대한 나의 자랑을 두고 단언하노니 나는 날마다 죽노라.

38-5. 뜻은 더 높게, 처신은 더 낮게

입
신
을

하기 위해

남보다 한 걸음 높은 곳에 뜻을 두지 않으면,

마치 티끌 속에서 옷을 털고

진흙탕 속에서 발을 씻는 것과 같으니

어찌 남보다 뛰어날 수 있겠는가.

세상 살아가는 데

한 걸음 물러서지 않으면,

마치 불나비가 촛불에 뛰어들고

숫양이 울타리 들이받는 것과 같으니

어찌 편안함을 바라겠는가.

立身 不高一步位 如塵裡振衣 泥中濯足 如何超達.
입신 불고일보위 여진리진의 이중탁족 여하초달.
處世 不退一步處 如飛蛾投燭 羝羊觸藩 如何安樂.
처세 불퇴일보처 여비아투촉 저양촉번 여하안락.

-입신(立身): 출세, 성공.
-진리진의(塵裡振衣): 먼지 속에서 옷을 터는 것처럼 효과 없는 짓.
-비아투등(飛蛾投燭): 불나방이 촛불에 뛰어들듯이 스스로 죽음을 택함.

 나설 때와 수그릴 때를 구분하자. 부지런함과 조급함의 차이이다. 나 자신 스스로의 뜻은 앞서 두되, 세상살이에는 경쟁하듯 튀지 말고 물러서서, 언젠가 부득이 나서야만 할 때를 위해 대비하자.

(잠10:4) 손을 게으르게 놀리는 자는 가난하게

되고 손이 부지런한 자는 부하게 되느니라.

(잠12:24) 부지런한 자의 손은 사람을 다스리게 되어도 게으른 자는 부림을 받느니라.

(잠21:5) 부지런한 자의 경영은 풍부함에 이를 것이나 조급한 자는 궁핍함에 이를 따름이니라.

38-6. 일을 많이 해 본 사람만이 일 적음의 복을 안다

일
적
은

것보다 더 큰 복 없고

마음고생 많은 것보다 더 큰 화 없다.

오직 일에 시달려 본 사람만이

일 적음이 참 복인 줄 알고,

오직 평온한 사람만이

마음고생 많음이 큰 화임을 안다.

福莫福於少事 禍莫禍於多心 唯苦事者 方知少事之爲福 唯平心者 始知多心之爲禍.
복막복어소사 화막화어다심 유고사자 방지소사지위복 유평심자 시지다심지위화

-복어소사(福莫福於少事): 일이 적은 것보다 더한 복이 없다.
-다심(多心): 마음을 많이 쓰는 일.
-고사자(苦事者): 일에 시달려 본 사람. 일의 괴로움을 겪은 자.
-평심(平心): 평화롭고 안정된 마음.

일 욕심으로 많은 분량을 받고서 주체하지 못하는 것보다는 감당할 만한 분량을 최선을 다해서 하는 것이 더 낫다. 일을 피하라는 것이 아니라 부담을 가지고 일을 대하면 태산만큼 크게 보이고, 즐기듯 대하면 자기 분량에 맞게 압축해서 능률적으로 볼 수 있게 된다. 능력을 넘어선다고 판단되면 신께 의지하고 간구도 해 보자.(이 세상 누구나 다 신앙인이다. 어느 대상을 믿느냐의 차이일 뿐) 일이 없음에 낙심 말고 그 자체도 복으로 생각하고 하지 못하던 일을 하며 나 자신을 위해 수양 및 계발을 하며 즐기자.

(벧전4:10) 각각 은사를 받은 대로 하나님의 각양 은혜를 맡은 선한 청지기같이 서로 봉사하라.

(고전4:2) 그리고 맡은 자들에게 구할 것은 충성이니라.

(고전10:13) 사람이 감당할 시험밖에는 너희에게 당한 것이 없나니 오직 하나님은 미쁘사 너희가 감당치 못할 시험당함을 허락지 아니하시고 시험당할 즈음에 또한 피할 길을 내사 너희로 능히 감당하게 하시느니라.

38-7. 이름 없고 지위 없는 즐거움이 가장 큰 즐거움이다

사
람
들
은

명성과 높은 지위만을 즐거움인 줄 알지만

명예도 지위도 없는 사람의 즐거움이

보다 더 큰 참된 즐거움인 줄은 모른다.

사람들은 굶주리고 추운 것만이 근심인 줄 알지만

굶주리지 않고 춥지 않은 사람의 근심이

더 큰 근심인 줄은 모른다.

人知名位爲樂 不知無名無位之樂爲最眞 人知饑寒爲憂 不知不饑不寒之憂爲更甚.
인지명위위락 부지무명무위지락위최진 인지기한위우 부지부기불한지우위갱심.

-부지불기불한지우위갱심(不知不饑不寒之憂爲更甚): 배고프지 않고(不饑) 추위가 없는
(不寒) 근심이(之憂) 더욱 심한(更甚) 것이 됨을(爲) 알지 못한다.

명예, 지위, 물질 등에 욕심을 가지면 그런 것들의 노예가 된다. 천석꾼은 천 가지, 만석꾼은 만 가지 근심이 있다는 속담처럼 명성이나 물질의 풍요를 누리는 만족감보다, 유지하기 위해 갖는 중압감의 스트레스가 훨씬 더 클 수도 있다.

부질없는 인생사에 뜻을 두기보다는, 보다 더 가치 있는 것을 찾아 사는 삶이 즐겁지 않으랴.

(잠29:23) 사람이 교만하면 낮아지게 되겠고 마음이 겸손하면 영예를 얻으리라.

(욥22:29) 네가 낮춤을 받거든 높아지리라고 말하라 하나님은 겸손한 자를 구원하시느니라.

(약1:9-10) 낮은 형제는 자기의 높음을 자랑하고 *부한 형제는 자기의 낮아짐을 자랑할지니 이는 풀의 꽃과 같이 지나감이라.

38-8. 전성기에 물러나라

하
던

일에서 물러날 때는
마땅히
전성기에 물러나라.
몸을 두는 곳은
마땅히
홀로 뒤진 곳에 자리 잡아라.

謝事 當謝於正盛之時 居身 宜居於獨後之也.
사사 당사어정성지시 거신 의거어독후지야.

-거신(居身): 몸을 두는 곳, 처신.
-독후지야(獨後之地): 홀로 처진 자리. 남이 탐하지 않은 한적한 자리.

잘나갈 때 떠난다는 것은 쉬운 일은 아니다. 그러나 혜안을 가지고 멀리 보면 자신의 명예와 목숨도 부도 잃지 않는 길은 바로 그와 같은 선택임을 역사는 말해 주고 있다. 높은 자리는 책임도 크고, 시기 질투, 모함, 욕, 끌어내리려 길목 지키는 눈…. 마음 편할 날이 없다. 결국 사라지는 권세 자리에서 단물을 먹고 싶어 하지 말고, 자신을 조금 뒤에 놓고 주목과 시기를 받지 않는 것이 오히려 현명한 것이다. 내려와서 보면 더 보람 있고 편안한 세계도 있다. 욕심내지 말고 떠날 때를 알고 떠나자.

우리는 익숙해진 생활에서 물러나면 실망하지만, 실제는 거기서 새롭고 좋은 일이 시작되는 것이다. 생명이 있는 동안은 행복이 있다.

- 톨스토이 -

(눅14:10) 청함을 받았을 때에 차라리 가서 말석에 앉으라 그러면 너를 청한 자가 와서 너더러 벗이여 올라 앉으라 하리니 그때에야 함께 앉은 모든 사람 앞에 영광이 있으리라.

(롬12:16) 서로 마음을 같이하며 높은 데 마음을 두지 말고 도리어 낮은 데 처하며 스스로 지혜 있는 체 말라.

(약1:9-10) 낮은 형제는 자기의 높음을 자랑하고 *부한 형제는 자기의 낮아짐을 자랑할지니 이는 풀의 꽃과 같이 지나감이라.

38-9. 일이 없을 때와 있을

일
이
없
을

때에는 마음이 어두워 우울해지기 쉽다.

마땅히 고요한 가운데

밝은 지혜로써 비추자.

일이 있을 때는 마음이 흩어지기 쉽다.

마땅히 밝은 지혜 가운데

고요함으로 중심을 삼자.

無事時 心易昏冥 宜寂寂而照以惺惺. 有事時 心易奔逸 宜惺惺而主以寂寂.
무사시 심이혼명 의적적이조이성성 유사시 심이분일 의성성이주이적적.

-무사시(無事時): 일이 없을 때.
-혼명(昏冥): 어둡고 캄캄함.
-의성성이주이적적: 마땅히(宜) 깨어 있으면서(惺惺而) 일에 대처하고 마음은 고요함을
(寂寂) 주인으로 삼아야 한다(主以).

서울대학교 마크를 보면 펼쳐진 책 그림 안에 라틴어 'VERITAS LUX MEA'가 적혀 있는데 이는 '진리는 나의 빛'이란 뜻이다. 자연계의 빛과 어두움이 있듯, 정신세계도 빛과 어두움이 있다. 대체로 철학, 종교 경전에서는 '진리는 빛이요, 무지는 밤'이라고도 한다. 즉 빛 가운데 있으려면 진리를 알아야 한다. 그 진리가 '생명이요 나를 비춰주는 내 발걸음의 등'이다. 고로 늘 일이 있건 없건 진리를 마음 판에 새기는 작업을 수도승같이 도 닦는 심정으로 꾸준히 하면서 살아가자.

(시119:105) 주의 말씀은 내 발에 등이요 내 길에 빛이니이다.

(요1:1, 4~5) 태초에 말씀이 계시니라 이 말씀이 하나님과 함께 계셨으니 이 말씀은 곧 하나님이시니라 *그 안에 생명이 있었으니 이 생명은 사람들의 빛이라. *빛이 어두움에 비취되 어두움이 깨닫지 못하더라.

(요8:12) 예수께서 또 일러 가라사대 나는 세상의 빛이니 나를 따르는 자는 어두움에 다니지 아니하고 생명의 빛을 얻으리라.

38-10. 일을 맡으면 사심을 떠나 일에 몰두하라

일
을

의논하는 사람은

객관적으로

그 일의 다양한 이해의 실상을 살펴보라.

일을 맡은 사람은

자신을 그 일 안에 두어

이해관계를 떠나 공적인 일에 몰두하라.

議事者 身在事外 宜悉利害之情 任事者 身居事中 當忘利害之慮.
의사자 신재사외 의실리해지정 임사자 신거사중 당망리해지려.

-신거사중(身居事中): 몸을 일의 가운데 둠. 일에 철저하게 몰두하는 것.
-당망이해지려(當忘利害之慮): 마땅히(當) 이해관계에 대한 생각을 잊으라. 일의 추진을
맡은 자는 이해관계를 생각하지 말고 추진해야 한다.
-두호(斗護): 남을 두둔하여 보호함.

일을 논의할 때는 제삼자 입장에서 객관적으로 골고루 살펴 사심이 개입되지 않도록 하고, 일을 맡은 경우는 책임감을 느끼고 공익을 위해 즐거운 마음으로 최선을 다한다. 만사를 잘하기 위해서는 이 두 원칙을 잘 지켜야 한다.

(레19:15) 너희는 재판할 때에 불의를 행치 말며 가난한 자의 편을 들지 말며 세력있는 자라고 두호하지 말고 공의로 사람을 재판할지며.

(전3:22) 그러므로 내 소견에는 사람이 자기 일에 즐거워하는 것보다 나은 것이 없나니 이는 그의 분복이라 그 신후사를 보게 하려고 저를 도로 데리고 올 자가 누구이랴.

38-11. 몸가짐은 엄격 명백, 마음은 온화하고 평이

선
비
가

권력의 자리에 있을 때는

그 몸가짐이 엄정하고 명백해야 하며

마음은 항상 온화하고 평이로워야 한다.

조금이라도

'비린내 나는 아첨배들'과 가까이하지 말 것이며

또한 너무 과격하여

소인배의 독침을 건드리지 말아야 한다.

士君子處權門要路 操履要嚴明 心氣要和易
사군자처권문요로 조리요엄명 심기요화이
毋少隨而近腥羶之黨 亦毋過激而犯蜂蠆之毒.
무소수이근성전지당 역무과격이범봉채지독.

-사군자(士君子): 학문과 덕이 높은 선비. 군자.
-요로(要路): 중요한 길. 중요한 지위. 요직.
-조리(操履): 마음의 지조와 몸의 행실.
-봉채지독(蜂蠆之毒): 벌과 전갈의(蠆) 독침(之毒), 소인배들의 해악.

(잠9:8) 거만한 자를 책망하지 말라 그가 너를 미워할까 두려우니라 지혜
있는 자를 책망하라 그가 너를 사랑하리라.

(잠21:15) 공의를 행하는 것이 의인에게는 즐거움이요 죄인에게는 패망이니라.

(살전5:15) 삼가 누가 누구에게든지 악으로 악을 갚지 말게 하고 오직 피차 대하든지 모든 사람을 대하든지 항상 선을 좇으라.

(빌2:14-15) 모든 일을 원망과 시비가 없이 하라 *이는 너희가 흠이 없고 순전하여 어그러지고 거스리는 세대 가운데서 하나님의 흠 없는 자녀로 세상에서 그들 가운데 빛들로 나타내며.

38-12. 공정하면 지혜가 따라오고 청렴하면 위엄이 생긴다

관
직
에

있는 자 명심할 두어 마디 말이 있나니

'공의로우면 밝은 지혜가 생기고 청렴하면 위엄이 생긴다.'

이고,

집안을 다스리는 자 명심할 두어 마디가 있나니

'너그러워야 화목하고 검소해야 부족함이 없다.'

이다.

居官　有二語　曰惟公則生明　惟廉則生威.
거관　유이어　왈유공즉생명　유렴즉생위.
居家　有二語　曰惟恕則情平　惟儉則用足.
거가　유이어　왈유서즉정평　유검즉용족.

-공즉생명(公則生明): 공평해야 밝은 지혜가 생긴다.
-유서즉정평(惟恕則情平): 오직 용서해야(너그러워야) 불평이 없다.
-공의(公義): 공평하고 의로운 도의(도리).

사회생활은 공의와 청렴을 잊지 말자. 공의를 행하면 즐거움으로 보답해 주지만 공의롭지 못하면 나쁜 꾀만 생각나고 일을 결국 그르친다. 또한 청렴하지 못하면 위엄도 떨어지고 결국 신뢰를 잃는다.

가족이 화목해야 편안한 그 마음으로 가족 생활의 연장인 사회생활이 안정되고 일도 여유 있게 잘할 수 있다. 화목한 가정이 되기 위해서는 가족이 실수해도 너그러이 용서해야 하고 검소한 습관이 배도록 하는 것이 좋다.

(신 16:20) 너는 마땅히 공의만 좇으라 그리하면 네가 살겠고 네 하나님 여호와께서 네게 주시는 땅을 얻으리라.

(잠 21:15)공의를 행하는 것이 의인에게는 즐거움이요 죄인에게는 패망이니라.

39. 이기는 기술

39-1. 도망갈 길 터 주고 제거하라

간
사
한

무리를 제거하고
아첨하는 무리를 없애려면
먼저 도망갈 길을 열어 줘야 한다.
그들에게 도망갈 길이 없다면
마치 쥐구멍을 막은 것과 같다.
도망갈 길이 다 막혀 버리면
그들은 귀중한 물건을 물어뜯고 깨트릴 것이다.

鋤奸杜倖 要放他一條去路, 若使之一無所容 譬如塞鼠穴者 一切去路.
서간두행 요방타일조거로.야사지일무소용 비여색서혈자 일절거로.

都塞盡 則一切好物 俱咬破矣.
도색진 칙일체호물 구교파의.

-일체호물(一切好物): 모든 귀한 서책과 도자기 등의 보물.

쥐새끼도 막다른 길에서는 고양이를 물려고 한다. 고로 쫓아 내야 할 대상이라도 힘으로만이 아니라 모략을 잘 세워야 한다.

(잠24:6) 너는 모략으로 싸우라 승리는 모사가 많음에 있느 니라.

40. 권세

40-1. 권력과 사리사욕에 발 들이지 마라

공

평

하

고

올바른 의견에는 반대하지 마라.

한번 범하면 후세토록 수치를 남긴다.

권력과 사리사욕에 발 들이지 마라.

한번 발붙이면 평생토록 오점이 된다.

公平正論 不可犯手 一犯則貽羞萬世 權門私竇 不可著脚 一著則點汚終身.

공평정론 불가범수 일범칙이수만세 권문사두 불가저각 일저칙점오종신.

-공평정론(公平正論): 공평하고 올바른 의론.

개인의 사사로운 이익 때문에 올바른 일에 반대하는 것은 결국 올바른 잣대(공의공도)가 없는 기회주의자이고, 을사 5적처럼 그가 한 일은 평생 오점이 된다. 권력과 사리사욕에 발을 들이면 같은 부류로 매도되기 때문에 악은 모양이라도 버리자. 영원히 처량한 자 되지 말고 일시적인 외로움을 택하자.

(살전5:21-22) 범사에 헤아려 좋은 것을 취하고 *악은 모든 모양이라도 버리라.

40-2. 너무 높으면 위태롭다

너
무

높은 관직에 오르려 욕심 갖지 마라.

너무 높으면 위태롭다.

능숙한 일이라고 온 힘을 다 쏟지 마라.

다 한즉 쇠퇴할 수도 있다.

행실을 너무 고상한 척 보이지 마라,

너무 고상하게 보이면 비방과 욕설이 다가온다.

어느 사회나 '갑'과 '을'은 존재한다. 대체로 '비호감형'은 본인을 '갑'으로 생각하기 때문이다. '을 같은 갑'이 되어 살아가자. 상대방을 갑으로 인식시켜 주며 낮은 자세로 대한다면 신기하게도 나는 적극적인 사람이 된다. 예를 들어 영업사원은 '갑'이 아니라 '을'의 자세이기 때문에 소통이 되는 것이다. '갑'보다는 '을'의 마음 자세로 살아감이 진정한 자유인이요 진정한 '갑'이다. 우뚝 선 봉우리보다 낮은 계곡의 정신 즉 '곡신불사'[36]를 생각하자. 별도 좋지만 별을 더욱 빛나게 해 주는 하늘 같은 배경으로 사는 것도 좋지 않겠는가. 별은 떨어질 수 있으나 하늘은 영원하다.

---

36) **곡신불사(谷神不死)** -노자의 도덕경 6장에 나오는 단어이다.
'계곡은 가뭄에도 마르지 않는다'. 계곡이란 산의 형세 중에서 낮은 곳. '곡신'이란 '계곡의 겸손한 정신'이란 뜻이다. 온 세상에 가뭄이 들어 메말라가도 마르지 않는 계곡.
우뚝 선 모습도 아름답지만, 결국 낮은 곳으로 임하여 가뭄에도 가장 강하게 살아 남을 수 있는 힘의 근원지. 계곡의 정신인 '곡신'. 권위적이고 위협적인 모습보다는 부드럽고 유연한 모습, 나이 들어가며 경직된 모습보다는 유연해지는 모습. 부드럽고 겸손한 것이 강하고 교만한 것을 이긴다. 그 낮춤의 계곡 정신이야말로, 자고(自高)한 사람이 넘치는 요즘 시대에 절실히 필요한 정신이다. 우뚝 선 모습도 아름답지만 자기를 낮춘 계곡의 아름다움이야말로 생명력의 근원. '곡신불사, 계곡의 정신은 죽지 않는다'. 진정한 승자는, 낮아짐으로 인해 마르지 않는 물이 흐르는 자. 낮춤에서 나오는 배려와 포용 있는 자. 낮은 곳에 있는 자가 승자.

(고전5:9-10) 내가 너희에게 쓴 것에 음행하는 자들을 사귀지 말라 하였거니와 10. 이 말은 이 세상의 음행하는 자들이나 탐하는 자들과 토색하는 자들이나 우상 숭배하는 자들을 도무지 사귀지 말라 하는 것이 아니니 만일 그리하려면 세상 밖으로 나가야 할 것이라.

(고전9:19-20) 내가 모든 사람에게 자유하였으나 스스로 모든 사람에게 종이 된 것은 더 많은 사람을 얻고자 함이라 20. 유대인들에게는 내가 유대인과 같이 된 것은 유대인들을 얻고자 함이요 율법 아래 있는 자들에게는 내가 율법 아래 있지 아니하나 율법 아래 있는 자같이 된 것은 율법 아래 있는 자들을 얻고자 함이요.

爵位 不宜太盛太盛則危 能事 不宜盡畢盡畢則衰 行誼不宜過高過高則謗興而毀來.
작위 불의태성태성즉위 능사 불의진필진필즉쇠 행의불의과고과고즉방흥이훼래.

-태성즉위(太盛則危): 너무 높으면(太盛) 곧(則) 위태롭다(危).

40-3. 참 선비는 명성과 화려함을 좋아하지 않는다

술
잔
치
를

즐기는 집은 훌륭한 가정이 아니고

명성과 화려함을 즐기는 사람은 훌륭한 선비가 아니며

높은 지위에 생각이 많으면 훌륭한 신하가 아니다.

飲宴之樂多 不是個好人家 聲華之習勝 不是個好士子 名位之念重 不是個好臣士.
음연지락다 불시개호인가 성화지습승 불시개호사자 명위지념중 불시개호신사.

-성화지습승(聲華之習勝): 명성과 화려함을 즐기는 것이 지나침.(勝: 이길 승, 심함, 지나침)
-명위지념중(名位之念重): 명망 높은 자리 탐하는 것이(念) 많음(重).

(잠14:35) 슬기롭게 행하는 신하는 왕의 은총을 입고 욕을 끼치는 신하는 그의 진노를 당하느니라.

41. 잘나갈 때

41-1. 편안할 때라도 주위를 돌아보라

은
혜
로
움

속에서 재앙이 생겨나니,

뜻대로 잘 풀릴 때라도 주위를 돌아보라.

실패한 그 일로 혹 성공을 하게 되니,

마음대로 되지 않는다고 쉽게 포기 말라.

恩裡由來生害 故快意時 須早回頭 敗後或反成功 故拂心處 莫便放手.
은리유래생해 고쾌의시 수조회두 패후혹반성공 고불심처 막변방수.

-快意: 자기 뜻대로 일이 잘 풀림.
-放手: 하던 일을 도중에 포기함. 손을 놓다.

빛은 무엇인가? 진리를 '깨달음'이다. '선견지명'이다. '지혜'다. 인생은 굴곡의 연속이다. 실패한 때라도 깨달음이 있으면 성공의 길을 알게 되며 평온할 때라도 군자는 재앙을 대비하며 바삐 움직인다. 이와 같은 마음 자세라면 롤러코스터를 즐기듯이 능히 장성한 자답게 전진해 나간다.

(시119:130) 주의 말씀을 열므로 우둔한 자에게 비취어 깨닫게 하나이다.

(고전10:12) 그런즉 선 줄로 생각하는 자는 넘어질까 조심하라.

(살전5:3) 저희가 평안하다, 안전하다 할 그 때에 잉태된 여자에게 해산 고통이 이름과 같이 멸망이 홀연히 저희에게 이르리니 결단코 피하지 못하리라.

(살전5:4-5) 형제들아 너희는 어두움에 있지 아니하매 그 날이 도적같이 너희에게 임하지 못하리니 *너희는 다 빛의 아들이요 낮의 아들이라 우리가 밤이나 어두움에 속하지 아니하나니.

41-2. 왕성할 때 나중을 생각하라

늙
어

오는 질병은 젊을 때 불러들인 결과이며,

쇠퇴하며 임한 재앙은 흥할 때부터 초래된 것이다.

고로 젊고 흥할 때 (쇠해짐을 염두에 두고) 더욱 조심하라.

늙어 병마에 시달리는 것은 젊을 때 몸을 아끼지 않아서이다.(물론 선천적이거나 어쩔 수 없는 재해로 인할 수도 있겠지만…) 건강은 건강할 때 지켜야 한다. 그것이 지혜다. 아무리 재물과 권세가 높고 지식과 덕이 하늘에 닿아도 몸이 시들시들 앓는다면 무슨 소용 있으랴. 누굴 원망하랴. 건강하여 소홀하게 생각했던 내 몸. 언젠가 누구나 결국 늙어간다. 겉 피부와 속의 장기는 변해가고 이상 징후는 나타나기 마련이다. 내 몸은 내 것이 아니다. 나로 인해 가족이 고생하고 나도 불행해지기 전에 지금부터라도 건강관리를 잘하자. 적절한 잠, 적절한 운동, 모자란 듯한 음식, 담백한 맛 등 중용을 따르자.

(시126:5-6) 눈물을 흘리며 씨를 뿌리는 자는 기쁨으로 거두리로다 6. 울며 씨를 뿌리러 나가는 자는 정녕 기쁨으로 그 단을 가지고 돌아오리로다.

(잠16:31) 백발은 영화의 면류관이라 의로운 길에서 얻으리라.

(잠28:26) 자기의 마음을 믿는 자는 미련한 자요 지혜롭게 행하는 자는 구원을 얻을 자니라.

(잠19:3) 사람이 미련하므로 자기 길을 굽게 하고 마음으로 여호와를 원망하느니라.

老來疾病 都是壯時招的 衰後罪孽 都是盛時作的 故持盈履滿 君子尤兢兢焉.
노래질병 도시장시초적 쇠후죄얼 도시성시작적 고지영리만 군자우긍긍언.

-죄얼(罪孽): 저지른 죄로 인하여 일어나는 재앙.
-우긍긍언(尤兢兢焉): 더욱 조심하고 삼가야 한다.

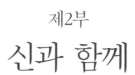

제2부
신과 함께

(마5:3) 심령이 가난한 자는 복이 있
나니 천국이 저희 것임이요

(요10:35) 성경은 폐하지 못하나니 하나님의 말
씀을 받은 사람들을 신이라 하셨거든

42. 현재가 중요

42-1. 사람을 보려면 인생의 후반부를 보라

기
생
도

늘그막에 한 남편을 따른다면
이전의 화류 생활은 문제 될 것 없고
정숙한 여자라도 나이 먹고 정조를 잃으면
평생 지켜 온 절개가 수포가 된다.
"사람을 보려면 그 인생의 후반부를 보라"고 한
옛말이 맞는다.[37]

그 사람이 어떠했는지는 관두껑에 못을 박은 다음이라는 두보의 말처럼 사람의 정당한 평가는 말년이 돼야 나온다. 그러므로 긴 세월 정숙하게 살아와도 늘그막에 정조를 잃는다면 그동안의 절개는 허사이며 반대로 음란하고 방탕하게 지냈다 해도 다 접고 새로운 삶을 시작한다면 이전 것은 아무 문제가 되지 않는다.

---

37) 두보(杜甫)가 '그대는 보지 못했는가?(君不見簡蘇後)'라는 제목으로 친구 아들인 소혜에게 편지로 보낸 詩. 그중에 "…장부개관사시정 (丈夫蓋棺事始定)…"라는 글이 나온다. 뜻은"…장부는 관 뚜껑을 덮어야 모든 일이 결정된다."이며, 아직 늙지 않은 친구의 아들 소혜에게 초췌한 모습으로 산속에서만 한탄하지 말라는 권면의 시이다. 평소 어려움에 처해 있더라도 포기하지 말고 최선을 다하라는 것이다.(이후 소혜는 이 시를 읽고 산속을 떠나 열심히 뜻을 세우고 이루며 살았다고 한다.)

(고후5:17) 그런즉 누구든지 그리스도 안에 있으면 새로운 피조물이라 이전 것은 지나갔으니 보라 새 것이 되었도다.

(벧전4:3) 너희가 음란과 정욕과 술취함과 방탕과 향락과 무법한 우상 숭배를 하여 이방인의 뜻을 따라 행한 것은 지나간 때로 족하도다.

(갈2:20) 내가 그리스도와 함께 십자가에 못 박혔나니 그런즉 이제는 내가 사는 것이 아니요 오직 내 안에 그리스도께서 사시는 것이라 이제 내가 육체 가운데 사는 것은 나를 사랑하사 나를 위하여 자기 자신을 버리신 하나님의 아들을 믿는 믿음 안에서 사는 것이라.

聲妓 晩景從良 一世之胭花無碍 貞婦 白頭失守 半生之情苦俱非.
성기 만경종량 일세지연화무애 정부 백두실수 반생지정고구비.
語云 "看人只看後半截" 眞名言也.
어운 "간인지간후반절" 진명언야.

-간인지간후반절: "사람을 보려면(看人) 그 후반을(後半截) 보라(看)."

42-2. 남의 허물과 비밀, 과오를 잊어버리고 덕을 쌓으라

남
의

작은 허물 나무라지 말고

남의 비밀 들추어내지 말며

남의 지나간 잘못은 떠올리지 말라.

이 세 가지를 명심하면 스스로 덕을 기르며

또한 해를 멀리할 수 있다

세상살이의 크고 작은 다툼과 잦은 갈라짐의 원인은 결국 행위보다는 '주책없는 입'이다. 선한 말 이외에는 말을 아끼는 자는 덕을 쌓는 자이다. 즉 허물을 지적 말고, 비밀을 지켜 주고, 지난 잘못을 마음에 두지 말 것. 채근담이 권하는 메시지이다.

쉬운 일은 아니어도 노력하여 덕을 세우도록 하자. '밉게 보느냐, 곱게 보느냐'는 결국 내 마음 먹기 나름 아닌가?[38]

---

38) 밉게 보면 잡초 아닌 풀이 없고, 곱게 보면 꽃 아닌 사람 없으되,
    내가 잡초 되기 싫으니 그대를 꽃으로 볼 일이로다.
    털려고 들면 먼지 없는 이 없고, 덮으려고 들면 못 덮을 허물 없으되,
    누구의 눈에 들기는 힘들어도, 그 눈 밖에 나기는 한순간이더라.
    귀가 얇은 자는 그 입 또한 가랑잎처럼 가볍고,
    귀가 두꺼운 자는 그 입 또한 바위처럼 무거운 법.
    생각이 깊은 자여, 그대는 남의 말을 내 말처럼 하리라.
    겸손은 사람을 머물게 하고, 칭찬은 사람을 가깝게 하고,
    넓음은 사람을 따르게 하고, 깊음은 사람을 감동케 하니,
    마음이 아름다운 자여!
    그대 그 향기에 세상이 아름다워라.
    (이채 시인의 詩 "마음이 아름다우니 세상이 아름다워라" 中에서)

(마7:5) 외식하는 자여 먼저 네 눈 속에서 들보를 빼어라 그 후에야 밝히 보고 형제의 눈 속에서 티를 빼리라.

(잠20:19) 두루 다니며 한담하는 자는 남의 비밀을 누설하나니 입술을 벌린 자를 사귀지 말지니라.

(잠25:15) 오래 참으면 관원이 그 말을 용납하나니 부드러운 혀는 뼈를 꺾느니라.

(엡4:29) 무릇 더러운 말은 너희 입 밖에도 내지 말고 오직 덕을 세우는 데 소용되는 대로 선한 말을 하여 듣는 자들에게 은혜를 끼치게 하라.

(엡4:32) 서로 인자하게 하며 불쌍히 여기며 서로 용서하기를 하나님이 그리스도 안에서 너희를 용서하심과 같이 하라.

不責人小過 不發人陰私 不念人舊惡 三者可以養德 亦可以遠害
불책인소과 불발인음사 불염인구악 삼자가이양덕 역가이원해

-음사(陰私): 개인적인 비밀.
-구악(舊惡): 이전 잘못한 죄악이나 병폐.

---

43. 인품, 덕

43-1. 착한 사람은 잠잘 때도 온화함으로 가득 차 있다

착
한
사
람
은

몸가짐이 편안하고 잔잔함은 물론이고
잠자는 동안에도 온화한 기운이 감돈다.
사람은 행동이 사나운 것은 물론
목소리와 웃으며 하는 말에도 살기가 느껴진다.

吉人 無論作用安詳則夢寐神魂無非和氣 凶人 無論行事狼戾則聲音咲語 渾是殺機.
길인 무론작용안상즉몽매신혼무비화기 흉인 무론행사낭려즉성음소어 혼시살기.

- 길인(吉人): 착한 사람.(吉: 길할 길. 좋음. 훌륭함.)
- 무론(無論): 말할 나위도 없음.
- 흉인(凶人): 사람.
- 무비화기(無非和氣): 온화한 기운을 띠지 않은 것이 없다.

'얼굴은 그 사람의 명함'이라는 말이 있다. 말은 꼭 입으로만 하는 것이 아니다. 눈빛으로, 얼굴로, 인상으로도 한다. 그 사람의 온유한 마음, 인품이나 교양은 평상시의 언행이나 심지어 잠자는 시간에도 나타나기 마련이다. 나쁘고 못된 성품 또한 음흉하고 살벌한 기운이 느껴진다. 착하던 악하던 그 속의 마음은 결국 다 드러나기 마련인 것 보면 누구에게나 성품이 가장 중요한 문제이다.

늘 나를 대하는 모든 이가 고마운 마음을 갖게끔 선하고 겸손하게 살아가도록 노력하자.

(마5:16) 이같이 너희 빛을 사람 앞에 비취게 하여 저희로 너희 착한 행실을 보고 하늘에 계신 너희 아버지께 영광을 돌리게 하라.

(잠15:15) 고난받는 자는 그 날이 다 험악하나 마음이 즐거운 자는 항상 잔치하느니라.

(잠16:22~23)명철한 자에게는 그 명철이 생명의 샘이 되거니와 미련한 자에게는 그 미련한 것이 징계가 되느니라 *지혜로운 자의 마음은 그 입을 슬기롭게 하고 또 그 입술에 지식을 더하느니라.

(잠22:24~25) 노를 품는 자와 사귀지 말며 울분한 자와 동행하지 말지니 *그 행위를 본받아서 네 영혼을 올무에 빠질까 두려움이니라.

43-2. 담백한 삶에서 인품이 나온다

명
아
주,

비름나물로 배를 채우는 가난이지만

그래도 만족할 줄 아는 자는

맑은 얼음과 옥처럼 깨끗한 인품이 많고,

비단옷과 좋은 음식으로 배를 채우는 자는

종처럼 비굴하게 아첨함도 마다 않는다.

대개 지조는 담백함으로 더 뚜렷해지고,

절개는 부귀를 탐함으로 빛을 잃는 것이다.

藜口莧腸者 多氷淸玉潔 袞衣玉食者 甘婢膝奴顔 蓋志以澹泊明 而節從肥甘喪也.
여구현장자 다빙청옥결 곤의옥식자 감비슬노안 개지이담박명 이절종비감상야.

-여구(藜口): 소박한 음식. 명아주와 도토리 나물을 먹다.
-다빙청옥경(多氷淸玉潔): 얼음과 옥처럼 맑고 깨끗한 사람이 많다.(인품의 고결함)
-지이(志以)담박명(澹泊明): (대개)지조는 담백함으로써 뚜렷해진다.(明)
-담박(澹泊): 소탈하고 담박함.
-비감(肥甘): 기름지고 달콤함. 살진 고기와 맛있는 음식.

(딤전 6:8) 우리가 먹을 것과 입을 것이 있은즉 족한 줄로 알 것이니라.

(마 5:3) 심령이 가난한 자는 복이 있나니 천국이 저희 것임이요.

(잠24:1) 너는 악인의 형통을 부러워하지 말며 그와 함께 있기도 원하지 말지어다.

(잠11:28) 자기의 재물을 의지하는 자는 패망하려니와 의인은 푸른 잎사귀 같아서 번성하리라.

43-3. 마음을 활짝 열어 은혜를 끼치는 자 되자

살
아

생전에 마음을 활짝 열어

사람들에게 불평이 없게 하고,

죽은 뒤에도 혜택을 흐르도록 하여

오랜 세월 잊혀지지 않도록 하자.

面前的田地要放得寬 使人無不平之歎 身後的惠澤要流得久 使人有不櫃之思.
면전적전지요방득관 사인무불평지탄 신후적혜택요류득구 사인유불궤지사.

-면전(面前): 얼굴 앞. 뒷 구절 身後에 대응되어 '살아 있을 때'로 해석.

어둡고 부패한 세상을 밝히고 깨끗하게 변화시키려고 노력하는 자들을 '빛과 소금'처럼 산다고도 한다.

열린 마음으로 배우고 품어 널리 밝게 비추는 삶을 살아 보자. 주변의 지인들이 갖고 있는 '000[39] 고마움 통장'이 마이너스 되지 않도록 살아가자.

(마5:13~16) 너희는 세상의 소금이니 소금이 만일 그 맛을 잃으면 무엇으로 짜게 하리요 후에는 아무 쓸데없어 다만 밖에 버리워 사람에게 밟힐 뿐이니라 *너희는 세상의 빛이라 산 위에 있는 동네가 숨기우지 못할 것이요 *사람이 등불을 켜서 말 아래 두지 아니하고 등경 위에 두나니 이러므로 집안 모든 사람에게 비취느니라 *이같이 너희 빛을 사람 앞에 비취게 하여 저희로 너희 착한 행실을 보고 하늘에 계신 너희 아버지께 영광을 돌리게 하라

---

39)　'000'이란 '독자(讀者)의 이름'을 말함. 이 글을 읽는 본인의 이름이다.

43-4. 가장 편안하고 즐거운 삶의 근원은 배려하는 마음

좁
은

길에서는

먼저 한 걸음 양보하라.

맛있는 음식은

조금 덜어 남들과 나누어 먹으라.

이런 마음이

세상살이 편안하고 즐겁게 사는 길이다.

徑路窄處 留一步與人行 滋味濃的 減三分讓人嗜 此是涉世一極安樂法.
경로착처 유일보여인행 자미농적 감삼분양인기 차시섭세일극안락법.

-유일보(留一步): 한 걸음 멈추다(양보해 주다).
-섭세(涉世): 세상을 살아감.
-안락법(安樂法): 편안히 사는 법.

(잠15:17) 여간 채소를 먹으며 서로 사랑하는 것이 살진 소를 먹으며 서로 미워하는 것보다 나으니라.

(히 12:14) 모든 사람과 더불어 화평함과 거룩함을 따르라 이것이 없이는 아무도 주를 보지 못하리라.

(엡5:9) 빛의 열매는 모든 착함과 의로움과 진실함에 있느니라

43-5. 단결하면 하늘도 감동한다

상
대
가

부(富)를 내세우면 나는 인을 보이고
상대가 지위를 내세우면 나는 의로움을 보인다.
군자는 높은 지위에 농락되지 않는다.
사람이 힘을 모으면[40]하늘을 이기고
뜻을 하나로 모으면 기질도 바꿀 수 있다.
군자는 또한 운명의 지배를 받지 않는다.

세상의 부귀영화는 바람처럼 있다가도 사라지는 것이다. 그러나 마음의 어짊과 의로움의 힘은 세월과 더불어 영원하다. 그런 성실한 성품을 가진 이는 뜬구름과 같은 세상의 것들을 초월할 수 있고 그의 성실함이 그를 인도하므로 군자의 세계에 다다른다.

---

40) 사람의 힘이 모이면 천명도 이길 수 있다는 뜻. 사마천의 사기(史記) 오자서(伍子胥) 열전(列傳)에 나옴. 신포서(申包胥)가 오자서에게 했던 말 "인중자승천(人眾者勝天), 천정역능파인(天定亦能破人)"에서 나온 말이다. "사람이 많으면 한때 하늘도 이길 수 있지만, 하늘의 뜻이 정해지면 사람을 깨뜨릴 수도 있다."

(잠22:29) 네가 자기 사업에 근실한 사람을 보았느냐 이러한 사람은 왕 앞에 설 것이요 천한 자 앞에 서지 아니하리라.

(잠4:25~27) 네 눈은 바로 보며 네 눈꺼풀은 네 앞을 곧게 살펴 *네 발의 행할 첩경을 평탄케 하며 네 모든 길을 든든히 하라 *우편으로나 좌편으로나 치우치지 말고 네 발을 악에서 떠나게 하라.

(잠11:3) 정직한 자의 성실은 자기를 인도하거니와 사특한 자의 패역은 자기를 망케하느니라.

彼富我仁 彼爵我義 君子 固不爲君相所牢籠.
피부아인 피작아의 군자 고불위군상소뢰롱.
人定勝天 志一動氣 君子 亦不受造物之陶鑄.
인정승천 지일동기 군자 역불수조물지도주.

-뢰롱(牢籠): 감옥과 새장. 가두고 마음대로 농락함.
-인정승천(人定勝天): 마음을 굳게 하면 하늘을 이긴다(=지성감천)
-지일동기(志一動氣): 뜻을 하나로 모으면 기질도 변화시킬 수 있다.

43-6. 마음이 청렴치 않은 자의 일은 재주에 지나지 않는다

명
리
를

탐하는 생각이 뿌리 뽑히지 않은 사람은

비록 천승(千乘)⁴¹⁾의 부를 가볍게 여기고

한 표주박의 물을 달게 마실지라도

실상은 세속의 욕망에 머물러 있다.

쓸모없는 용기가 완전히 사라지지 않은 사람은

비록 은덕을 사방에 널리 베풀고

이익을 오랫동안 끼칠지라도

결국엔 쓸모없는 재주에 그치고 만다.

名根未拔者 縱輕千乘 甘一瓢 總墮塵情 客氣未融者 雖澤四海 利萬世 終爲剩技
명근미발자 종경천승 감일표 총타진정 객기미융자 수택사해 이만세 종위잉기

-감일표(甘一瓢)⁴²⁾ : 한 표주박의 음식을 맛있게 먹음. 청빈생활 속에서도 즐거움을 잃지 않는다는 뜻.≪論語≫

---

41) 천승(千乘): 주대(周代)에 제후는 사방 백리를 영유하고 전쟁 시에 병차(兵車) 천승(千乘)을 내놓음. 1승(乘)에는 100인의 兵이 딸림. 천자는 만승, 제후는 천승(千乘), 대부는 백승(百乘)을 거느린다.

42) ≪論語≫ 雍也篇에「子曰, 賢哉, 回也! 一簞食, 一瓢飮, 在陋巷. 人不堪其憂, 回也不改其樂. 賢哉, 回也!(공자께서 말씀하시기를, 어질도다. 顔回여! 한 그릇의 밥과 한 표주박의 물을 마시며 누추한 방에서 사는 것을 사람들은 그 근심을 견디지 못하거늘, 顔回는 그 즐거움을 고치지 않으니, 어질도다. 顔回여!)」

나를 뽐내고 싶어 하고 남이 나를 특별하게 알아주기를 바라는 마음은 명예욕이다. 남들에게는 큰 부귀를 우습게 생각하는 것처럼 보이고 본인은 소박한 것처럼 보이려 하지만 명예심을 채우기 위한 것이다. 객기를 부려 뭔가 도움을 주었다 해도 순수한 마음이 아니라면 결국은 언젠가 잘못된 길로 가게 된다는 메시지다.

덕스러운 인품을 감당하지 못할 작은 그릇이 되지 말고 내 그릇 용량을 넓히자. 그러기 위해 늘 겸손하고 선을 쌓으며 덕을 갖추도록 수양하며 진리를 찾는 수고와 깨달음을 즐거워하며 살아가자.

(잠29:23) 사람이 교만하면 낮아지게 되겠고 마음이 겸손하면 영예를 얻으리라.

(마12:35) 선한 사람은 그 쌓은 선에서 선한 것을 내고 사람은 그 쌓은 악에서 것을 내느니라.

(약1:15) 욕심이 잉태한즉 죄를 낳고 죄가 장성한즉 사망을 낳느니라.

43-7. 덕을 심고 은혜를 베풀자. 권세를 탐하면 권세거지와 같다

**평
민**

이라도 덕을 심고 은혜를 베풀면

지위 없는 재상이 되고,

고관대작도 권세로 대가를 주고받으면

결국 지위 있는 거지가 된다.

平民肯種德施惠 便是無位的公相 士夫徒貪權市寵 竟成有爵的乞人.
평민긍종덕시혜 변시무위적공상 사부도탐권시총 경성유작적걸인.

- 종덕(種德): 덕을 쌓음.
- 시혜(施惠): 은혜를 베풂.
- 시총(市寵): 은총을 팖=혜택을 줌. --市: 저자 시, 팔매(賣)의 뜻도 됨.
- 경성(竟成): 마침내 ~됨. -竟: 다할 경(=마침내).
- 유작적걸인(有爵的乞人): 벼슬이 있는(有爵的) 거지(乞人).

(잠21:15) 공의를 행하는 것이 의인에게는 즐거움이요 죄인에게는 패망이니라.

(잠29:23) 사람이 교만하면 낮아지게 되겠고 마음이 겸손하면 영예를 얻으리라.

43-8. 내 마음이 너그러우면 주변은 온화한 세상이 된다

내
마
음
을

늘 살펴 원만하게 한다면

세상 또한 자연히 온화한 곳이 될 것이며,

내 마음을 늘 열어 너그러이 한다면

세상 또한 저절로 사악함이 없어질 것이다.

此心常看得圓滿　天下自無缺陷之世界　此心常放得寬平　天下自無險側之人情.
차심상간득원만　천하자무결함지세계　차심상방득관평　천하자무험측지인정.

-차심(此心): 자신의 마음. 나의 마음.
-자무결함지세계(自無缺陷之世界): 저절로 결함이 없는 세계가 될 것이다.
-관평(寬平): 관대함과 평온함.

외유내강이 쉽지는 않으나 노력하면 결국 익숙해진다. 인간관계는 거울과 같은 것이어서 내가 마음을 열어야 상대도 열게 되고, 내가 온화한 마음으로 대하면 상대도 그리한다. 내가 틈을 찾아 지적한다면 상대도 나의 허물을 찾으려 할 것이고, 내가 차갑게 대하면 상대는 어색하거나 어렵게 나를 대할 것이다.

본 장의 메시지처럼 먼저 내가 손을 내밀고 온화한 마음으로 먼저 낮아지자. 조화롭게 합력하여 선을 이루며 사는 것이 좋지 않겠는가!

(잠16:7) 사람의 행위가 여호와를 기쁘시게 하면

그 사람의 원수라도 그로 더불어 화목하게 하시느니라.

(마7:12) 그러므로 무엇이든지 남에게 대접을 받고자 하는 대로 너희도 남을 대접하라 이것이 율법이요 선지자니라.

(롬12:17-18) 아무에게도 악으로 악을 갚지 말고 모든 사람 앞에서 선한 일을 도모하라 *할 수 있거든 너희로서는 모든 사람으로 더불어 평화하라.

43-9. 남의 허물과 비밀, 과오를 잊어버리고 덕을 쌓아라

남
의

작은 허물 나무라지 말고

비밀을 들추어내지 말며

남의 지나간 과오를 마음에 두지 말라.

이 세 가지를 명심하면 스스로 덕을 기르며

또한 해를 멀리할 수 있다

세월은 짧다. 미워하지 말자. 시간 낭비다. 측은지심, 즉 불쌍히 여기는 마음을 갖자. 우리 모두 잘난 것이 없이 하늘의 은혜(빛, 비, 공기…)로 살아가는 사람들 아닌가. 아담과 하와가 범죄 후 벗은 것을 봤다는 것은 허물이 보였다는 것. 즉 사단이 개입하게 되어 남의 허물이 보인다는 것이다.

不責人小過　不發人陰私　不念人舊惡　三者可以養德　亦可以遠害.
불책인소과　불발인음사　불염인구악　삼자가이양덕　역가이원해.

- 음사(陰私): 개인적인 비밀.
- 구악(舊惡): 이전에 잘못한 죄악이나 병폐.

"모난 돌이 바다로 가려면

모난 곳이 다 닳아서 둥글어져야 한답니다.

누군가의 흉허물이 보이십니까?

- •
- •
- •
- •
- •
- •

아직 바다는 멀었습니다."

- 범일 스님 -

(잠26:22) 남의 말 하기를 좋아하는 자의 말은 별식과 같아서 뱃속 깊은 데로 내려가느니라.

(마6:14-15) 너희가 사람의 과실을 용서하면 너희 천부께서도 너희 과실을 용서하시려니와 *너희가 사람의 과실을 용서하지 아니하면 너희 아버지께서도 너희 과실을 용서하지 아니하시리라.

(마7:5)외식하는 자여 먼저 네 눈 속에서 들보를 빼어라 그 후에야 밝히 보고 형제의 눈 속에서 티를 빼리라.

43-10. 몸가짐은 무겁게, 마음가짐은 가볍게

군
자
의

몸가짐을 가볍게 말라.

가볍게 하면 사물에 마음을 주게 되어

여유 있고 침착함을 잃게 된다.

또 마음가짐을 무겁게 말라.

너무 무거우면 마음 속의 사물에 얽매여

시원스럽고 활달함을 잃게 된다.

土君子持身不可輕 輕則物能撓我 而無悠閑鎭定之趣.
사군자지신불가경 경칙물능요아 이무유한진정지취.
用意不可重 重則我爲物泥 而無蕭灑活潑之機.
용의불가중 중칙아위물니 이무소쇄활발지기.

- 사군자(士君子): 선비와 군자.
- 물능요아(物能撓我): 가벼우면 외물의 움직임에 따라 반응하니 바쁘다.
- 아위물니(我爲物泥): 내가 사물에 얽매이게 된다. 너무 신중하면 외물들의 움직임에
  마음을 쓰게 되어 결단력이나 판단력이 흐려질 수 있다.
- 이무소쇄(而無蕭灑): 시원스럽고 (활달함을) 잃게 된다.

타인에게 편하게 보이려고 일부로 가볍게 행동을 한다 해도 그것은 상대를 위한 배려 차원이다. 그러나 마치 그 모습이 나의 본모습인 양 빠져들 듯이 지나치게 하지 말 것과, 마음가짐을 신중히 하더라도 밝은 마음과 밝은 기분으로 해야지 정도를 지나친 차분함은 우울해질 수 있음을 설명한 메시지이다.

어떤 상황이라도 당황하거나 경거망동하지 말자. 즉 신중하되, 마음가짐은 번개처럼 신속하고 활발하게 가져야 한다.

(빌4:11~13) 내가 궁핍하므로 말하는 것이 아니라 어떠한 형편에든지 내가 자족하기를 배웠노니 *내가 비천에 처할 줄도 알고 풍부에 처할 줄도 알아 모든 일에 배부르며 배고픔과 풍부와 궁핍에도 일체의 비결을 배웠노라 *내게 능력 주시는 자 안에서 내가 모든 것을 할 수 있느니라.

43-11. 단점은 덮어주고 부드럽게 알려주라

남
의

단점은 마음을 다해 덮어 주자.

들추어 널리 알린다면

나의 단점으로 남의 단점을 공격하는 것이다.

고집만 부리는 자에게는 부드럽게 알려 주자.

나도 화를 내며 지적한다면

내 완고함으로 상대방 완고함을

더 부추기는 것에 지나지 않는다.

人之短處 要曲爲彌縫 如暴而揚之 是以短攻短.
인지단처 요곡위미봉 여폭이양지 시이단공단.
人有頑的 要善爲化誨 如忿而疾之 是以頑濟頑.
인유완적 요선위화회 여분이질지 시이완제완.

-이단공단(以短攻短): 단점으로(以短) 단점을 공격(다스림)하는 것(攻短). 남의 약점을 들춰내어 남을 공격하는 바람직하지 못한 자세.
-요곡위미봉(要曲爲彌縫): 반드시(要曲) 간곡하게 감싸야(彌縫) 한다(爲).
-요선위화회(要善爲化誨): 반드시 좋게 가르쳐 깨우쳐 주어야 한다.
-이완제완(以頑濟頑): 완고함으로 완고함을 건지려고 하는 것. 즉 자신의 고집을 내세워 남의 완고함을 고치고자 하는 것.

우리는 남을 타이르고 지적하는 짓이 참으로 부끄러운 것인지를 잘 모른다. 얼마나 더 나이 먹어야 알아도 모른 척, 똑똑해도 어수룩한 척한단 말인가.[43]

(히 12:14) 모든 사람과 더불어 화평함과 거룩함을 따르라 이 것이 없이는 아무도 주를 보지 못하리라.

(잠17:9) 허물을 덮어 주는 자는 사랑을 구하는 자요 그것을 거듭 말하는 자는 친한 벗을 이간하는 자니라.

(잠20:19) 두루 다니며 한담하는 자는 남의 비밀을 누설하나니 입술을 벌린 자를 사귀지 말지니라.

(잠25:9-10) 너는 이웃과 다투거든 변론만 하고 남의 은밀한 일을 누설하지 말라 *듣는 자가 너를 꾸짖을 터이요 또 수욕이 네게서 떠나지 아니할까 두려우니라.

(잠25:15) 오래 참으면 관원이 그 말을 용납하나니 부드러운 혀는 뼈를 꺾느니라.

(마7:5) 외식하는 자여 먼저 네 눈 속에서 들보를 빼어라 그 후에야 밝히 보고 형제의 눈 속에서 티를 빼리라.

---

43) 大知閑閑 小知閒閒 大言炎炎 小言詹詹'
대지한한 소지한한 대언염염 소언첨첨 - 莊子 齊物論 -
큰 지혜는 조용하고 침착하다. 작은 지식은 일일이 살펴 심판하듯 지적하고 싶어 한다. 큰 말은 담백하고 덕이 있지만 작은 말은 수다스럽다.

43-12. 때론 알아도 표현하지 마라

남
의

속임수를 알면서도

말하지 않고

남에게 모욕을 당해도

표현을 안 한다면

그 안에는 무한한 의미와 덕이 담겨 있는 것이다.

覺人之詐 不形於言 受人之侮 不動於色 此中有無窮意味 亦有無窮受用.

각인지사 불형어언 수인지모 부동어색 차중유무궁의미 역유무궁수용.

-유무궁의미(有無窮意味): 무한한 의미가 있다.

'참을 인' 자 세 번이면 살인도 면한다고 한다. 모든 인간관계의 다툼은 결국 참지 못해서 그런 것이다. 조금만 참으면 아무 문제도 없을 일인데 그 순간을 참지 못해 돌이킬 수 없는 나락으로 빠져들어 간다. 자기감정을 억제 할 줄 아는 자가 강한 자이다.

군자가 되기 위해서는 마음에 이런 여유와 덕을 키우는 훈련도 필요하다.

(잠12:16) 미련한 자는 분노를 당장에 나타내거니와 슬기로운 자는 수욕을 참느니라.

(잠17:27) 말을 아끼는 자는 지식이 있고 성품이 안존한 자는 명철하니라.

(약1:12) 시험을 참는 자는 복이 있도다 이것에 옳다 인정하심을 받은 후에 주께서 자기를 사랑하는 자들에게 약속하신 생명의 면류관을 얻을 것임이니라.

43-13. 남을 미리 불신하지 마라

남
을

해치려는 마음은 없어야 하지만

나를 지키려는 마음이 없어서는 안 된다.

이 말은 살피는 생각이 소홀함이 있을까를 경계한 것이다.

차라리 남에게 속는 일이 있어도

남이 속일 것이라 미리 판단하지 마라.

이 말은 살피는 생각이 지나침이 있을까를 경계한 것이다.

이 두 가지 말을 간직한다면

생각이 밝아지고 덕이 두터워질 것이다.

害人之心 不可有 防人之心 不可無 此戒疎於慮也.
해인지심 불가유 방인지심 불가무 차계소어려야.
寧受人之詐 毋逆人之詐 此警傷於察也. 二語並存 精明而渾厚矣.
영수인지사 무역인지사 차경상어찰야. 이어병존 정명이혼후의.

-소어려(疎於慮): 생각을 소홀히 함.
-정명(精明): 생각이 치밀하고 밝음.
-혼후(渾厚): 덕이 원만하고 순박하고 두터운 것.

남을 해코자 하는 마음도 없어야 하되 나 또한 부당한 침해를 당하지 않도록 나를 지켜야 된다. 그렇다고 당하지 않으려고 경계한 나머지 정직한 사람까지도 미리 근거 없이 예단하여 의심하지 말자는 메시지이다.

(엡4:31-32) 너희는 모든 악독과 노함과 분냄과 떠드는 것과 훼방하는 것을 모든 악의와 함께 버리고 *서로 인자하게 하며 불쌍히 여기며 서로 용서하기를 하나님이 그리스도 안에서 너희를 용서하심과 같이 하라.

(잠11:27) 선을 간절히 구하는 자는 은총을 얻으려니와 악을 더듬어 찾는 자에게는 악이 임하리라.

(잠11:3) 정직한 자의 성실은 자기를 인도하거니와 사특한 자의 패역은 자기를 망케 하느니라.

43-14. 재능은 덕의 종이다(덕승재)

덕
은

재능의 주인요, 재능은 덕의 하인이다.

재능은 있으나 덕이 없다면

주인이 없는 집에 도깨비가 미처 날뛰는 것처럼

하인이 제멋대로 하는 것과 같다.

德者 才之主 才者 德之奴 有才無德 如家無主而奴用事矣 幾何不망량而猖狂.
덕자 재지주 재자 덕지노 유재무덕 여가무주이노용사의 기하불망량이창광.

-망량(魍魎): 온갖 유형의 도깨비.

"덕이 재주를 앞서야 한다(Virtues over skills)." 재능이 아무리 뛰어나도 덕이 없다면 그 재능은 세상에 건설적으로 쓰이지 못한다. 재(才)와 덕(德)을 겸비한 자가 군자의 성품과 인격도 갖춘 자이다. 자신의 재능을 남을 위해 사용하는 과정에서 오는 '베풂의 기쁨'은 어디에서도 겪을 수 없는 기쁨이요, 자기 발전 및 심신의 편안함을 선물로 준다. 그런 자의 말 한마디는 선하고, 은혜로우며 생명력이 있다. 그러나 덕보다는 재능만이 앞서는 자는 자기 이익만 생각하며 자기 의만 나타내려 하는 자이다. 의무보다는 권리만 찾고, 불협화음을 일으키는 이기적인 사람이다.

(잠22:11) 마음의 정결을 사모하는 자의 입술에는 덕이 있으므로 임금이 그의 친구가 되느니라.

(출18:25) 이스라엘 무리 중에서 재덕이 겸전한 자를 빼서 그들로 백성의 두목 곧 천부장과 백부장과 오십부장과 십부장을 삼으매.

(엡4:29) 무릇 더러운 말은 너희 입 밖에도 내지 말고 오직 덕을 세우는 데 소용되는 대로 선한 말을 하여 듣는 자들에게 은혜를 끼치게 하라.

43-15. 덕은 도량에 따라 발전한다

덕
은

도량에 따라 발전하고
도량은 식견에 따라 성장한다.
고로 덕을 넓히려면 도량을 넓히고,
도량을 넓히려면 식견을 키우라.

德隨量進 量由識長 故欲厚其德 不可不弘其量 欲弘其量 不可不大其識.
덕수양진 양유식장 고욕후기덕 불가불홍기량 욕홍기량 불가불대기식.

-덕수양진(德隨量進): 덕은(德) 도량을(量) 따라서(隨) 발전(進).
 (도량: 사물을 너그럽고 온유한 넓은 마음과 깊은 생각. = 그릇의 크기)
-식견(識見): 배워서 얻은 지식과 견문.

태산처럼 모든 것을 받아들일 줄 아는 그릇도 있고, 조금만 차도 찰랑찰랑 넘치는 소기(小器)도 있다. 도량은 그릇이고 덕은 좋은 성품이다. 경험과 학문의 식견과 수양으로 그릇을 넓히도록 힘쓰자.

(마5:8) 마음이 청결한 자는 복이 있나니 저희가 하나님을 볼 것임이요.

(고전13:4) 사랑은 오래 참고 사랑은 온유하며 투기하는 자가 되지 아니하며 사랑은 자랑하지 아니하며 교만하지 아니하며.

(딛3:2) 아무도 훼방하지 말며 다투지 말며 관용하며 범사에 온유함을 모든 사람에게 나타낼 것을 기억하게 하라.

(약3:13) 너희 중에 지혜와 총명이 있는 자가 누구뇨 그는 선행으로 말미암아 지혜의 온유함으로 그 행함을 보일지니라.

43-16. 언행은 덕성이 있어야 빛이 난다

절
의
도

의리도 좋아 높은 벼슬[44]도 내려다보고

글과 말솜씨가 백설보다 뛰어나더라도

그것이 덕성으로 단련된 것이 아니라면

결국 혈기에 의한 하찮은 재주에 불과한 것이다.

덕을 세우는 데 힘쓰자. 선한 말을 하도록 노력하여 은혜를 끼쳐 주는 사람이 되도록 하자.

節義傲靑雲 文章高白雲 若不以德性 陶鎔之 終爲血氣之私 技能之末.
절의오청운 문장고백운 약불이덕성 도용지 종위혈기지사 기능지말.

- 덕(德): 공정하고 남을 넓게 이해하고 받아들이는 마음이나 행동.
- 절의(節義): 절개와 의리.
- 오(傲): 거만할 오. 업신여길 오.
- 청운(靑雲): 출세, 고관대작(높은 벼슬)의 뜻.
- 백설(白雪): 뛰어난 시를 지칭. 세상의 모든 것을 뒤덮는 훌륭한 글.

---

44) 높은 벼슬: 靑雲. 청운은 신선이 사는 곳에 있는 푸른 구름을 말하며 원래 학문과 덕망이 높은 선비를 일컬어 청운객(靑雲客), 청운지사(靑雲之士)라고 한다.

(잠22:11) 마음의 정결을 사모하는 자의 입술에는 덕이 있으므로 임금이 그의 친구가 되느니라.

(엡4:29) 무릇 더러운 말은 너희 입 밖에도 내지 말고 오직 덕을 세우는 데 소용되는 대로 선한 말을 하여 듣는 자들에게 은혜를 끼치게 하라.

43-17. 베풀고 보답을 바라지 마라

덕

을

삼가 행하려면 모름지기

작은 일부터 삼가 행하자.

은혜를 베풀려면

갚지 못할 자에게 더욱 힘써 베풀자.

謹德 須謹於至微之事 施恩 務施於不報之人.
근덕 수근어지미지사 시은 무시어불보지인.

- 근덕(謹德): 謹은 삼가, 신중하다는 뜻으로 신중하게 행함을 의미.
- 불보지인(不報之人): 은혜를 받고 보답 못할 처지에 있는 가난한 사람.

말로만 베풀고, 행하지 않는다면 비난받아 마땅하다. 할 수 있는 한 베풀자. 그리고 베풀고 나서는 잊어버리자. 대가를 바람은 상대에게 빚을 안겨 주는 것이다. 어떤 도움이 됐건 도움을 준 후 생색내지 말자. 명심할 것은 받은 사람이 부담 갖지 않도록 배려하는 것이다.

(약2:15~17) 만일 형제나 자매가 헐벗고 일용할 양식이 없는데 16. 너희 중에 누구든지 그에게 이르되 평안히 가라, 더웁게 하라, 배부르게 하라 하며 그 몸에 쓸 것을 주지 아니하면 무슨 이익이 있으리요 17. 이와 같이 행함이 없는 믿음은 그 자체가 죽은 것이라.

(마18:4-5) 그러므로 누구든지 이 어린아이와 같이 자기를 낮추는 그이가 천국에서 큰 자니라 5. 또 누구든지 내 이름으로 이런 어린아이 하나를 영접하면 곧 나를 영접함이니.

43-18. 도시스러운 사람보다 시골스러운 사람 사귐이 더 낫다

도
시

사람 사귐은 산골 노인을 벗함만 못하고

권세가에 굽실거리는 것은 오막살이 사람과 친함만 못하다.

거리에 떠도는 뜬소문 듣는 것은

나무꾼 노래와 목동 피리 소리 듣는 것만 못하고

요즈음 사람의 부덕한 행실과 허물을 말하는 것은

옛사람의 착하고 아름다운 언행을 이야기하는 것만 못하다.

交市人 不如友山翁 謁朱門 不如親白屋 聽街談巷語 不如聞樵歌牧詠.
교시인 불여우산옹 알주문 불여친백옥 청가담항어 불여문초가목영.
談今人失德過擧 不如述古人嘉言懿行.
담금인실덕과거 불여술고인가언의행.

-교시인(交市人): 이해에 밝은 사람과 사귀는 것.
-우산옹(友山翁): 두메산골에 사는 늙은이와 벗함(사귐).
-가언(嘉言): 본받을 만한 좋은 말.

소인배들은 입 열면 80% 이상이 남 비판, 지적이다. 남을 지적함으로써 스스로 우월감을 얻고자 하는 것이다. 그러한 잔꾀 부리는 사람보다 순박한 사람 사귐이 더 낫고, 헐뜯는 대화보다 상황에 맞는 교훈을 듣는 것이 더 낫다. 화장실에 있는 것과 피톤치드 풍부한 숲속에 있는 것의 차이이다. 차라리 말을 아끼고 마음을 낮추자.

(잠17:27) 말을 아끼는 자는 지식이 있고 성품이 안존한 자는 명철하니라.

(히 12:14) 모든 사람과 더불어 화평함과 거룩함을 따르라 이것이 없이는 아무도 주를 보지 못하리라.

(잠16:19) 겸손한 자와 함께 하여 마음을 낮추는 것이 교만한 자와 함께 하여 탈취물을 나누는 것보다 나으니라.

(약1:26) 누구든지 스스로 경건하다 생각하며 자기 혀를 재갈먹이지 아니하고 자기 마음을 속이면 이 사람의 경건은 헛것이라.

43-19. 모든 사업의 기초는 덕(德)으로 세워야 튼튼하다

덕
은

모든 사업의 기초가 된다.
기초가 튼튼하지 않고서는
그 집이 오래갈 수가 없다.

德者 事業之基 未有基不固而棟宇堅久者.
덕자 사업지기 미유기불고이동우견구자.

-덕(德): 공정하고 남을 넓게 이해하고 받아들이는 마음이나 행동.

모든 경전에 보면 공통으로 나오는 덕담은 '덕'이다. 건축물도 기초 공사가 중요하듯이, 사업도, 또 나 자신의 속사람을 세움에도 항상 밑바탕 근본은 '덕'이다. 덕은 사랑이고 겸손이며 배려이고 선이다.

(잠22:11) 마음의 정결을 사모하는 자의 입술에는 덕이 있으므로 임금이 그의 친구가 되느니라.

(롬15:2) 우리 각 사람이 이웃을 기쁘게 하되 선을 이루고 덕을 세우도록 할지니라.

(고전8:1) 우상의 제물에 대하여는 우리가 다 지식이 있는 줄을 아나 지식은 교만하게 하며 사랑은 덕을 세우나니.

43-20. 덕승재. 평범한 덕행만이 화평을 부른다

음
모,

괴상한 버릇, 그리고 이상한 행동과 기이한 능력은

모두 다 세상을 살아가는 데 있어

불행의 씨앗이 된다.

다만 평범한 하나의 덕행만이

혼돈을 끝내고 본성을 온전히 하여

화평을 부르게 된다.

陰謀怪習 異行奇能 俱是涉世的禍胎 只一個庸德庸行 便可以完混沌而召平和.
음모괴습 이행기능 구시섭세적화태 지일개용덕용행 변가이완혼돈이소평화.

-덕(德): 공정하고 남을 넓게 이해하고 받아들이는 마음이나 행동. 또는 도덕적·윤리적 이상을 실현해 나가는 인격적 능력.
-구시(俱是): 모두 ~이다.
-섭세(涉世): 세상을 살아감.
-화태(禍胎): 재앙의 근본(씨).
-용덕(庸德); 평범한 덕. 변하지 않는 덕.
-용행(庸行): 평소의 행실.

본인의 욕심은 한 자락 깔고 다른 이들을 끌어들여 명분을 만드는 일, 진솔함과는 거리가 먼 기이한 언행으로 이목을 받아보려는 잔 버릇, 개혁이나 혁신을 하겠다고 목에 힘줄 내지만 실제로 구체적인 실행 계획이나 책임감 또는 솔선수범하려는 실천 의지도 없는 자들…. 모두 혼돈을 부르는 허세이다.

차라리 머릿속의 허세보다는 작은 선행 하나라도 실천하는 덕행(덕을 품은 마음으로 행동함)이 세상을 화평하게 한 걸음 더 나아가게 하는 길이요, 채근담에서 권하는 지혜로운 답이다.

(고전14:26) 그런즉 형제들아 어찌할꼬 너희가 모일 때에 각각 찬송시도 있으며 가르치는 말씀도 있으며 계시도 있으며 방언도 있으며 통역함도 있나니 모든 것을 덕을 세우기 위하여 하라.

43-21. 절의와 온화함을 갖추어라

절
의
가

높은 사람은 온화한 마음을 길러야

분쟁의 길을 열지 않는다.

공명심이 높은 사람은 겸손한 덕을 길러야

질투의 문을 열지 않게 된다.

節義之人 濟以和衷 纔不啓忿爭之路 功名之士 承以謙德 方不開嫉妬之門.
절의지인 제이화충 재불계분쟁지로 공명지사 승이겸덕 방불개질투지문.

- 절의(節義): 절개와 의리.
- 불계(不啓): 열지 않음.
- 분쟁지로(忿爭之路): 성을 내어 다투게 되는 길.
- 공명(功名): 공을 세워 이름이 널리 알려짐.
- 승이겸덕(承以謙德): 겸손한 덕을 이어받음.

절개 또는 의리를 중요시하는 자들은 강직하여 부딪치기가 쉬운 성품들이 많다. 이들에게 필요한 것은 온화한 마음을 갖도록 쌓는 훈련이다. 또한 명예를 중요시하고 세상에서 이름을 남기고자 하는 사람은 오만에 빠질 수 있으며 이로 인해 또한 부딪치기가 쉽다. 이들에게는 겸손이라는 덕을 쌓는 훈련이 필요하다. 그래야 잘나가도 남들의 질투나 미움을 받지 않는다.

(롬12:6~8) 우리에게 주신 은혜대로 받은 은사가 각각 다르니 혹 예언이면 믿음의 분수대로, *혹 섬기는 일이면 섬기는 일로, 혹 가르치는 자면 가르치는 일로, *혹 권위하는 자면 권위하는 일로, 구제하는 자는 성실함으로, 다스리는 자는 부지런함으로, 긍휼을 베푸는 자는 즐거움으로 할 것이니라.

(약3:18) 화평케 하는 자들은 화평으로 심어 의의 열매를 거두느니라.

(약4:6) 그러나 더욱 큰 은혜를 주시나니 그러므로 일렀으되 하나님이 교만한 자를 물리치시고 겸손한 자에게 은혜를 주신다 하였느니라.

43-22. 군자는 환난을 두려워하지 않는다

군
자
는

환난이 닥쳐도 근심하지 않으나

즐거운 때를 당하여 몸가짐을 삼가며,

권세 있고 부유한 사람을 만나도 두려워하지 않으나

외로운 사람을 만나서는 마음 아파 한다.

君子, 處患難而不憂 當宴遊而惕慮 遇權豪而不懼 對惸獨而警心.

군자, 처환난이불우 당연유이척려 우권호이불구 대경독이경심.

-처환난이불우(處患難而不憂): 환난을 당하여도 근심하지 않는다.
-당연유이척려(當宴遊而惕慮): 잔치(즐거운 때)를 당하여는 두려워하고 근심한다.

환난은 나를 성장시키고 인격을 다듬어 주지만 연회 등 즐거운 자리는 나를 타락하게도 할 수 있으므로 군자는 스스로 몸가짐을 삼간다.

또한 강자에 약하고 약자에 강한 것이 일반적이지만 군자는 권세자 등 강자에게는 의연하게 약자에게는 측은지심으로 온정을 베푼다.

(신1:31) 광야에서도 너희가 당하였거니와 사람이 자기 아들을 안음같이 너희 하나님 여호와께서 너희의 행로 중에 너희를 안으사 이곳까지 이르게 하셨느니라

(시119:71) 고난당한 것이 내게 유익이라 이로 인하여 내가 주의 율례를 배우게 되었나이다.

(빌4:11~13) 내가 궁핍하므로 말하는 것이 아니라 어떠한 형편에든지 내가 자족하기를 배웠노니 *내가 비천에 처할 줄도 알고 풍부에 처할 줄도 알아 모든 일에 배부르며 배고픔과 풍부와 궁핍에도 일체의 비결을 배웠노라 *내게 능력 주시는 자 안에서 내가 모든 것을 할 수 있느니라.

44. 대화(말)

44-1. 한마디 말로도 공덕을 쌓는다

군
자
는

가난하여 물질로 도울 수는 없어도,

어리석어 방황하는 사람에게

한 마디 말로 깨우쳐 주고

위급하고 곤란한 사람에게는

한 마디 말로써 구원해 줄 수가 있나니

이 얼마나 무량한 공덕인가.

士君子 貧不能濟物者遇人痴迷處 出一言提醒之,
사군자 빈불능제물자우인치미처 출일언제성지.
遇人急難處 出一言解救之 亦是無量功德.
우인급난처 출일언해구지 역시무량공덕.

-무량공덕(無量功德): 한없는 공덕. 선행으로 좋은 결과를 가져오게 하는 능력.

'입술의 3초가 가슴에 30년'이라는 말이 있듯, 어떤 한 마디는 평생의 한이 되고, 어떤 한 마디는 평생의 고민도 해결해 준다. 군자(제사장)의 입술이 되기 위하여 늘 평상시 늘 선하고 온유한 마음을 갖도록 노력하며 내공을 잘 쌓자.

(잠10:11) 의인의 입은 생명의 샘이라도 악인의 입은 독을 머금었느니라.

(잠20:15) 세상에 금도 있고 진주도 많거니와 지혜로운 입술이 더욱 귀한 보배니라.

(잠25:11) 경우에 합당한 말은 아로새긴 은쟁반에 금사과니라.

(요6:63) 살리는 것은 영이니 육은 무익하니라 내가 너희에게 이른 말이 영이요 생명이라.

44-2. 사소한 한 가지라도 깊이 경계하라

한
가
지

생각으로 하늘의 계율을 범할 수 있고

한 마디 말로 천지의 조화를 깨뜨릴 수 있으며

한 가지 일로 자손의 불행을 빚는 수가 있나니

깊이 경계해야 할 일이다.

마음속의 생각은 말로 표현되고 행동(일)으로 나타난다. 즉 말은 그 사람의 마음이고 성품이며, 본인의 교양 수준을 보여 준다. 고로 늘 스스로 좋은 생각의 길을 만들어 흐르도록 하자. 좋은 생각이 쌓이다 보면 덕스러운 성품을 갖게 된다. 그 성품의 열매로 나오는 것이 말과 행동이다. 덕이 있는 자는 말, 행동 하나도 신중하게 처신한다.

어떤 말 한 마디는 가슴에 일평생 못을 박기도 하고, 어떤 말 한 마디는 천 냥 빚을 갚는다고 한다. 천 냥이면 그 화폐 사용 시대에 천민이 양반의 신분을 살 수 있는 큰돈이다. 말 한 마디로 인생을 바꾸고 운명을 바꾸고 신분을 바꾼다는 것이다. 내뱉는 한 마디, 한 마디 다 그 사람의 인격이고 성품이다. 좋은 말 한 마디는 보배와 같다. 덕을 익혀 생명력 있는 언어를 배우자. 채근담과 성경이 강조하는 권면의 메시지이다.

(욥15:6) 너를 정죄한 것은 내가 아니요 네 입이라 네 입술이 너를 쳐서 증거하느니라

(잠18:21) 죽고 사는 것이 혀의 권세에 달렸나니 혀를 쓰기 좋아하는 자는 그 열매를 먹으리라

(잠20:15) 세상에 금도 있고 진주도 많거니와 지혜로운 입술이 더욱 귀한 보배니라

(잠25:11) 경우에 합당한 말은 아로새긴 은쟁반에 금사과니라

(벧전3:10) 그러므로 생명을 사랑하고 좋은 날 보기를 원하는 자는 혀를 금하여 말을 그치며 그 입술로 궤휼을 말하지 말고

有一念而犯鬼神之禁 一言而傷天地之和, 一事而釀子孫之禍 最宜切戒.
유일념이범귀신지금 일언이상천지지화, 일사이양자손지화 최의절계.

-최의절계(最宜切戒): 모두(위에 말한 일념, 일언, 일사)를 마땅히 간절하게 경계하라.

44-3. 입은 마음의 문이요, 뜻은 마음의 발이다

입
은

곧 마음의 문이니

입조심 못하면 마음의 비밀도 누설한다.

뜻(의도)은 마음의 발이니

내 뜻을 엄하게 안 하면 그릇된 길로 빠져든다.

마음의 생각은 결국 표현이 된다. 언행 이전에 먼저 있는 것이 마음의 생각이다. 고로 늘 건강한 생각을 가지도록 수도승처럼 수양해야 함을 알려준다. 때에 맞는 덕을 세우는 선한 말만 하도록 노력하자. 아무리 좋은 말, 옳은 말이라도 해야 될 때가 있고, 기다려줘야 할 때가 있으며 또한 하면 안 되는 말이 있다.

상대에게 상처를 줌으로써 쾌감을 느끼는 성품. 뱉는 말마다 상대방 가슴에 못이 되게 하는 철없는 생각. 순진하거나 모른다는 것은 어린아이 시절에 듣는 것으로 족하다. 나이 들어서도 순진하다는 것은 자기 고집으로 배울 줄 모르는 오만한 자이거나 철없는 바보 아니면 무엇이랴.

(잠18:2) 미련한 자는 명철을 기뻐하지 아니하고 자기의 의사를 드러내기만 기뻐하느니라.

(잠18:21) 죽고 사는 것이 혀의 권세에 달렸나니 혀를 쓰기 좋아하는 자는 그 열매를 먹으리라.

(잠20:19) 두루 다니며 한담하는 자는 남의 비밀을 누설하나니 입술을 벌린 자를 사귀지 말지니라.

(마15:18) 입에서 나오는 것들은 마음에서 나오나니 이것이야말로 사람을 더럽게 하느니라.

(눅6:45) 선한 사람은 마음의 쌓은 선에서 선을 내고 자는 그 쌓은 악에서 악을 내나니 이는 마음의 가득한 것을 입으로 말함이니라.

(엡4:29) 무릇 더러운 말은 너희 입 밖에도 내지 말고 오직 덕을 세우는 데 소용되는 대로 선한 말을 하여 듣는 자들에게 은혜를 끼치게 하라.

口乃心之門 守口不密 洩盡眞機 意乃心之足 防意不嚴 走盡邪蹊.
구내심지문 수구불밀 설진진기 의내심지족 방의불엄 주진사혜.

-意: '뜻 의' ⇨ '의도, 의지'로 의역함.

---

45. 정중동

45-1. 고요함 속에서 보는 활기참이 도인의 마음이다

움
직
이
기
를

좋아하는 사람은

구름 속 번개나, 바람 앞 등불과 같다.

고요함을 즐기는 사람은

불 꺼진 재나 마른 나뭇가지와 같다.

자고로 사람은 머무는 구름이나 잔잔한 물속에서도

솔개가 날고 물고기가 뛰노는 기상이 있어야 한다

이것이 도를 깨우친 사람의 마음이다.

好動者 雲電風燈 嗜寂者,死灰槁木. 須定雲止水中 有鳶飛魚躍氣象 總是有道的心體.
호동자 운전풍등 기적자,사회고목. 수정운지수중 유연비어약기상 충시유도적심체.

-호동자(好動者): 움직이기를 좋아하는 사람.
-기적자(嗜寂者): 고요함을 좋아하는 사람.

살다 보면 라이프 사이클이 고와 저, 정과 동이 되풀이되는 것을 알 수 있다. 너무 몸 움직이기를 좋아하는 사람들은 번개나 바람 앞 등불처럼 안정성이 없다. 반면에 너무 고요함을 좋아하는 사람은 재나 마른 나뭇가지처럼 생기가 없다. 활동은 몸으로만 하는 것이 아니다. 몸이 여유로울 때도 정신만은 날고 뛰노는 그런 기상이 있어야 한다. 일을 열심히 하는 동안에도 마음의 여유를 잃지 말고, 휴식 중에도 활동 대비하여 정신만은 늘 살아 있는 그런 자세. 이런 준비된 마음 자세를 가진 자가 동(動)과 정(靜)의 조화를 이루며 고요함 속의 활발함을 즐기며 살아가는 도인이다.

(잠15:30) 눈의 밝은 것은 마음을 기쁘게 하고 좋은 기별은 뼈를 윤택하게 하느니라

(고후4:18) 우리의 돌아보는 것은 보이는 것이 아니요 보이지 않는 것이니 보이는 것은 잠깐이요 보이지 않는 것은 영원함이니라

46. 중용

46-1. 지나치게 후하거나 박하지 말자

너
그
럽
고

후한 사람은 자신에게뿐만이 아니라

남에게도 후하고 가는 곳마다 후하다.

마음이 박한 사람은 자신에게뿐만 아니라

남에게도 야박하여 부딪치는 일마다 척박하다 .

그러므로 군자는 평상시의 기호를

너무 과해도 안 되고 또한 너무 각박하게 해도 안 된다.

念頭濃者 自待厚 待人亦厚 處處皆濃 念頭淡者 自待薄 待人亦薄 事事皆淡.
염두농자 자대후 대인역후 처처개농 염두담자 자대박 대인역박 사사개담.
故 君子 居常嗜好 不可太濃艶 亦不宜太枯寂..
고 군자 거상기호 불가태농염 역불의태고적..

-농자(濃者): (남을 대할 때)후한 자.
-자대후(自待厚): 자신에게 후하게 대함.
-대인역후(待人亦厚): 남에게도 역시 후하게 대함.
-처처개농(處處皆濃): 가는 곳마다 모두에게 후하게 대함.
-염두담자(念頭淡者): 마음이 박하고 무관심인 사람.
-고적(枯寂): 적막함. 각박하고 쌀쌀함. 인정머리가 없고 냉정함.

기분이나 감정에 너무 들뜨지 말고 흥에 겨워도 바로 돌아와 질서 있게, 중용을 지키자.

(잠언21:13) 귀를 막아 가난한 자의 부르짖는 소리를 듣지 아니하면 자기의 부르짖을 때에도 들을 자가 없으리라.

(고전14:40) 모든 것을 적당하게 하고 질서대로 하라.

(히13:1~3) 형제 사랑하기를 계속하고 *손님 대접하기를 잊지 말라 이로써 부지중에 천사들을 대접한 이들이 있었느니라 *자기도 함께 갇힌 것같이 갇힌 자를 생각하고 자기도 몸을 가졌은즉 학대받는 자를 생각하라.

46-2. 늘 조심하면서도 활달한 멋도 지녀야 생명력이 있다

학
문
을

하는 사람은 조심하는 마음을 늘 가지되

아울러 활달한 멋도 지녀야 한다.

만약 너무 엄하고 결백하게만 한다면

그것은 살벌한 가을의 냉기만 있을 뿐

따뜻한 봄날의 생기는 없어

무엇으로 세상 만물을 자라게 할 수가 있겠는가.

學者要有段兢業的心思　又要有段瀟灑的趣味
학자요유단긍업적심사　우요유단소쇄적취미
若一味斂束淸苦　是有秋殺無春生　何以發育萬物?
약일미렴속청고　시유추살무춘생　하이발육만물?

-요유단긍업적심사: 반드시 한 부분은 일을 조심하는 마음이 있어야 한다.
-소쇄(瀟灑): 기운이 맑고 깨끗함. 활달하여 탁 트인 모습.
-청고(淸苦): 지나치게 힘들게 청렴. 지나치게 맑음.

남들이 피하고 싶어 하는 사람이 아니라, 오고 싶어 하는 사람이 되려면 어떻게 하는 것이 좋을까? 그것은 우리 개인의 노력 여하에 달린 것 같다. 온유한 성품을 가지도록 노력하고 인격을 다듬으며 인간적인 매력을 높여야 한다. 몸은 어쩔 수 없이 떠나간다 해도 늘 마음은 나와 함께하고 싶어 하는 사람이 되도록 하자. 부득이 몸과 마음 다 내 곁을 떠난다 해도 떠나가는 사람만을 탓할 것이 아니다. 나를 좋아하게 할 수 있는 인간적 매력을 갖지 못한 것은 내 책임도 어느 정도 있기 때문이다. 채근담이 권하듯이 냉기를 없애는 봄기운처럼 온유함과 진리를 소유하여 마치 신과 함께 동행하듯 살아가자.

(마5:5) 온유한 자는 복이 있나니 저희가 땅을 기업으로 받을 것임이요.

(딤후2:24) 마땅히 주의 종은 다투지 아니하고 모든 사람을 대하여 온유하며 가르치기를 잘하며 참으며.

(약3:13) 너희 중에 지혜와 총명이 있는 자가 누구뇨 그는 선행으로 말미암아 지혜의 온유함으로 그 행함을 보일지니라.

46-3. 기상은 높더라도 중용은 지키라

사
람
의

기상은 높고 넓으면 좋지만 난잡해서는 안 되고,

생각은 치밀하면 좋지만 자질구레해서는 안 된다.

취미는 담백한 것이 좋지만 지나쳐 메말라서는 안 되고,

지조는 끝까지 지켜야 하지만

융통성 없이 과격해서는 안 된다.

氣象要高曠 而不可疎狂 心思要縝密 而不可瑣屑.
기상요고광 이불가소광 심사요진밀 이불가쇄설.
趣味要冲淡 而不可偏枯 操守要嚴明 而不可激烈.
취미요충담 이불가편고 조수요엄명 이불가격렬.

-기상요고광(氣象要高曠): 사람의 기상은 반드시 높고 넓어야 한다.
-조수요엄명(操守要嚴明): 지조를 지킴에 있어서는 반드시 엄정해야 한다.
-조수(操守): 지조(옳은 원칙과 신념)를 지킴.

 중용이란 가장 좋은 최적의 상태를 말하는 것이다. 치우친다면 결국은 일을 그르치게 한다. 정도를 벗어나지 않고 나아갈 수 있는 '이상적인 중용의 잣대'에 대해 간단하게 설명해주는 메시지다.

(고전14:40) 모든 것을 적당하게 하고 질서대로 하라.

46-4. 치우치지 않음이 아름다운 덕이다

청
렴

결백하면서도 너그럽고,

어질면서도 결단력이 있으며

총명하면서도 지나치게 살피지 않고,

강직하면서도 바른 것에만 치우치지 않는다.

이야말로

"꿀 발라도 달지 않고 바다 고기이나 짜지 않은 것과 같다".

이것이 곧 아름다운 덕이다.

清能有容 仁能善斷 明不傷察 直不過矯. 是謂 "蜜餞不甛, 海味不鹹: 纔是懿德.
청능유용 인능선단 명불상찰 직불과교. 시위 "밀전불첨, 해미불함: 재시의덕.

-의덕(懿德): 아름다운 덕. 훌륭한 덕

결백하고 곧은 사람은 인정 없어 보인다.

그러므로 그런 성품은 일 처리는 공정해도 마음은 더욱더 너그러워야 한다. 어진 성품은 우유부단한 사람처럼 보인다. 그러므로 더욱 결단력이 있어야 한다.

꼼꼼한 성품은 '좀팽이'가 되지 않도록 주의해야 한다. 이것이 중용이며 '덕스러움'의 다른 모습이다.

(수1:7) 오직 너는 마음을 강하게 하고 극히 담대히 하여 나의 종 모세가 네게 명한 율법을 다 지켜 행하고 좌로나 우로나 치우치지 말라 그리하면 어디로 가든지 형통하리니.

(잠10:9) 바른 길로 행하는 자는 걸음이 평안하려니와 굽은 길로 행하는 자는 드러나리라.

(고전14:40) 모든 것을 적당하게 하고 질서대로 하라.

(빌4:11~13) 내가 궁핍하므로 말하는 것이 아니라 어떠한 형편에든지 내가 자족하기를 배웠노니 *내가 비천에 처할 줄도 알고 풍부에 처할 줄 알아 모든 일에 배부르며 배고픔과 풍부와 궁핍에도 일체의 비결을 배웠노라 *내게 능력 주시는 자 안에서 내가 모든 것을 할 수 있느니라.

46-5. 마음의 본체를 보는 법

고
요
함

속에서 생각이 맑으면

마음의 본체를 볼 수 있고,

한가로움 속에 기상이 조용하면

마음의 참 기틀을 알 수 있다.

담백함 속에서 마음의 뜻이 평온하면

마음의 참맛을 얻을 수 있다.

마음을 챙기며 도를 체험하는 데는

이 세 가지의 방법이 으뜸이다.

靜中念慮澄徹 見心之眞體 閑中氣象從容 識心之眞機.
정중념려징철 견심지진체 한중기상종용 식심지진기.
淡中意趣冲夷 得心之眞味 觀心證道 無如此三者.
담중의취충이 득심지진미 관심증도 무여차삼자.

-진체(眞體): 마음의 본체. 참모습.
-진기(眞機): 진실한 기틀. 미묘한 움직임(작용).

'고요함, 한가로움, 담백함'의 세 가지로 마음을 추슬러 챙기며 도를 깨닫게 되고, 이로 인해 내 속사람은 새로워진다. 즉, 주위 환경이 고요할 때 맑은 생각을 가지고 생활 환경이 한가로울 때 기운을 차분히 하고 자신의 소박함으로 평온이 찾아오면 내 본체를 보게 된다는 메시지이다.

(마5:8) 마음이 청결한 자는 복이 있나니 저희가 하나님을 볼 것임이요.

(고후 4:16) 그러므로 우리가 낙심하지 아니하노니 우리의 겉사람은 낡아지나 우리의 속사람은 날로 새로워지도다.

(고후 4:18) 우리가 주목하는 것은 보이는 것이 아니요 보이지 않는 것이니 보이는 것은 잠깐이요 보이지 않는 것은 영원함이라.

46-6. 몸가짐은 무겁게, 마음가짐은 가볍게

군
자
의

몸가짐을 가볍게 말라.

가볍게 하면 사물에 마음을 주게 되어

여유있고 침착함을 잃게 된다.

또 마음가짐을 무겁게 말라.

너무 무거우면 마음 속의 사물에 얽매여

시원스럽고 활달함을 잃게 된다.

士君子持身不可輕 輕則物能撓我 而無悠閑鎭定之趣.
사군자지신불가경 경칙물능요아 이무유한진정지취.
用意不可重 重則我爲物泥 而無蕭灑活潑之機.
용의불가중 중칙아위물니 이무소쇄활발지기.

- 사군자(士君子): 선비와 군자.
- 물능요아(物能撓我): 가벼우면 외물의 움직임에 따라 반응하니 바쁘다.
- 아위물니(我爲物泥): 내가 사물에 얽매이게 된다. 너무 신중하면 외물들의 움직임에
  마음을 쓰게 되어 결단력이나 판단력이 흐려질 수 있다.
- 이무소쇄(而無蕭灑): 시원스럽고 (활달함을) 잃게 된다.

 어떤 상황이라도 당황하거나 경거망동하지 말자. 즉 신중하되, 마음가짐은 번개처럼 신속하고 활발하게 가져야 한다.

(빌4:11~13) 내가 궁핍하므로 말하는 것이 아니라 어떠한 형편에든지 내가 자족하기를 배웠노니 *내가 비천에 처할 줄도 알고 풍부에 처할 줄도 알아 모든 일에 배부르며 배고픔과 풍부와 궁핍에도 일체의 비결을 배웠노라 *내게 능력 주시는 자 안에서 내가 모든 것을 할 수 있느니라.

46-7. 은혜와 원한을 모두 없게 하자

원
한
은

덕으로부터 나타난다.

그러므로 사람들로 하여금

내게 덕이 있다고 여기게 하기보다는

차라리 덕과 원한을 모두 잊게 하는 것이 낫다.

원수는 은혜로부터 나타난다.

그러므로 사람들로 하여금 나의 은혜를 알게 하기보다는

차라리 은혜와 원한을 모두 없애 버리는 것이 낫다.

怨因德彰 故使人德我 不若德怨之兩忘 仇因恩立 故使人知恩 不若恩仇之俱泯.
원인덕창 고사인덕아 불약덕원지양망 구인은립 고사인지은 불약은구지구민.

-사인(使人): 사람들로 하여금.
-덕아(德我): 나를 덕을 지닌 사람으로 여긴다.
-구민(俱泯): 모두 없앰. --俱: 함께 구.

 본문은, 좋은 일이라도 가능하다면 은밀하게 하는 것이 좋다는 뜻이다. 덕을 베풀 때는 은밀하고 공평하게 하고, 그리할 수 없을 때는 충분한 설명을 함으로써 적을 만드는 일이 없도록 하자. 모든 이들과 화평함을 이루도록 하자.

(히 12:14) 모든 사람과 더불어 화평함과 거룩함을 따르라 이 것이 없이는 아무도 주를 보지 못하리라.

47. 마음 다스림

47-1. 매사 사후(事後)에 후회할 것을 미리 생각하자

배
부
른

뒤에 음식을 생각하면 맛있고 없음의 구별이 사라지고, 성교 후
음란한 생각을 하면 남녀의 성욕도 사라진다. 그러므로 사람이
항상 '일 뒤의 뉘우침을 생각하여 과도함의 어리석음을 깨뜨리면'
성품이 바로 잡혀 그릇된 행동을 삼갈 수 있다.

(잠4:23) 무릇 지킬 만한 것보다 더욱 네 마음을 지키라 생명의 근원이 이에서 남이니라

(잠26:11) 개가 그 토한 것을 도로 먹는 것같이 미련한 자는 그 미련한 것을 거듭 행하느니라

飽後思味　則濃淡之境都消　色後思☒, 則男女之見盡絶.
포후사미　즉농담지경도소　색후사음, 즉남녀지견진절.
故人常以事後之悔悟　破臨事之癡迷　則性定而動無不正.
고인상이사후지회오　파임사지치미　즉성정이동무불정.

-농담지경(濃淡之境): 맛의 있고 없음을 구별함.

47-2. 항상 반대의 상황을 대비하라

괴
로
움

속에서 늘 마음을 즐겁게 하는 멋을 얻어라.

또한 뜻대로 일이 잘될 때도

갑자기 실의(失意)의 슬픔도 생기는 것이다.

苦心中 常得悅心之趣 得意時 偏生失意之悲.
고심중 상득열심지취 득의시 편생실의지비.

- 득의시(得意時): 뜻을 이루었을 때에는.

실패했다고 낙심해서도 안 되고 일이 잘 풀렸다고 자만하여 헤이해져도 안 된다. 인간은 소우주와 같아 변화무쌍하니 늘 중용의 굳건한 축을 잊지 말자.

(잠14:13) 웃을 때에도 마음에 슬픔이 있고 즐거움의 끝에도 근심이 있느니라.

(잠17:22) 마음의 즐거움은 양약이라도 심령의 근심은 뼈로 마르게 하느니라.

47-3. 마음을 채워야 물욕이 안 생긴다

마
음
을

항상 비워 두지 않으면 안 된다.

마음을 비워 두어야 정의와 진리가 그곳에 와서 산다.

마음은 항상 채워 두지 않으면 안 된다.

마음이 충만해 있으면 물욕이란 들어올 수가 없다.

心不可不虛　虛則義理來居　心不可不實　實則物欲不入.
심불가불허　허칙의리래거　심불가불실　실칙물욕불입.

- 심불가불실(心不可不實): 마음은 채워 두지(實) 않으면 안 된다.
- 실즉(實則): 마음이 충만하면 곧.

'제로-섬 게임'처럼 마음은 뭔가 채우면 있던 것은 사라진다는 것이다. 즉 채우기 위해 마음을 비워야 한다는 말이기도 하다. 밝은 기운으로 채우면 그곳에서 답이 나와 해결과 함께 적폐는 사라진다. 정의와 진리를 채움으로 물욕을 비우라는 것이다.

육체는 모태에서 나오지만 이후 정신적, 영적으로 새로 태어나는 것을 소위 '거듭남'이라고 한다. 속사람이 다시 나는 것, 즉 어떤 계기나 어떤 만남으로 여생의 '방향이 선정되는 것', 신에게로 귀의하는 것이나, 구원받는다고 하는 것 등등을 '거듭남'이라고도 표현한다. 이전과는 다른 속사람, 이전의 것은 다 버리고 새롭게 태어나는 것, 그 조건은 내 마음의 구습을 비우는 것이다. 본 장에서 '항상 비우라'고 하는 것은 새순 돋듯이 거듭나기(채우기) 위해서이다. 그래서 심령이 가난한 자가 복이 있다는 것도 같은 맥락이다. 구습은 비우고 정의와 진리로 채우자.

(마5:3) 심령이 가난한 자는 복이 있나니 천국이 저희 것임이요.

(눅11:24~26) 더러운 귀신이 사람에게서 나갔을 때에 물 없는 곳으로 다니며 쉬기를 구하되 얻지 못하고 이에 가로되 내가 나온 내 집으로 돌아가리라 하고 *와 보니 그 집이 소제되고 수리되었거늘 *이에 가서 저보다 더 귀신 일곱을 데리고 들어가서 거하니 그 사람의 나중 형편이 전보다 더 심하게 되느니라.

47-4. 내 운명의 밝은 곳을 살리자

하
늘
이

나에게 복을 박하게 준다면

나는 스스로의 덕을 두텁게 하여 이를 맞이할 것이고,

하늘이 내 몸을 수고롭게 한다면

나는 스스로의 마음을 편하게 하여 내 몸을 도울 것이며,

하늘이 나를 곤궁하게 한다면

나는 스스로의 도를 형통케 하여 그 길을 열 것이니,

하늘인들 나를 더 어떻게 하랴.

天薄我以福 吾厚吾德 以迓之 天勞我以形 吾逸吾心 以補之
천박아이복 오후오덕 이아지 천노아이형 오일오심 이보지
天阨我以遇 吾亨吾道 以通之 天且我奈何哉
천액아이우 오형오도 이통지 천차아내하재.

-오일오심(吾逸吾心): 나는 편안한 나의 마음으로 그것을 도울 것이다.
-내하재(奈何哉): 어찌 ~할 수(奈何) 있겠는가(哉).
-근실(勤實): 부지런하고 진실하다.

운명을 숙명처럼 어쩔 수 없이 받아들이지 말고 부지런함과 진실함으로 나아간다면 하늘도 나를 도울 것이며 운명도 새로운 길을 낸다는 홍자성(채근담)의 말은 지당하다. 내 운명은 근실함으로 스스로 개척해 나가면 신도 함께 도울 것이다.

(잠11:6) 정직한 자는 그 의로 인하여 구원을 얻으려니와 사특한 자는 자기의 악에 잡히리라.

(잠12:28) 의로운 길에 생명이 있나니 그 길에는 사망이 없느니라.

(잠22:29) 네가 자기 사업에 근실한 사람을 보았느냐 이러한 사람은 왕 앞에 설 것이요 천한 자 앞에 서지 아니하리라.

47-5. 분노와 욕망은 과감히 끊어라

분
노
와

욕망이란 놈이 끓어오를 때

그 순간은 누구라도 알며, 알면서도 범하나니

이놈들이 올라올 때

내 스스로 거리를 두고 바로 생각을 돌린다면

사악한 마귀는 사라지고

본래의 마음이 돌아오리라

當怒火慾水正騰沸處 明明知得 又明明犯著 知的是誰? 犯的又是誰?
당노화욕수정등비처　명명지득　우명명범저　지적시수?　범적우시수?
此處能猛然轉念　邪魔便爲眞君矣.
차처능맹연전념　사마변위진군의.

- 당노화욕수(當怒火慾水): 분노의 불길과(火) 욕망의 물결이(水) 오를때.
- 우명명범착(又明明犯著): 알고 있으면서도 과오를 범하고 만다.
- 지적시수(知的是誰): (이를) 알게 하는 것은 누구며.
- 범적우시수(犯的又是誰): 범하게 하는 것은 또 누구인가?

분노와 미움 등 부정적 감정의 가장 큰 피해자는 나 자신이다. 선으로 승화시키자. 그리고 타인에게 많은 것을 기대하지 않으면 된다. 나 자신을 배려해 주고 내 감정을 이기자. 어떠한 강자라도 자기를 이긴 이는 당할 수 없다. 귀신도 마왕도 자기를 이긴 이는 꺾을 수 없다고 하지 않는가!

(잠4:23) 무릇 지킬 만한 것보다 더욱 네 마음을 지키라 생명의 근원이 이에서 남이니라

(잠12:16) 미련한 자는 분노를 당장에 나타내거니와 슬기로운 자는 수욕을 참느니라

(잠15:18) 분을 쉽게 내는 자는 다툼을 일으켜도 노하기를 더디하는 자는 시비를 그치게 하느니라

(잠16:32) 노하기를 더디하는 자는 용사보다 낫고 자기의 마음을 다스리는 자는 성을 빼앗는 자보다 나으니라

(잠22:24) 노를 품는 자와 사귀지 말며 울분한 자와 동행하지 말지니

(잠29:22) 노하는 자는 다툼을 일으키고 분하여 하는 자는 범죄함이 많으니라

47-6. 긴장된 마음은 풀어 버리자(要知提醒, 放下)

마
음
이

어둡고 어지러울 때는

가다듬을 줄 알아야 하고

마음이 긴장되어 굳어졌을 때는

풀어 버릴 줄 알아야 한다.

그렇지 않으면

어두운 마음을 가다듬어 놓더라도

조바심으로 인해

더 큰 어려움에 걸릴까 우려된다.

念頭昏散處 要知提醒 念頭喫緊時 要知放下 不然 恐去昏昏之病 又來憧憧之擾矣.
염두혼산처 요지제성 염두끽긴시 요지방하 불연 공거혼혼지병 우래동동지요의.

-제성(提醒): 각성. 일깨움.
-요지방하(要知放下): 풀어 버릴 줄 알아야 한다.(放下= 풀어놓음. 긴장을 풀다.).
-혼혼지병(昏昏之病): 마음이 어두운 병, 정신이 혼미한 증세.

"나무는 꽃을 버려야 열매를 맺고, 강은 강을 버려야 바다에 이른다"[45]

라는 말이 있다. 긴장되고 어두운 마음은 집착하는 뭔가를 버리기 아까워하는 것이 아닌가 돌아보자.

(잠11:2) 교만이 오면 욕도 오거니와 겸손한 자에게는 지혜가 있느니라.

(잠11:3) 정직한 자의 성실은 자기를 인도하거니와 사특한 자의 패역은 자기를 망케 하느니라.

(욥12:5) 평안한 자의 마음은 재앙을 멸시하나 재앙이 실족하는 자를 기다리는구나.

---

45) 화엄경에 나오는 문장.
   樹木等到花 謝才能結果(수목등도화 사재능결과)
   江水流到舍 江才能入海 (강수류도사 강재능입해)

47-7. 작은 막힘이 맑은 하늘을 천둥 번개로 변하게 한다

맑
게
갠

날의 푸른 하늘이 별안간 천둥 번개로 변하고

사나운 비바람도 어느새 밝은 달, 맑은 하늘로 변한다.

천지의 움직임이 어찌 한결같으랴.

그것은 털끝만 한 막힘 때문이다.

하늘의 모습이 어찌 일정할 수가 있으랴.

털끝만 한 막힘 때문이다.

사람의 마음 바탕도 또한 이와 같다.

霽日靑天 倏變爲迅雷震電 疾風怒雨 倏變爲朗月晴空.
제일청천 숙변위신뇌진전 질풍노우 숙변위낭월청공.
氣機何常? 一毫凝滯 太虛何常? 一毫障塞 人心之體 亦當如是.
기기하상? 일호응체 태허하상? 일호장색 인심지체, 역당여시.

- 숙변(倏變): 갑자기 바뀜.
- 숙순(倏瞬): 눈 깜짝할 사이.
- 낭월청공(朗月晴空): 밝은 달과 맑은 하늘.
- 일호(一毫): 한 개의 털끝, 아주 작은 것.

실수를 하고 나서도 늘 잘잘못에 대한 매듭이 없다. 그래서 그런 사람을 대하면 늘 그와의 관계에 해결되지 않는 문제가 있어 마음이 편치 않다. 원인은 매듭이 없는 것이다. 일방적으로 이해하고 넘어가도 정작 공을 받은 본 당사자는 매듭짓지 않고 회피한다. 남 지적은 잘하고 본인 잘못은 묻어두므로 되풀이 하는 실수로 인해 주변 사람 상처를 습관적으로 준다. 결국 개선 발전이 안 되어 정신적 난쟁이로 멈추는 것이다. "미안해, 고마워, 잘못했어…" 이런 사소한 한 마디라면 상대는 미안해서라도 바로 잊고 매듭이 되련만, 그 털끝만 한 한 마디를 못해서 늘 해결되지 않은 채로 만나게 되는 난쟁이. 교훈 삼아 나도, 우리도 그런 난쟁이가 되지 않기 위해 상대의 감정은행에 진지한 잘잘못의 감정 표현을 아끼지 말고 표현하자. 감사 통장에 플러스 잔고가 늘어나도록 하자.

(잠11:3) 정직한 자의 성실은 자기를 인도하거니와 사특한 자의 패역은 자기를 망케 하느니라.

(전3:12-13) 사람이 사는 동안에 기뻐하며 선을 행하는 것보다 나은 것이 없는 줄을 내가 알았고 *사람마다 먹고 마시는 것과 수고함으로 낙을 누리는 것이 하나님의 선물인 줄을 또한 알았도다.

47-8. 변덕과 투기는 평정함으로 억제하라

뜨
겁
다
가

차가워지는 태도는
부자가 가난한 자보다 더 심하며,
시기 질투하는 마음은
육친이 남보다 더욱더 심하다.
이럴 때 냉철하고 평정한 기운으로 억제하지 않는다면
번뇌의 나날을 겪을 수밖에 없다.

炎涼之態　富貴更甚於貧賤　妬忌之心　骨肉尤狠於外人.
염량지태　부귀갱심어빈천　투기지심　골육우한어외인.
此 處,　若不當以冷腸　御以平氣　鮮不日坐煩惱障中矣.
차 처,　약부당이냉장　어이평기.선불일좌번뇌장중의.

-염량지태(炎涼之態): 더웠다 식었다 하는 변덕스러운.
-투기지심(妬忌之心): 시기하고 질투하는 마음.
-차처(此處): 이러함에.

권세와 돈이 있는 자에게 온갖 친절을 베풀던 이들이 권세와 돈이 없어지면 헌신짝 보듯 냉랭해진다. 또 어떤 경우는 친족이 남보다 더한 경우도 있다. 오죽하면 사촌이 땅을 사면 배 아프다는 속담까지 있으랴.

채근담은 이러한 어려움에 처한 경우에 냉철하고 평정한 마음 자세로 누르지 않는다면 고뇌에 빠질 수밖에 없다는 것이다. 스트레스 주는 자는 어쩔수 없지만 반응은 내 몫이다. 즉 상처를 받느냐 안 받느냐는 내가 결정하는 것이다.

이 풍진 세상, 멀리 보며, 나를 위해서라도 감정으로 각 세우지 말고 자연처럼 모든 것을 품으며 원만하게 살아가도록 하자.

(잠12:20) 악을 꾀하는 자의 마음에는 궤휼이 있고 화평을 논하는 자에게는 희락이 있느니라.

(잠17:1) 마른 떡 한 조각만 있고도 화목하는 것이 육선이 집에 가득하고 다투는 것보다 나으니라.

(마5:9) 화평케 하는 자는 복이 있나니 저희가 하나님의 아들이라 일컬음을 받을 것임이요.

(고후4:18) 우리의 돌아보는 것은 보이는 것이 아니요 보이지 않는 것이니 보이는 것은 잠깐이요 보이지 않는 것은 영원함이니라.

(벧전3:11) 악에서 떠나 선을 행하고 화평을 구하여 이를 좇으라.

47-9. 정신은 늘 새롭다

사
업
과

문장은 육체와 함께 사라지지만
정신은 영원토록 변함없이 새롭다.
부귀공명은 세상을 따라 옮겨 가지만
절개는 천년이 하루 같다.
군자는 마땅히 육신의 것으로 정신을 바꾸지 말자.

事業文章 隨身銷毀 而精神萬古如新 功名富貴 逐世轉移 而氣絶千載一日.
사업문장 수신소훼 이정신만고여신 공명부귀 축세전이 이기절천재일일.
君子信不當以彼易此也.
군자 신 부 당 이 피 역 차 야.

-만고여신(萬古如新): 오랜 세월에도 새로운 것 같다. 영원히 새롭다.
-천재일일(千載一日): 천년이 하루 같다. 영원히 변함이 없다는 뜻
-이피역차(以彼易此): 저것(彼)으로 이것(此:정신, 기절)을 바꾸는 것.

우리는 육체로 태어난 겉사람이 있고 내 마음속에 자리 잡고 새로 태어나는(거듭나는) 속사람이 있다. 겉사람을 위해서도 양식을 먹어야 하듯 속사람을 위해서도 정신적인 양식이 필요하다. 겉사람은 유한하나 속사람은 영원토록 살아 있다. 정신을 통해, 후손을 통해, 문장을 통해….

육신을 위해서만 살기보다는 속사람을 위해서도 살아가자. 내 속사람이 나날이 새로워지고 발전되도록 진리의 양식으로 나날이 거듭나자. 육신의 것을 위해서 나의 정신적인 것, 영적인 것을 희생하거나 바꾸지 말자.

(고후4:16~18) 그러므로 우리가 낙심하지 아니하노니 겉사람은 후패하나 우리의 속은 날로 새롭도다 *우리의 잠시 받는 환난의 경한 것이 지극히 크고 영원한 영광의 중한 것을 우리에게 이루게 함이니 *우리의 돌아보는 것은 보이는 것이 아니요 보이지 않는 것이니 보이는 것은 잠깐이요 보이지 않는 것은 영원함이니라.

(벧전1:24-25) 그러므로 모든 육체는 풀과 같고 그 모든 영광이 풀의 꽃과 같으니 풀은 마르고 꽃은 떨어지되 *오직 주의 말씀은 세세토록 있도다 하였으니 너희에게 전한 복음이 곧 이 말씀이니라.

47-10. 마음의 세계는 곧 하늘이다

마
음
의

본체는 곧 하늘이다.

하나의 기쁨은 반짝이는 별과 경사스러운 구름 같고

하나의 분노는 진동하는 우레와 세찬 빗발과도 같다.

하나의 자비는 부드러운 바람과 달디단 이슬 같고

하나의 엄격함은 뜨거운 여름 햇볕과 찬 서리와도 같으니,

어느 것 하나도 없어서야 되겠는가.

다만 때에 따라 일어나고 때맞추어 사라질 뿐이니

조금도 거리낌이 없어야 한다.

그래야만 하늘과 더불어 그 마음이 함께할 수 있다.

心體, 便是天體 一念之喜 景星慶雲 一念之怒 震雷暴雨 一念之慈 和風甘露.
심체, 변시천체 일념지희 경성경운 일념지노 진뇌폭우 일념지자 화풍감로.
一念之嚴 烈日秋霜 何者少得? 只要隨起隨滅 廓然無碍 便與太虛同體.
일념지엄 열일추상 하자소득? 지요수기수멸 곽연무애 변여태허동체.

-변여태허동체(便與太虛同體): 곧(便) 그래야(심체가) 우주의 근원인 태허(太虛)와 그 바
탕을 함께(同體) 할 수 있다. (與) 곧 심체가 하늘과 더불어 한몸이 된다.

자연처럼 기묘한 계절과 날씨 변화는 결국 삼라만상의 미물까지도 잘 자라도록 하기 위해서 필요한 것이다. 그처럼 우리도 살아가면서 어느 일을 하든 소홀함이 없이 작은 일도 충실하게 하는 것이 필요하다.

일이든 만남이든 마음을 다하여 숨김없이 정성을 다하며, 관계를 소중히 여기는 자세. 그런 자가 채근담이 말하는 하늘과 더불어 함께하는 사람이 아닐까 생각해 본다.

(골3:23) 무슨 일을 하든지 마음을 다하여 주께 하듯 하고 사람에게 하듯 하지 말라.

(벧후1:4~7) 이로써 그 보배롭고 지극히 큰 약속을 우리에게 주사 이 약속으로 말미암아 너희로 정욕을 인하여 세상에서 썩어질 것을 피하여 신의 성품에 참여하는 자가 되게 하려 하셨으니 *이러므로 너희가 더욱 힘써 너희 믿음에 덕을, 덕에 지식을, *지식에 절제를, 절제에 인내를, 인내에 경건을, *경건에 형제 우애를, 형제 우애에 사랑을 공급하라.

(요10:35) 성경은 폐하지 못하나니 하나님의 말씀을 받은 사람들을 신이라 하셨거든.

47-11. 일이 없을 때와 있을 때

일
없
을

때는 마음이 어두워(우울해)지기 쉽다.

마땅히 고요한 가운데 밝은 지혜로써 비추자.

일 있을 때는 마음이 흩어지기 쉽다.

마땅히 밝은 지혜 가운데 고요함을 중심으로 삼자.

無事時 心易昏冥 宜寂寂而照以惺惺.有事時 心易奔逸 宜惺惺而主以寂寂.
무사시 심이혼명 의적적이조이성성.유사시 심이분일 의성성이주이적적.

- 무사시(無事時): 일이 없을 때에는.
- 혼명(昏冥): 어둡고 캄캄하다.
- 의성성이주이적적(宜惺惺而主以寂寂): 마땅히(宜) 깨어 있으면서(惺惺而) 고요함을(寂寂) 주인으로 삼아야 한다(主以).

일이 없다고 마음이 우울해지거나, 일이 많아 쫓긴다고 마음이 산만해지지 않도록 하자. 공적인 자리에 있을 때는 이른 아침부터 밤늦게까지 너무 일이 많아 '나도 나 자신을 위해 산에도 다니고 여러 사람도 사귀며 책이라도 보고 편히 쉬고 싶다'라고 늘 생각했다. 또 물러나 있을 때는 관계가 멀어진 것 같아 우울한 마음을 떨치기도 힘들었다. 채근담은 이런 마음속의 흐름도 세밀하게 잘 표현한다. 일이 있든 없든 늘 쉬지 말고 '해야 할 것을 찾아서 하는 것'이 '나를 위해 쉬는 것'이기도 하다. 우리는 '과거'와 '미래'를 편애하듯 애착하는 경향이 있다. 그러지 말고 '오늘, 지금'에게도 사랑을 주자. '현재'를 사랑하자. 늘 감사하며 지금 처지에 걸맞게 다른 때 하지 못했던 일들을 찾아 해보자. 그럼 톨스토이 말처럼 거기서 새롭고 좋은 일이 시작되는 것이다. 생명이 있는 동안은 행복이 있다

(잠3:18) 지혜는 그 얻은 자에게 생명나무라 지혜를 가진 자는 복되도다.

(살전5:16~18) 항상 기뻐하라 *쉬지 말고 기도하라 *범사에 감사하라 이는 그리스도 예수 안에서 너희를 향하신 하나님의 뜻이니라.

(요1:1,4) 태초에 말씀이 계시니라 이 말씀이 하나님과 함께 계셨으니 이 말씀은 곧 하나님이시니라 *그 안에 생명이 있었으니 이 생명은 사람들의 빛이라.

47-12. 평소에 마음의 주체를 세워 두라

바
쁜

중에 한가로움을 얻으려면

모름지기 먼저 한가할 때 마음의 틀을 정해 두어라.

시끄러운 중에 고요함을 얻으려면

모름지기 먼저 고요한 때에 마음의 주체를 세워 두라.

그렇지 않으면 마음은

환경에 따라 변하고 일에 따라 흔들리게 된다.

忙裡 要偸閒 須先向閒時討個杷柄 鬧中 要取靜 須先從靜處立個主宰.
망리 요투한 수선향한시토개파병 요중 요취정 수선종정처입개주재.
不然 未有不因境而遷 隨事而靡者.
불연 미유불인경이천 수사이미자.

-閒=틈 한. -한시(閒時): 한가할 때.
-토개파병(討個杷柄): 칼자루(마음의 자세. 마음)를 찾아 놓아야 한다.
-입개주재(立個主宰): 마음의 주체(주로 해야 할 일)를 세워 놓아야 한다.

한가한 때 충분히 생각하여, 해야 할 일을 미리 정리해 두면 마음의 심지가 바로 서게 되므로, 바쁠 때 이리저리 흔들리지 않고 침착하게 일을 처리할 것이다.

(사26:3) 주께서 심지가 견고한 자를 평강에 평강으로 지키시리니 이는 그가 주를 의뢰함이니이다.

(시37:37) 완전한 사람을 살피고 정직한 자를 볼지어다 화평한 자의 결국은 평안이로다.

(롬8:6) 육신의 생각은 사망이요 영의 생각은 생명과 평안이니라.

47-13. 밝은 마음으로 낭비 없이 살아감이 복된 일이다

**나
의**

마음 어둡게 하지 말고,

남에게 몰인정하게 대하지 말고,

있는 재물을 낭비하지 말 것,

이 세 가지는 세상살이에 내 마음을 든든하게 세우고,

많은 사람을 평안하게 해 주며,

자손을 위해 복을 쌓는 일이다.

不昧己心 不盡人情 不竭物力 三者可以爲天地立心 爲生民立命 爲子孫造福.
불매기심 부진인정 불갈물력 삼자가이위천지입심 위생민입명 위자손조복.

- 불매기심(不昧己心): 바깥 사물로 인해 자신의 마음을 어둡게 하지 않음.
- 불갈(不竭): 다 쓰지 않음. 다소 여유를 남김. 낭비하지 않음.

즉, 마음은 밝게, 이웃에게는 인정과 선을 베풀며, 생활은 검소하게 살아가자는 것이다. 나를 위해, 나의 자손을 위해….

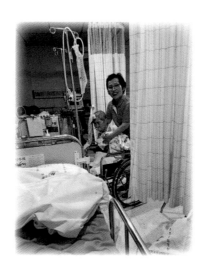

(잠3:27~31) 네 손이 선을 베풀 힘이 있거든 마땅히 받을 자에게 베풀기를 아끼지 말며 *네게 있거든 이웃에게 이르기를 갔다가 다시 오라 내일 주겠노라 하지 말며 *네 이웃이 네 곁에서 안연히 살거든 그를 모해하지 말며 *사람이 네게 악을 행하지 아니하였거든 까닭없이 더불어 다투지 말며 *포학한 자를 부러워하지 말며 그 아무 행위든지 좇지 말라.

(전3:12-13) 사람이 사는 동안에 기뻐하며 선을 행하는 것보다 나은 것이 없는 줄을 내가 알았고 *사람마다 먹고 마시는 것과 수고함으로 낙을 누리는 것이 하나님의 선물인 줄을 또한 알았도다.

47-14. 성격이 부드럽고 평온하면 온갖 복이 모여든다

성
질
이

조급하고 마음이 거친 사람은

한 가지 일도 이룰 수가 없다.

마음이 평화롭고 기상이 유순한 사람은

백 가지 복이 저절로 모여든다.

性燥心粗者 一事無成. 心和氣平者 百福自集.
성조심조자 일사무성 심화기평자 백복자집.

-성조(性燥): 성품이 조급함.
-심조(心粗): 마음이 거칠다.
-심화기평자(心和氣平者): 마음이 온화하고 기질이 평온한 사람.
-백복자집(百福自集): 모든(많은) 복이 저절로 모여든다.

아바 노래에 '안단테 안단테'란 노래가 있다. 안단테란 음악 용어로 '천천히 걷듯 느리게'란 뜻이다.

급한 성격보다 차라리 미련한 것이 낫다고도 한다. 급한 성격은 끈기가 없어서 도와줄 사람이 떠난다. 평온한 성품이 돼야 즐거운 마음을 갖게 되고 좋은 관계도 형성되어 사람들이 모인다. 늘 바쁘게 사는 생활이라도 때론 신중하며 여유로운 마음을 갖도록 가끔 되뇌어 보자. 편안함을 가져다 주는 한마디. "안단테, 안단테…."

(잠4:23) 무릇 지킬 만한 것보다 더욱 네 마음을 지키라 생명의 근원이 이에서 남이니라.

(잠15:15) 고난받는 자는 그 날이 다 험악하나 마음이 즐거운 자는 항상 잔치하느니라.

(잠16:32) 노하기를 더디하는 자는 용사보다 낫고 자기의 마음을 다스리는 자는 성을 빼앗는 자보다 나으니라.

(잠29:20) 네가 언어에 조급한 사람을 보느냐 그보다 미련한 자에게 오히려 바랄 것이 있느니라.

(약1:19) 내 사랑하는 형제들아 너희가 알거니와 사람마다 듣기는 속히 하고 말하기는 더디 하며 성내기도 더디 하라.

48. 지혜

48-1. 평안할 때 위태로움을 생각한다

하
늘
의

기밀은 아무도 측량하지 못한다.

눌렀다가는 펴고, 폈다가는 다시 누른다.

영웅을 조롱하고 호걸들을 뒤엎어 놓는다.

그러나 군자는 천운이 역으로 와도 순리로 받아들이고

편안할 때에도 위태로움을 생각하기 때문에

하늘도 마음대로 할 수가 없다.

天地機緘 不測 抑而伸 伸而抑 皆是播弄英雄 顚倒豪傑處
천지기함 불측 억이신 신이억 개시파롱영웅 전도호걸처
君子只是逆來順受 居安思危 ⁴⁶⁾天亦無所用其伎倆矣
군자지시역래순수 거안사위, 천역무소용기기량의

-거안사위(居安思危): 편안할 때 기를 대비해야 한다는 뜻.
-근실(勤實): 부지런하고 진실함.

---

46) 거안사위 사즉유비 유비무환(居安思危 思則有備 有備無患)<춘추좌전>

"떳떳하면 당당하다." 아무리 모함하고, 오해를 받고, 애매한 고난을 받아도 공의 공도로 시간의 낭비 없이 부지런하고 성실(진실)하게 살아가는 자는 매사에 떳떳하므로 어느 누구를 만나도 의연하며, 그런 성품에 신은 동행해 주시리라.

(잠22:29) 네가 자기 사업에 근실한 사람을 보았느냐 이러한 사람은 왕 앞에 설 것이요 천한 자 앞에 서지 아니하리라.

48-2. 세상 만물은 나와 하나다

세
상

모든 것을 허상으로 본다면

부귀공명은 물론

내 육신까지도 잠시 빌린 것에 불과하다.

세상 모든 것을 실상으로 본다면

부모 형제는 물론

세상 만물이 나와 한 몸이 아닌 것이 없다.

사람들이 이 세상이 허상임을 알고

만물이 나와 한몸임을 깨닫는다면

비로소 세상의 짐을 맡아 이끌어 나갈 수가 있고

세상의 속박에서 벗어날 수가 있다.

以幻迹言 無論功名富貴 卽肢體亦屬委形 以眞境言 無論父母兄弟 卽萬物皆吾一體
이환적언 무론공명부귀 즉지체역속위형 이진경언 무론부모형제 즉만물개오일체
人能看得破 認得眞 纔可任天下之負擔 亦可脫世間之⊠鎖.
인능간득파 인득진 재가임천하지부담 역가탈세간지강쇄.

-즉만물개오일체(卽萬物皆吾一體): 나아가 만물은 모두 나와 한몸이다.

세상 모든 것은 영원히 내 소유가 될 수 없다. 그런데 우리는 영원할 것처럼 욕심을 부린다. 세월은 빠르고 같이 지낼 시간은 짧다. 이젠 허상 같은 집착에서 벗어나고 나를 아는 모든 이를 내 몸과 같이 생각하며 살아가자는 것이 본 장의 메시지이다.

인생의 괴로움은 자기만 생각하는 욕심에서 오고, 인생의 행복은 남을 배려하는 선한 사랑에서 온다.

(마22:39) 둘째는 그와 같으니 네 이웃을 네 몸과 같이 사랑하라 하셨으니.

(벧전2:11) 사랑하는 자들아 나그네와 행인 같은 너희를 권하노니 영혼을 거스려 싸우는 육체의 정욕을 제어하라.

48-3. 지식과 의지(지혜)는 함께 갖추어야 한다(지식은 악마의 정체를 밝히는 구슬)

사
리

사욕을 억제하는 데 어떤 이는 그 욕심의 정체에 대해

'빨리 알지 못하면 억제하기가 어렵다.' 하고,

어떤 이는 비록 알았다 해도

'이길 의지가 부족하면 참을성이 없다.'고 한다.

지식은 악마의 정체를 밝히는 한 알의 밝은 구슬이며,

의지는 악마를 베는 지혜의 칼이다.

이 두 가지 모두가 함께 있어야 한다.

勝私制欲之功 有曰識不早 力不易者 有曰識得破 忍不過者.
승사제욕지공 유왈식부조 역불이자 유왈식득파 인불과자.
蓋識是一顆照魔的明珠 力是一把斬魔的慧劍 兩不可少也.
개식시일과조마적명주 역시일파참마적혜검 양불가소야.

-유왈(有曰): 어떤 사람이 말하기를.(有: 있을 유, 曰: 가로 왈)
-인불과자(忍不過者): 참을성이 부족하면 억제하는 힘은 이겨낼 수 없다.
-시일과조마적명주: 바로(是) 마귀를 밝혀내는(照魔的) 하나의 밝은 구슬.
-혜검(慧劍): 지혜의 칼.

사단(악마)을 이기려면 먼저 그 정체를 제대로 구분할 줄 아는 지식이 있어야 하고, 악마를 그 지식의 검으로 없앨 수 있는 검술의 실력(지혜)이 있어야 한다.

"태초에 영들의 전쟁이 있었다. 그 발단의 근원은 욕심이 들어가 창조주를 대적하다가 악령이 된 범죄한 천사장이었다. 성령과의 전쟁에서 패한 악령들은 하늘에서 쫓겨나 이 땅 위의 최초의 사람을 미혹하여 지상권을 빼앗아 차지한 것이다. 지상권을 다시 찾기 위해 창조주는, 쫓겨난 악령들의 정체를 사람들에게 제대로 구분하여 알게 해 주시려고 그 지식을 담은 경전을 주셨다. 먼 훗날 장성한 자녀들이 배우게 된 예언의 비밀인 지식과 명철은 선악을 구별하고 사단을 잡으라고 주신 신의 선물인 것이다."

- '신의 선물' 中에서 -

- 사단이 함께 하는 자는 천사처럼 의의 일군으로 가장하여 못된 짓을 하고 본인과 본인을 따르는 자들까지 지옥 구덩이로 데리고 간다. 뉴스에 자주 오르내리는 거짓 종교인들의 사기, 간음, 추태 등은 그런 이유이다. 뉴스 외의 밝혀지지 않은 일들은 얼마나 더 많을까? 지혜와 명철이 필요한 이유이다.

(잠3:13) 지혜를 얻은 자와 명철을 얻은 자는 복이 있나니.

(고후11:14~15) 이것이 이상한 일이 아니라 사단도 자기를 광명의 천사로 가장하나니 *그러므로 사단의 일군들도 자기를 의의 일군으로 가장하는 것이 또한 큰 일이 아니라 저희의 결국은 그 행위대로 되리라.

(히5:13-14) 대저 젖을 먹는 자마다 어린아이니 의의 말씀을 경험하지 못한 자요 *단단한 식물은 장성한 자의 것이니 저희는 지각을 사용하므로 연단을 받아 선악을 분변하는 자들이니라.

(엡6:12-13) 우리의 씨름은 혈과 육에 대한 것이 아니요 정사와 권세와 이 어두움의 세상 주관자들과 하늘에 있는 악의 영들에게 대함이라 *그러므로 하나님의 전신갑주를 취하라 이는 악한 날에 너희가 능히 대적하고 모든 일을 행한 후에 서기 위함이라.

(엡6:17) 구원의 투구와 성령의 검 곧 하나님의 말씀을 가지라.

48-4. 세속에 섞여 들지 않으면 그것이 곧 청렴이다

세
상
의

속된 것을 벗어나면 그자가 곧 기인이지

일부러 기이한 행동을 숭상하는 자는

기인이 아니라 괴이한 사람이다.

세상의 더러움에 섞이지 않으면 그자가 곧 청렴한 사람이지

일부러 세속과 인연을 끊고 청렴을 구하면

청렴한 사람이 아니라 과격한 사람이 될 뿐이다.

能脫俗 便是奇 作意尙奇者 不爲奇而爲異.
능탈속 변시기 작의상기자 불위기이위리.
不合汚 便是淸 絶俗求淸者 不爲淸而爲激.
불합오 변시청 절속구청자 불위청이위격.

-변시(便是): '곧'
-작의(作意): 의도적으로 지어냄.
-불합오(不合汚): 혼탁한 세속과 어울리지 않음.

군자의 의식 세계처럼, 평범해 보이지만 생각하는 바가 보통 사람의 수준을 넘어서는 사람의 언행은 일반인들에게 참신함과 갈증을 해결하는 듯한 시원함을 준다. 이런 사람이 기인이지, 지나치게 표준에서 벗어나 기괴한 행동과 극단적인 행동을 보이는 사람은 그저 '기괴한 사람'일 뿐이다. 세상과 단절하고 사는 자는 과격한 자이나 세상 속에 있으되 지조를 지키며 물들지 않는 자가 참으로 청렴결백한 자이다.

(롬10:2-3) 내가 증거하노니 저희가 하나님께 열심이 있으나 지식을 좇은 것이 아니라 *하나님의 의를 모르고 자기 의를 세우려고 힘써 하나님의 의를 복종치 아니하였느니라.

(고전5:10) 이 말은 이 세상의 음행하는 자들이나 탐하는 자들과 토색하는 자들이나 우상 숭배하는 자들을 도무지 사귀지 말라 하는 것이 아니니 만일 그리하려면 세상 밖으로 나가야 할 것이라.

(갈2:20) 내가 그리스도와 함께 십자가에 못 박혔나니 그런즉 이제는 내가 산 것이 아니요 오직 내 안에 그리스도께서 사신 것이라 이제 내가 육체 가운데 사는 것은 나를 사랑하사 나를 위하여 자기 몸을 버리신 하나님의 아들을 믿는 믿음 안에서 사는 것이라.

49. 너그러움과 모나지 않음

49-1. 너그러우면 생기가 있게 된다

마
음
이

너그럽고 두터운 사람은

봄바람이 만물을 따뜻하게 키움과 같아

모든 것이 그를 만나면 살아난다.

마음이 각박하고 차가운 사람은

북풍한설이 모든 것을 얼게 하는 것과 같아

만물이 그를 만나면 죽게 된다.

念頭寬厚的　如春風煦育　萬物遭之而生.
염두관후적　여춘풍후육　만물조지이생.
念頭忌刻的　如朔雪陰凝　萬物遭之而死.
염두기각적　여삭설음응　만물조지이사.

-관후적(寬厚的): 너그럽고 후한(두터운) 사람.
-만물조지이생(萬物遭之而生): 모든 것이 그를 만나서 살아난다.

"복숭아나무 오얏나무는 아름다운 꽃과 열매들을 맺기 때문에 가만히 있어도 절로 사람들이 모여들어 그 나무 아래에는 어느새 작은 길이 생긴다. 덕이 있는 사람은 자연히 사람이 따르기 마련이다."

'도리불언 하자성혜(桃李不言 下自成蹊)' - 사마천의 史記 中에서 -

(전2:24) 사람이 먹고 마시며 수고하는 가운데서 심령으로 낙을 누리게 하는 것보다 나은 것이 없나니 내가 이것도 본즉 하나님의 손에서 나는 것이로다.

(잠15:15) 고난받는 자는 그 날이 다 험악하나 마음이 즐거운 자는 항상 잔치하느니라.

49-2. 모나지 않는 온화한 기운으로 몸을 보전하라

절
개
와

의리를 내세우는 사람은

반드시 절개와 의리 때문에 비난받게 되고,

도덕과 학문을 내세우는 사람은

항상 도덕과 학문 때문에 원망을 산다.

그러므로 군자는

악행에 가까이하지도 말고

명예를 얻으려고도 하지 말 것이며

오로지 모나지 않고 온화한 기운만을

몸을 지키는 보배로 삼아야 한다.

標節義者 必以節義受謗 榜道學者 常因道學招尤.故君子不近惡事 亦不立善名.
표절의자 필이절의수방 방도학자 상인도학초우.고군자불근악사 역불립선명.
只渾然和氣 재是居身之珍.
지혼연화기 재시거신지진.

- 표절의자(標節義者): 절개와 의리를 내세우는(標) 사람.
- 절의수방(節義受謗): 절의 때문에(節義) 비방을 받음(受謗).
- 혼연(渾然): 모나지 않은 둥근 모양. 융합되어 차별이나 어긋남 없는 모양.
- 화기(和氣): 부드러운 기운. 온화한 기운.

늘 말이 먼저 앞서는 사람은 실속이 없다. 지혜로운 자는 명예나 찬사를 바라지 않는다. 일을 멀리하고 내 주장을 먼저 하지 말자. 온유한 마음을 가지고 선한 일을 도모하자. 모든 이들을 화평케 하도록 하자. 그런 마음을 갖고 있으면 온화한 기운이 오로라처럼 감쌀 것이고 자연이 도와줄 것이다. 삶의 공식처럼 여기자.

(잠27:2) 타인으로 너를 칭찬하게 하고 네 입으로는 말며 외인으로 너를 칭찬하게 하고 네 입술로는 말지니라.

(마5:9) 화평케 하는 자는 복이 있나니 저희가 하나님의 아들이라 일컬음을 받을 것임이요.

(벧전5:3) 맡기운 자들에게 주장하는 자세를 하지 말고 오직 양 무리의 본이 되라.

(롬12:17-18) 아무에게도 악으로 악을 갚지 말고 모든 사람 앞에서 선한 일을 도모하라 *할 수 있거든 너희로서는 모든 사람으로 더불어 평화하라.

(약3:13) 너희 중에 지혜와 총명이 있는 자가 누구뇨 그는 선행으로 말미암아 지혜의 온유함으로 그 행함을 보일지니라.

49-3. 성품이 원만해야 성공한다

공

을

세우고 업적이 있는 자는 대개

허심탄회하고 원만한 사람이 많지만,

일에 실패하고 기회를 놓친 자는 대개

완강하고 고집이 센 사람이다.

建功立業者 多虛圓之士 僨事失機者 必執拗之人.
건공입업자 다허원지사 분사실기자 필집요지인.

-허원지사(虛圓之士): 마음을 비우고 원만한 선비.
-집요지인(執拗之人): 몹시 (독선적인) 고집스럽고 끈질기다는 의미로 여기의 요(拗)는
  마음이 비뚤어졌음을 의미.

대체로 성공한 사람들은 열린 마음이며 다른 사람의 말에도 경청을 잘하고 인간관계도 좋은 사람들이 많다. 그러나 단절하듯 주변 의견은 무시하고 자기 생각만 하는 자는 성공하기가 어렵다. 이제부터라도 내 주변을 돌아보고 경청하며 존중하는 열린 마음을 가져 보자.

(벧전4:9-10) 서로 대접하기를 원망 없이 하고 10. 각각 은사를 받은 대로 하나님의 각양 은혜를 맡은 선한 청지기같이 서로 봉사하라.

(민12:3) 이 사람 모세는 온유함이 지면의 모든 사람보다 승하더라.

(고전13:4) 사랑은 오래 참고 사랑은 온유하며 투기하는 자가 되지 아니하며 사랑은 자랑하지 아니하며 교만하지 아니하며.

(딤후2:24) 마땅히 주의 종은 다투지 아니하고 모든 사람을 대하여 온유하며 가르치기를 잘하며 참으며.

49-4. 세상을 등지지도 말고, 세속에 빠지지도 말자

세
상
을

살아감에 있어서

마땅히 세속과 같이하지도 말며

또한 다르게 하려고도 하지 말자.

일을 함에서는

굳이 남이 싫어하게도 하지 말며

또한 기뻐하게 하려고도 하지 말자.

處世 不宜與俗同 亦不宜與俗異 作事 不宜令人厭 亦不宜令人喜.
처세 불의여속동 역불의여속이 작사 불의영인염 역불의영인희.

-불의(不宜)~ 역불의(亦不宜): ~하여서도 안 되고, 또 ~하여서도 안 된다.
-작사(作事): 일을 행함.
-영인염(令人厭): 남으로 하여금 싫어하게 함.
  --令: 영 령. 시키다. --厭: 싫을 염.
-영인희(令人喜): 남들로 하여금 기쁘게 함.

대체로 채근담에서 풍기는 성품은 '중용'이다. 뭘 모를 적에는 자신이 마치 세상과 경쟁하듯 잘난 면을 과시하고픈 마음이 있겠지만 그 결과 돌아오는 것은 대체로 칭찬과 부러움이 아니라 따돌림과 미움이다. 고고한 분위기도 시기 질투의 대상이 되는 것이다. 그렇다고 어떤 일을 함에 세속과 야합하여 그들의 비위를 맞추고 그들이 기뻐하는 일을 기준으로 할 필요도 없으며, 그렇다고 그들과 동떨어진 일을 찾아할 필요도 없는 것이다. 처한 환경과 주변 성품들은 다양하므로 등지거나 빠지지도 않는 처세는 당사자만이 깨달으며 터득하게 되는 중용의 기술과 중용의 멋이다.

'빛이 나지만 눈부시지 않는다'[47]

(빌4:11~13) 내가 궁핍하므로 말하는 것이 아니라 어떠한 형편에든지 내가 자족하기를 배웠노니 *내가 비천에 처할 줄도 알고 풍부에 처할 줄도 알아 모든 일에 배부르며 배고픔과 풍부와 궁핍에도 일체의 비결을 배웠노라 *내게 능력 주시는 자 안에서 내가 모든 것을 할 수 있느니라.

---

47) 광이불요(光而不耀): 도덕경 21장에 나오는 말이다.

49-5. 마음이 너그러우면 복이 다가온다

어
진

사람은 마음이 너그럽고 여유가 있어

복이 넉넉하고

기쁜 일이 오래 지속되며

일마다 너그러운 기상을 편다.

천박한 사람은 마음이 비좁고 급해서

복이 박하고

자손에게 미치는 은택도 짧고

일마다 좁고 옹색한 모양을 이룬다.

仁人心地寬舒 便福厚而慶長 事事成個寬舒氣象 鄙夫 念頭迫促.
인인심지관서 편복후이경장 사사성개관서기상 비부 염두박촉.
便祿薄而澤短 事事得個迫促規模.
변록박이택단 사사득개박촉규모.

-관서(寬舒): 너그럽고 유유함.
-비부(鄙夫): 야비한 사나이. 천박한 사람.
-사사득개박촉규모: 하는 일마다(事事) 좁고 옹색한(薄促) 모양을 이룸.

무엇보다도 중요한 것은 우리의 마음이다. 부유한 환경이라도 자살하는 자가 있고, 척박한 환경이라도 고생을 복으로 알고 즐겁게 일하는 사람이 있다. 행복지수는 외부 조건보다는 마음 자세에 달린 것이다. 환경과는 상관없이 내 마음에 따라 언행이 나오고, 내 마음에 따라 생사화복의 길도 걷게 되는 것이다. 항상 채근담과 성경을 꾸준히 읽고 묵상하여 좋은 마음, 참된 마음을 갖도록 하자.

"♪ 행복은 언제나 마음속에 있는 것 ♬"

(잠4:23) 무릇 지킬 만한 것보다 더욱 네 마음을 지키라 생명의 근원이 이에서 남이니라.

(마5:5) 온유한 자는 복이 있나니 저희가 땅을 기업으로 받을 것임이요.

(마13:12) 무릇 있는 자는 받아 넉넉하게 되되 무릇 없는 자는 그 있는 것도 빼앗기리라.

50. 감사(할 일)

50-1. 나의 지금 움직임이 훗날 자손의 복이다

**조
상
이**

나에게 남겨 준 은덕을 묻는다면

그것은 지금 내가 누리는 모든 것이니,

마땅히 그 쌓기 어려웠음을 명심하자.

자손에게 줄 복이 무엇인가 묻는다면

그것은 내가 지금 행하는 모든 것이니

그 기울어지기 쉬움을 생각해 신중하자.

問祖宗之德澤! 吾身所享者是 當念其積累之難.

문조종지덕택! 오신소향자시 당염기적루지난.

問子孫之福祉! 吾身所貽者是 要思其傾覆之易.

문자손지복지! 오신소이자시 요사기경복지이.

-소향자(所享者): 누리고 있는 것.

-소이자(所貽者): 남겨 주는(貽) 것.

-경복(傾覆): 기울고 뒤집어지고 엎어짐. 쓰러짐.

--貽: 끼칠 이. 전하다. 주다.

오늘날 우리가 누리는 모든 것을 탄탄히 쌓아 올리는 데 우리 조상들이 얼마나 고생을 하셨는지 생각하고 감사하는 마음 잊지 말 것이며, 또한 우리 세대는 자손들에게 오래 누릴 수 있는 복된 것을 남기도록 신중하고 튼튼히 쌓아 나가자. 조금씩 쌓아온 것은 어렵지만 쌓은 것 무너트림은 쉬우므로 방심치 말 것을 권면하는 메시지이다.

(출20:5-6) 그것들에게 절하지 말며 그것들을 섬기지 말라 나 여호와 너의 하나님은 질투하는 하나님인즉 나를 미워하는 자의 죄를 갚되 아비로부터 아들에게로 삼 사대까지 이르게 하거니와 *나를 사랑하고 내 계명을 지키는 자에게는 천대까지 은혜를 베푸느니라.

(잠17:6) 손자는 노인의 면류관이요 아비는 자식의 영화니라.

51. 사랑과 자비

51-1. 사랑이 없으면 그저 형체만 있는 것에 지나지 않는다

옛
사
람
은

'쥐를 위해 항상 밥을 남겨 두고

불나방을 가엾이 여겨 등불을 켜지 않는다[48]고 했다.

옛사람의 이러한 마음은

우리 인간이 발전할 수 있는 하나의 빛과 같다.

이 마음이 없다면 사람도 흙이나 나무처럼

형체뿐일 따름이다.

爲鼠常留飯 憐蛾不點燈 古人此等念頭 是吾人 點生生之機.
위서상류반 연아불점등 고인차등염두 시오인일점생생지기.
無此 便所謂{土木形骸}而已.
무차 변소위{토목형해}이이.

-위서상류반(爲鼠常留飯) 연아불점등(憐蛾不點燈): '쥐를 위해 밥을 남겨두고, 불나방이
  가여워 등불을 켜지 않는다.'는 말.
-시오인(是吾人): 바로 우리들.
-형해(形骸): 형체. 모습. 모양.
-토목형해(土木形骸): 흙이나 나무와 같은 생명이 없는 물체(形骸).

---

48) 소동파 詩 <차운정혜흠장로견기> 중 한 구절.

아무리 학식과 교양이 넘쳐나고 재능이 뛰어나다 해도, 그 가진 것을 빛나게 해 주는 것은 마음속에 있는 사랑이다. 즉 사랑이 없다면 그 외의 것은 아무것도 아니라는 것이다. 마치 조각 물통의 원리(리비히 법칙)처럼….

신앙인으로서 설령 믿음이 아무리 좋고 소망이 넘쳐나도 정작 사랑이 없으면 아무것도 아니라는 것이다. 이 세상의 모든 것이 다 없어져도 영원한 것은 사랑이라고 한다.

(롬13:10) 사랑은 이웃에게 악을 행치 아니하나니 그러므로 사랑은 율법의 완성이니라.

(고전13:1) 내가 사람의 방언과 천사의 말을 할지라도 사랑이 없으면 소리나는 구리와 울리는 꽹과리가 되고.

(고전13:3) 내가 내게 있는 모든 것으로 구제하고 또 내 몸을 불사르게 내어 줄지라도 사랑이 없으면 내게 아무 유익이 없느니라.

(고전13:13) 그런즉 믿음, 소망, 사랑 이 세 가지는 항상 있을 것인데 그 중에 제일은 사랑이라.

51-2. 자비로움은 세상을, 결백은 가문을 빛나게 한다

하
나
의

자비로움은

천지간을 훈훈하게 만들고,

한 가닥의 깨끗한 마음은

향기로운 이름을 후대 대대로 밝게 드리울 것이다.

一念慈祥 可以醞釀兩間和氣 寸心潔白 可以昭垂百代淸芬.
일념자상 가이온양양간화기 촌심결백 가이소수백대청분.

-온양(醞釀): 술을 빚다. 어떤 의도나 생각을 은밀히 마음속에 품다.
-백대청분(百代淸芬): 1백대에 걸친 후대까지 계속 전해지는 맑은 향내.
-촌심(寸心): 마음. 작은 뜻. 조그만 성의.

시간 앞에 장사는 없다. 아무리 감추려 해도 시간 위에 올려놓으면 결국 그 사람의 내면 됨됨이도 다 알게 된다. 아무리 잘 보이려고 꾸며도 시간 앞에서는 가면도 드러난다.

성품이 온화한 이는 생각만 해도 미소 지음과 가슴 설렘을 갖게 된다. 설혹 그가 어떤 계기로 그동안 오해를 받고 있다 해도 시간은 결국 다 밝혀 준다. 즉 시간은 진실하고 깨끗한 성품을 밝혀 주고 결국 많은 이들의 귀감과 존경의 대상으로 올려놓는다. 정작 당사자 본인은 잘 보이려고 꾸미는 사람이 아니다. 단지, 온유하고 자비로운 마음, 그리고 자연과 자연을 만든 창조주를 사랑하고 이웃을 사랑하는 마음을 잃지 않은 사람이었을 뿐이다. - '의도된 우연' 中 -

(마5:5) 온유한 자는 복이 있나니 저희가 땅을 기업으로 받을 것임이요.

(출20:6) 나를 사랑하고 내 계명을 지키는 자에게는 천대까지 은혜를 베푸느니라.

52. 기쁨, 행복, 즐거움

52-1. 하루라도 즐겁지 않는 날 없도록 하라

세
찬
바
람,

거센 빗줄기에는 새들도 슬퍼하고,

갠 날 맑은 바람에는 초목도 기뻐한다.

천지는 하루라도 밝은 기운이 없어서는 아니 되고,

사람 마음에는 하루라도 즐거워하는 기분이

없어서는 아니 된다.

疾風怒雨禽鳥戚戚 霽─光風草木欣欣
질풍노우금조척척 제일광풍초목흔흔
可見天地 不可一日無和氣 人心不可一日無喜神.
가견천지 불가일일무화기 인심불가일일무희신.

-척척(戚戚): 근심하고 두려워함.(戚: 겨레 척. 슬픔. 근심)
-흔흔(欣欣): 기뻐하는 모양. 초목이 무성함.

지옥을 만드는 방법은 가까이 있는 사람을 미워하면 된다. 천국을 만드는 방법도 간단하다. 가까이 있는 사람을 사랑하면 된다. 모든 것이 다 나로부터 시작된다.

- 백범 김구 선생의 어록 中 -

(잠15:15) 고난받는 자는 그 날이 다 험악하나 마음이 즐거운 자는 항상 잔치하느니라.

(전3:22) 그러므로 내 소견에는 사람이 자기 일에 즐거워하는 것보다 나은 것이 없나니 이는 그의 분복이라 그 신후사를 보게 하려고 저를 도로 데리고 올 자가 누구이랴.

(살전 5:16~18) 항상 기뻐하라 17. 쉬지 말고 기도하라 18. 범사에 감사하라 이것이 그리스도 예수 안에서 너희를 향하신 하나님의 뜻이니라.

52-2. 행복을 부르는 방법

행
복
은

억지로 구한다고 얻어지는 것이 아니다.

스스로 즐거운 마음을 길러

이를 행복을 부르는 근본으로 삼아야 한다.

화는 피하려 해서 피할 수 있는 것이 아니다.

남을 해치려는 마음을 없애므로

이를 화(불행)을 멀리하는 방법으로 삼아야 한다

福不可邀 養喜神 以爲召福之本而已 禍不可避.
복불가요 양희신 이위소복지본이이 화불가피.
去殺機 以爲遠禍之方而已.
거살기 이위원화지방이이.

-희신(喜神): 경사를 맡아보는 신. 즐거운 마음.
-소복지본(召福之本): 행복을 부르는 근본.

인생은 선택의 연속이다. 만사를 '공의와 공도'라는 잣대로 선택하고 그다음은 최선을 다해 사는 삶. 그것이 후회 없는 삶이다.

인간관계를 맺어주는 것도 상대방에 대한 따뜻한 관심과 사랑이다. 바로 그것이 행복이다. 중요한 것은 우리의 마음이다. 밉지만 용서를 선택하고, 답답하지만 이해를 선택하자. 즐거운 마음으로 주변을 사랑하며 살아가자. 즉 본 장의 메시지처럼 즐거운 마음을 기르고, 남을 해치는 마음을 없애자.

(잠10:12) 미움은 다툼을 일으켜도 사랑은 모든 허물을 가리우느니라.

(잠15:13) 마음의 즐거움은 얼굴을 빛나게 하여도 마음의 근심은 심령을 상하게 하느니라.

(전3:12-13) 사람이 사는 동안에 기뻐하며 선을 행하는 것보다 나은 것이 없는 줄을 내가 알았고 13사람마다 먹고 마시는 것과 수고함으로 낙을 누리는 것이 하나님의 선물인 줄을 또한 알았도다.

52-3. 한 번뿐인 인생, 삶의 즐거움과 근심을 알고 지내자

천
지
는

영구히 있으되 내 몸은 두 번 태어날 수 없고,

인생은 단지 백 년의 세월이로되,

하루하루 쉽게 지나가 버린다.

다행히 그 사이에 태어난 사람으로서

살아 있는 즐거움을 몰라서야 되겠는가!

또한 헛된 삶에 대한 근심을 어찌 생각 안 할 수 있으랴.

天地有萬古　此身不再得　人生只百年　此日最易過.
천지유만고　차신불재득　인생지백년　차일최이과.
幸生其間者　不可不知有生之樂　亦不可不懷虛生之憂.
행생기간자　불가불지유생지락　역불가불회허생지우.

-유생지락(有生之樂): 삶의 즐거움. 사람으로서 생을 누리는 즐거움.
-허생지우(虛生之憂): 허무한 삶에 대한 근심.(유생지락과 대비)

인생살이에 대한 고귀함과 또 인생의 무상함을 아울러 표현한 글이다. 우리는 우리에게 주어진 삶의 시간이 유한함에도 이런 사실을 망각하고 마치 영원히 살 것처럼 아웅다웅하며 살아간다. 물질과 권세 등에 미련 두지 말고, 사람 미워하며 살지 말자. 이제는 길게 보고 조건 없이 모든 사람에게 사랑도 주고 나의 현재와 육신이 사라지는 뒤의 삶도 보자. 긴 안목으로 즐거운 마음을 갖고 살아가자.

한때 화두로 사용하던 신조어 '워라벨', '소확행' 등이 있다. '워라벨'(work and life balance)은 일과 삶의 적절한 균형을 말한다. '소확행'은 소소하지만 확실한 행복이라는 단어이다. 회자되는 말을 보면, 회사를 위해 일만 하는 '사축(회사가축)'이라든가, 일에 치어 수시로 야근하는 '프로야근러', 일과 승진을 위해 휴가도 쉬는 시간도 포기한 '쉼포족'… 이러다 보니 정작 자신의 삶을 챙길 시간이 없어진 긴장의 반작용으로 단어 '워라벨'이 탄생한 것이다. 악착같이 한쪽에 치우쳐 끝을 보려는 자처럼 살지 말고 가족과 보내는 저녁 시간, 집에서 편한 쇼파에 앉아 맥주 한잔, 훌쩍 영화관 찾아 영화 속으로, 아이와 함께 떠나는 주말여행…. 소소하지만 확실히 행복을 주는 '소확행'으로 워라벨을 즐기자. 일과 여유의 적절한 조화! 채근담의 메시지는 현대인에게 '워라벨'의 필요성을 새삼 느끼게 해 준다.

(고전14:40) 모든 것을 적당하게 하고 질서대로 하라.

(전3:1~8) 천하에 범사가 기한이 있고 모든 목적이 이룰 때가 있나니 *날 때가 있고 죽을 때가 있으며 심을 때가 있고 심은 것을 뽑을 때가 있으며 … 사랑할 때가 있고 미워할 때가 있으며 전쟁할 때가 있고 평화할 때가 있느니라.

(전3:11) 하나님이 모든 것을 지으시되 때를 따라 아름답게 하셨고 또 사람에게 영원을 사모하는 마음을 주셨느니라.

(전12:1-2) 너는 청년의 때 곧 곤고한 날이 이르기 전, 나는 아무 낙이 없다고 할 해가 가깝기 전에 너의 창조자를 기억하라 *해와 빛과 달과 별들이 어둡기 전에, 비 뒤에 구름이 다시 일어나기 전에 그리하라.

(이곳에 기록한 소원을 주문처럼 되뇌면 그대로 됩니다)

52-4. 통달한 선비는 고난도 즐거움으로 삼는다

세
상
　사람은

　마음에 맞는 것으로만 즐거움을 삼기 때문에

　오히려 그 즐거운 마음에 이끌려 괴로운 곳에 있게 된다.

　통달한 선비는

　마음에 맞지 않는 것으로 즐거움을 삼기 때문에

　마침내 그 괴로운 마음이 즐거움으로 바뀌어 온다.

世人以心肯處爲樂 却被樂心引在苦處.達士以心拂處爲樂 終爲苦心換得樂來.
세인이심긍처위락 각피락심인재고처.달사이심불처위락 종위고심환득락래.

-달사(達士): (세상 이치를) 통달한 사람.
-심불(心拂): 마음에 어긋나는 것.
-이심불처위락(以心拂處爲樂): 마음에 꺼리는 것을 즐거움으로 삼아.
-종위고심환득락래(終爲苦心換得樂來): 마침내(終) 괴로운 마음(苦心)이 바뀌어(換) 즐거움을(樂) 얻게(得) 된다(來).

범인(凡人)들이 꺼리는 것은 가난, 고독, 시련 등등의 괴로움이지만, 삶의 이치를 아는 자들은 그런 괴로움이 주는 즐거움과 그 결과를 알기 때문에 오히려 반가이 받아 적응하고, 또 그로 인해 내공도 쌓으며 더 큰 즐거움을 맞이하게 된다.

(빌4:11~13) 내가 궁핍하므로 말하는 것이 아니라 어떠한 형편에든지 내가 자족하기를 배웠노니 *내가 비천에 처할 줄도 알고 풍부에 처할 줄도 알아 모든 일에 배부르며 배고픔과 풍부와 궁핍에도 일체의 비결을 배웠노라 *내게 능력 주시는 자 안에서 내가 모든 것을 할 수 있느니라.

(시26:2) 여호와여 나를 살피시고 시험하사 내 뜻과 내 마음을 단련하소서.

(시119:71) 고난당한 것이 내게 유익이라 이로 인하여 내가 주의 율례를 배우게 되었나이다.

(욥23:10) 나의 가는 길을 오직 그가 아시나니 그가 나를 단련하신 후에는 내가 정금같이 나오리라.

(잠언17:3) 도가니는 은을, 풀무는 금을 연단하거니와 여호와는 마음을 연단하시느니라.

53. 예(禮)

53-1. 물러난 사람에게는 은혜와 예우를 더욱 갖추라

옛
친
구

를 만나면 반가움을 더욱더 새롭게 하라.

눈에 안 띄는 숨겨진 일이라도 더욱 마음을 써 분명히 하라.

물러난 사람 만나면 은혜와 예우를 더욱 갖추어 대하라.

遇故舊之交 意氣要愈新 處隱微之事 心迹宜愈顯 待衰朽之人 恩禮當愈隆.
우고구지교 의기요유신 처은미지사 심적의유현 대쇠후지인 은례당유융.

-유신(愈新): 더욱 새롭게 함.
-은미지사(隱微之事): 비밀리에 하는 일.
-衰: 쇠할 쇠 '늙다, 약해지다' 육체적 또는 벼슬에서 내려온 의미로 해석
-의유현(宜愈顯): 마땅히 더욱 뚜렷이 드러냄.
-유융(愈隆): 더욱 융숭히 함.

다시 설명하면, 오래된 친구와는 세월이 갈수록 더욱 소중한 마음으로 대할 것이며, 남이 안 본다고 대충 일하는 자가 되지 말고, 또한 공직에 있다가 물러난 자에게 공손히 존중의 예를 갖추자.

이 모든 것은 자신의 인격을 나타내는 것이다.

(잠16:31) 백발은 영화의 면류관이라 의로운 길에서 얻으리라.

(잠19:6) 너그러운 사람에게는 은혜를 구하는 자가 많고 선물을 주기를 좋아하는 자에게는 사람마다 친구가 되느니라.

(잠27:17) 철이 철을 날카롭게 하는 것같이 사람이 그 친구의 얼굴을 빛나게 하느니라.

(사46:4) 너희가 노년에 이르기까지 내가 그리하겠고 백발이 되기까지 내가 너희를 품을 것이라 내가 지었은즉 안을 것이요 품을 것이요 구하여 내리라.

53-2. 부지런함이란 '예와 옳은 일'을 바로 실행하는 것이다

부
지
런
함

이란 예(도덕), 옳은 일(의리)을

민첩하게 실행하는 것인데

세상 사람들은 부지런함으로 단지

가난을 벗어나려고만 한다.

검소함이란 재물과 이익에 욕심이 없는 것인데

세상 사람들은 검소를 핑계 삼아 인색함을 꾸민다.

군자의 신조가 오히려 소인배의 사리사욕의 도구가 되다니

참으로 안타까운 일이다.

勤者 敏於德義 而世人借勤而濟其貧 儉者 淡於貨利 而世人假儉以飾其吝.
근자 민어덕의 이세인차근이제기빈 검자 담어화리 이세인가검이식기린.

君子持身之符 反爲小人營私之具矣 惜哉.
군자지신지부 반위소인영사지구의 석재.

-차근이제기빈(借勤而濟其貧): 근면을 이용해(借勤而) 그의(其) 가난을(貧) 구하려 한다
(濟). 부지런히 일해 꾸준히 돈을 모은다는 의미.
-담어화리(淡於貨利): 재물과 이익에 담박(淡) 즉 욕심이 없는 것.

군자는 부지런하고 검소함으로 덕을 실천하는데, 소인은 돈을 버는 수단으로만 사용한다. 인색한 사람은 검소하다는 표현으로 욕심을 포장하지만, 소인배의 변명에 지나지 않는다. 매사 우선순위의 기준을 '의로움'으로 삼아 실천하며 살아가는 것이 복 받는 길임을 알려주는 메시지이다.

(전2:24) 사람이 먹고 마시며 수고하는 가운데서 심령으로 낙을 누리게 하는 것보다 나은 것이 없나니 내가 이것도 본즉 하나님의 손에서 나는 것이로다.

(마5:6) 의에 주리고 목마른 자는 복이 있나니 저희가 배부를 것임이요.

(마6:33) 그런즉 너희는 먼저 그의 나라와 그의 의를 구하라 그리하면 이 모든 것을 너희에게 더하시리라.

54. 나이 먹어 간다는 것

54-1. 노을이 질 때 아름답고 귤이 다 향기롭나니

하
루

해가 이미 저물어도 노을은 오히려 아름답고
한 해가 저물 즈음 귤 향기는 더욱 꽃답다.
한 생애의 말로인 만년은
군자로서 마땅히 백 배로 정신을 가다듬을 때이다.

어떤 일이든 마무리를 잘해야 모든 일이 빛이 나듯, 우리 인생도 끝까지 잘 마무리해야 전체의 삶이 아름답다. 그만큼 노년의 품격은 중요하다.

한 노인의 죽음은 한 도서관이 불타 없어짐과 같다는 속담이 있다. 백발이 될 때까지의 지나온 삶은 그만큼 소중한 것이라는 것이다. 성경에는 노인을 돌아보지 않는 사회나 국가는 흉악한 민족이라고도 한다. 누구나 빠른 세월 따라 나이가 들게 된다. 물론 나이 드신 분들의 경험과 노고는 사회에서 존중받을 수 있는 분위기가 돼야 한다. 이는 국가만의 문제가 아니라 노인이 돼가는 중·장년층도, 현재 노인들도 노력해야 할 문제이다.

즉, 교양과 품성, 올바른 인성을 갖도록 노력해야 한다. 그런 자세라면 성경의 말씀처럼 우리 겉사람은 늙어가나 속사람은 날로 새로운 것으로 변해가지 않겠는가.

또한 젊은 시절, 혈기로 각을 세우던 모습에서 늙어감으로 인해 차분해지고, 또한 선과 악도 어느 정도 구분하는 지혜도 생기어 취사선택의 눈도 갖게 되고, 매사에 조심하게도 만드시는 것 같다. 그래서 노인이 되면 정신을 가다듬을 때라고도 한다. 이것이 다산 선생의 '늙음의 미학[49]'이기도 하다. 초고령 사회에 접어든 요즈음 시대에 음미해 볼 만한 문장이다.

---

49) **'늙음의 미학'**
나이가 들면서 눈이 침침한 것은 필요 없는 작은 것은 보지 말고
필요한 큰 것만 보라는 것이며,
귀가 잘 안 들리는 것은, 필요 없는 작은 말은 듣지 말고,
필요한 큰 말만 들으라는 것이고,
이가 시린 것은 연한 음식만 먹고 소화 불량 없게 하려 함이고,
걸음걸이가 부자연스러운 것은 매사 조심하고 멀리 가지 말라는 것이요.
머리가 하얗게 되는 것은 멀리 있어도 나이 든 사람의 것을
알아보게 하기 위한 조물주의 배려인즉.
정신이 깜박거리는 것은, 살아온 세월을 다 기억하지 말라는 것이니,
지나온 세월을 다 기억하면 아마도 머리가 핑할 테니
좋은 기억, 아름다운 추억만 간직할 터이고,
바람처럼 다가오는 시간을 선물처럼 받아들여,
가끔 힘들면 한숨 쉬고 하늘 한번 볼 것이라.
멈추면 보이는 것이 참 많소이다.

- 다산 정약용 '목민심서' 중 -

(레19:32) 너는 센 머리 앞에 일어서고 노인의 얼굴을 공경하며 네 하나님을 경외하라 나는 여호와니라.

(신28:50) 그 용모가 흉악한 민족이라 노인을 돌아보지 아니하며 유치를 긍휼히 여기지 아니하며.

(잠16:31) 백발은 영화의 면류관이라 의로운 길에서 얻으리라.

(잠17:6) 손자는 노인의 면류관이요 아비는 자식의 영화니라.

(욥12:12) 늙은 자에게는 지혜가 있고 장수하는 자에게는 명철이 있느니라.

(고후4:16) 그러므로 우리가 낙심하지 아니하노니 겉사람은 후패하나 우리의 속은 날로 새롭도다.

既暮而猶烟霞絢爛 歲將晚而更橙橘芳馨 故末路晚年 君子更宜精神百倍.
기모이유연하현란 세장만이갱등귤방형 고말로만년 군자갱의정신백배.

-연하(煙霞): 안개와 노을. 고요한 산수의 경치.
-말로(末路): 노정의 마지막.
-군자(君子): 덕행이 높고 학문이 뛰어난 사람을 지칭.

54-2. 일찍 지느니 늦게 이루는 것이 낫다

복
숭
아

꽃 오얏 꽃이 곱다 한들 잠시 피었다 시드니

사철 푸른 송백(소나무, 잣나무)의 곧은 절개에 비할쏘냐?

배와 살구 맛이 비록 달다 한들

어찌 노란 유자 푸른 귤의 맑은 향기에 비할쏘냐?

곱지만 빨리 시드는 것보다

담백하고 오래감이 더 낫고

조숙하여 이른 꽃망울보다

서서히 영글어 가는 담백함이 더 낫지 않으랴.

桃李雖艶, 何如松蒼栢翠之堅貞 梨杏雖甘 何如橙黃橘綠之馨冽.
도리수염, 하여송창백취지견정 이행수감 하여등황귤녹지형렬.
信乎! 濃夭不及淡久 早秀不如晩成也.
신호! 농요불급담구 조수불여만성야.

-송창백취(松蒼栢翠): 푸른 소나무와 푸른 잣나무.
-신호(信乎): 참으로 맞는 말이다. 정말 그렇도다.(감탄형 어조사)
-담구(淡久): 담박하고 오래감.
-조수(早秀): 일찍 뛰어남.

이른 시절의 성공보다는 온갖 어려움을 겪고 만들어진 모습이 생명력 있고 오래가지 않겠는가? 가볍게 피다 지는 꽃보다는 긴 세월 영글어 하늘의 큰 새가 임하는 푸르른 송백과 같은 사람이 되자. 귀 있는 자는 깨달을지다.

(전7:8) 일의 끝이 시작보다 낫고 참는 마음이 교만한 마음보다 나으니.

(잠20:29) 젊은 자의 영화는 그 힘이요 늙은 자의 아름다운 것은 백발이니라.

(사25:6) 만군의 여호와께서 이 산에서 만민을 위하여 기름진 것과 오래 저장하였던 포도주로 연회를 베푸시리니 곧 골수가 가득한 기름진 것과 오래 저장하였던 맑은 포도주로 하실 것이며.

(마13:31-32) 또 비유를 베풀어 가라사대 천국은 마치 사람이 자기 밭에 갖다 심은 겨자씨 한 알 같으니 *이는 모든 씨보다 작은 것이로되 자란 후에는 나물보다 커서 나무가 되매 공중의 새들이 와서 그 가지에 깃들이느니라.

54-3. 인생을 보고 마음을 안다

바람

자고 물결 고요함 속에서
인생의 참된 경지를 보고,
욕망 벗고 소리 드문 속에서
본래 마음의 본성을 알게 된다.

화려하고 찬란한 곳보다는 자연의 고요함 속에서라야 만물을 새롭게 보게 되고, 또한 나 자신도 참 나의 본성과 아련한 마음의 고향도 보게 된다. 어느덧 혈기 부리던 젊은 시절과 달리 이젠 누가 뭐라 해도 평온히 듣게 되는 이순(耳順)의 귀를 갖게 되고, 또 내 마음에 뜻하는 바를 행해도 어느 법에도 거슬림이 없는 정신적으로 성숙한 나이가 돼가는 것이다.(從心所欲不踰矩)[50]

---

50) "…육십이이순, 칠십이종심소욕 불유구"(논어)
(子曰 吾 … 六十而耳順, 七十而從心所欲 不踰矩)
"예순 살에는 남의 말을 들으면 그 뜻을 이해하게 되었고(=어떤 말이라도 마음에 거슬리는 법이 없었다. 누가 내 욕을 하거나, 예전 같으면 화를 낼 일도 이제는 감정의 흔들림 없이 대처할 수 있다는 것), 일흔 살이 되어서는 마음에 하고자 하는 바를 그대로 따라도 법도에 벗어나지 않았다"
이 말은 공자가 일흔 살이 넘어 자신에 대한 술회를 한 것. 모든 사람이 이렇게 되어야 한다기보다는 스스로 지나온 과정에 대한 설명. 서른이라도 '종심소욕불유구'의 최고 경지에 다다를수 있다면 훌륭한 사람이다.

(마6:6) 너는 기도할 때에 네 골방에 들어가 문을 닫고 은밀한 중에 계신 네 아버지께 기도하라 은밀한 중에 보시는 네 아버지께서 갚으시리라.

(롬 1:20) 창세로부터 그의 보이지 아니하는 것들 곧 그의 영원하신 능력과 신성이 그 만드신 만물에 분명히 보여 알게 되나니 그러므로 저희가 핑계치 못할지니라.

(마6:33) 그런즉 너희는 먼저 그의 나라와 그의 의를 구하라 그리하면 이 모든 것을 너희에게 더하시리라.

(신1:31) 광야에서도 너희가 당하였거니와 사람이 자기 아들을 안음같이 너희 하나님 여호와께서 너희의 행로 중에 너희를 안으사 이곳까지 이르게 하셨느니라.

風恬浪靜中 見人生之眞境 味淡聲希處 識心體之本然.
풍념랑정중 견인생지진경 미담성희처 식심체지본연.

-미담성희(味淡聲希): 맛이 담백하고(味淡) 소리가 드문(聲希).

(잠17:6) 손자는 노인의 면류관이요 아비는 자식의 영화니라.

부 록

참고자료

- 신구약 성경(개역한글)
- 한용운 채근담(한용운 지음/성각스님 옮김)
- 채근담(김성중 옮김)
- 조선 선비의 삶과 시대정신(정옥자 교수 강의)
- 채근담(김석환 역주)
- 픽사베이(사진 출처)
- 현재적 관점에서 본 채근담의 마음건강(최병욱)
- 채근담의 도학적 분석(이천호)
- 乾隆本 채근담
- 채근담, 삶의 여백과 소박함(박건삼 엮음)
- 서정한문서예교실
- 채근담(임동석 역주)
- 채근담(이기석 역해)
- 菜根譚: 中國古典の知惠に學ぶ(祐木亞子)
- 채근담(편저 박일봉, 육문사)
- 채근담(편역 안길환, 한비)
- 菜根譚詳解講義 / 久保天随 著.
- 菜根談 / 洪應明 著 木板本(中國)
- 채근담(송정희 역, 올재)
- 채근담(유덕선, 홍문관)
- 채근담(백준기 편역, 이상사)
- 다시 보는 채근담(허정, 금산출판사)
- CEO 채근담(심상우 옮김, 일송미디어)
- 채근담(이상기 옮김) 외 다수
- 마음이 아름다우니 세상이 아름다워라(이채 시인 제7시집)

편저자의 말

누구나 그런 시기가 한두 번쯤은 다 있겠지만
나에게도 극심하게 힘들고 지독히 외로운 시기가 있었다.
공과 사가 이어진 시련의 어느 한 시절,
모두가 무언가에 홀린 듯
믿었던 사람도 등지고
잡아 주어야 할 사람마저
내민 손 외면하고
하늘은 먹구름으로 잠시 안 보이던….
사면초가.
하이에나처럼 빈틈과 허물을 노리는 우는 사자[51]

자기 보호, 이기주의, 감정 모함, 모친의 투병, 건강 악화와 생활고
육체적, 정신적, 신앙적으로 너무도 힘들어
돌파구처럼 찾게 된 것이 옛날 아련한 추억이 서린
고전 채근담이었다. 그리고 아울러
평생의 징검다리처럼 읽어온 성경….
나를 달래기 위해서 다시 찾아 읽게 된 책들이었다.
읽다 보니 많은 감정도 다스려지게 되고
뿌리를 오래 씹어 나오는 향처럼
평범함의 즐거움도 찾게 되었다.

---

51) 벧전5:8

공직에 있을 때 해 보지 못했던 여러 가지도
하게 되고 보게 되고
사람들의 옆모습 뒷모습도 보게 되자
참 어리숙하게 감성적으로 살아온
나 자신의 부족한 면도 보게 되었다. 아울러
다시 체험하며 또 되뇌게 되는 생각은
"사람을 너무 믿지 말고 너무 실망 말자. 보이지 않는 것에 더 큰 가
치가 있고 영원한 것이 있지 않은가? 그리고 만사는 사필귀정이다. 멀
리 보는 눈과 평범함의 위대함을 알게 해준 이 감동을 나만이 아니라
많은 분과도 공유하자" 해서 이 책을 소개하게 되었다.

믿음도 필요하고 소망도 좋으나 그중 제일이며, 영원한 것은 사랑이
라 하듯, 남들이 모르는 하늘의 비밀을 깨닫는 다해도 사랑이 없다면
그 믿음 또한 인정받지 못하는 것 아닌가. 꼭 있어야 할 것은 성군다운
선하고 온유한 인성에서 나오는 사랑이리라.

책을 가까이하시던 아버지는 늘 습관처럼 아침 일찍 일어나 집 앞마
당과 동네 청소를 하시며 라디오를 크게 틀어 놓으시고 새벽 기운을
골목부터 운치 있게 퍼트리곤 하시었다. 새벽에 라디오에서 나오는 '명
상의 시간'에 음악과 함께 잠을 깨며 낭랑한 성우의 낭독을 듣던 채근
담의 문장들….

난 채근담이 어느 옛날 학자의 이름인지 알았다.

"아, 나와 같은 채 씨 중에도 유명한 분이 있구나." 하하하! 물론 국
민(초등)학교에 들어가면서 실체를 알게 되었지만…. 이후 읽으며 받았
던 신선한 충격과 감동, 그리고 깨달음에 대한 희열도 준 책이다. 희끗
희끗한 나이가 돼서 그 감동의 추억을 소환하여 다시 맛보게 될 줄 알

았으랴.

성경의 교훈과 함께 연결된 채근담의 한 문장, 한 문장은 독자 여러분들의 생각과 결합하며 하나의 훌륭한 강의나 교훈 설교의 소재가 되리라 본다. 훌륭한 인성과 입술을 지닌 우리 모두가 되기를 기원하며…:

(어느 봄날 관악산을 바라보며)

2019. 3 편저자 최현욱

채근담의 성품을 가진이가 세상의 리더자가 되면 좋겠습니다.
일반인, 정치인, 종교인, 교육자...
군자(자존자, 지도자, 제사장, 교사)로서의 수양에 관심이 있는 분.
함께 교류하고 배우며 살아가십시다.
나이야 어떻습니까? 학생,청년 중장년 노년...
동시대 태어나 더불어 사는 세상입니다.
차한잔 하십시다.
평범한, 편한 마음으로 이메일 대화라도 하십시다.

편저자 이메일 john1203@daum.net

저서

- 성경과 동양인문학시리즈.
- 의도된 우연 1 카오스와 코스모스
- 의도된 우연 2 교회와 성전
- 좌우뇌 암기법 시리즈 1 암기비법 핵심원리, 두뇌 개발
- 좌우뇌 암기법 시리즈 2 신약성경 27권 장별 장수기억
- 좌우뇌 암기법 시리즈 3 구약성경 39권 장별 장수기억
- 좌우뇌 암기법 시리즈 4 공부 잘하는 방법(공부의 왕도)
- 좌우뇌 암기법 시리즈 5 좌우뇌를 이용한 숫자 암기법(기적의 숫자 암기법)
- 좌우뇌 암기법 시리즈 6 좌우뇌를 이용한 한국사 주요내용 암기
- 좌우뇌 암기법 시리즈 7 좌우뇌를 이용한 한국사 연대표 암기
- 좌우뇌 암기법 시리즈 8 성경주요역사, 이스라엘 연대표와 한국사 세계사 비교표
- 나의 좌우뇌 개발 및 확장을 위한 비타민 고급 유머 시리즈 1
- 나의 좌우뇌 개발 및 확장을 위한 비타민 고급 유머 시리즈 2
- 나의 좌우뇌 개발 및 확장을 위한 비타민 고급 유머 시리즈 3
- 나의 좌우뇌 개발 및 확장을 위한 비타민 고급 유머 시리즈 4
- 나의 좌우뇌 개발 및 확장을 위한 비타민 고급 유머 시리즈 5
- (좌우뇌활용) 요양보호사 주요내용 암기법
- 페미니즘 관점에서 본 '제도로서의 가족'
- 복지행정의 서비스질에 대한 고찰
- 정신건강의 영향요인 중 기질과 정서에 대한 고찰
- 모델링이 될만한 가족복지 선진국 사례분석

너무 짧은 생을 사시다 외롭게 가신 그리운 아버지,
밝고 선한 삶을 사시다가 투병 중에 가신 그리운 어머니,
눈에 넣어도 아프지 않을 손자와 아들, 며느리(민석이와 민석이 부모)
그리고 긴 세월 함께 나와 살아준 아내,
모두에게 고맙다는 말을 전하고 싶습니다.!